PIES

300 najważniejszych pytań i odpowiedzi

HEIKE SCHMIDT-RÖGER

Spis treści

Kupno, wyposażenie i prawo

1.	Automatyczna smycz	10
2.	Dobór	10
➤	Rasy i ich cechy	11
3.	Dokumenty	12
4.	Dwoje szczeniąt	13
5.	Dzieci	13
6.	Dzieci	14
7.	Hodowcy	15
8.	Hodowla w zamknięciu	16
9.	Kastracja	16
10.	Klatka przewozowa	17
11.	Kupno szczenięcia	18
12.	Legowisko	18
13.	Mieszaniec	18
14.	Mieszaniec	19
➤	Wskazówka: Bieżące koszty	19
➤	Legowiska	20
15.	Mieszkanie własnościowe	22
16.	Mikroczip	23
17.	Nadanie imienia	23
18.	Nadanie imienia	24
19.	Obroża	24
20.	Ochrona szczeniąt	25
➤	Warto wiedzieć: Psy ras uznawanych za agresywne	25
21.	Odpowiedzialność	26
22.	Opadające uszy	26
➤	Wskazówka: Odpowiedzialność	26
23.	Opłata dla schroniska	27
24.	Opłata za posiadania psa	28
25.	Opłata za posiadanie psa	28
➤	Wskazówka Dwa psy bez problemów	28
26.	Para psów	29
27.	Paszport dla psa	29
28.	Paszport dla psa	30
29.	Pies rasowy	30
➤	Wskazówka: Prawo unijne	30
30.	Pies ze schroniska	31
➤	Wskazówka: Wspieranie ochrony zwierząt	31
31.	Piłka tenisowa	32
32.	Płeć	32
➤	Wskazówka: Ważne pytania przed kupnem psa	33
➤	Podstawowe wyposażenie	34
33.	Pochówek	36
34.	Prawo do gwarancji	36
35.	Przycinanie	37
36.	Psy dla początkujących	38
37.	Rodowód	38
➤	Wskazówka: Rodowody	39
38.	Rozwód	40
39.	Ruch	41
40.	Seniorzy i psy	41
41.	Seniorzy i psy	42
42.	Siła charakteru	42
43.	Smycz	42
44.	Spadek	43
45.	Spuszczanie ze smyczy	44
46.	Szczekanie	44
47.	Szelki	46
48.	Trzymanie na łańcuchu	46
49.	Ubezpieczenie od odpowiedzialności cywilnej	47
➤	Wskazówka: Jak znaleźć dobrego ubezpieczyciela	47

50.	Ubranka dla psów	48
51.	Umowa najmu	48
52.	Wiek szczenięcia	49
53.	Wiklinowy koszyk	49
54.	Wybór szczenięcia	50
➤	Wskazówka: Psy w wynajętym mieszkaniu	50
55.	Wynajęte mieszkanie	51
56.	Wyżeł weimarski	51
57.	Wzorzec rasy	52
58.	Zabawki	52
59.	Zakup	53
60.	Zdrowie	53
➤	Niebezpieczeństwa czyhające na psa	55

Wszystko o żywieniu ?

61.	Alergia	58
62.	BSE	59
63.	Chora wątroba	59
64.	Czekolada	60
65.	Domowy wikt	60
66.	Dzieci i karmienie	61
67.	Dzień postu	62
68.	Głód	62
69.	Hodowla	62
➤	Wskazówka: Optymalne karmienie osieroconych szczeniąt	63
70.	Ilość karmy	64
71.	Jajka	64
72.	Jedzenie kamieni	65
73.	Jedzenie trawy	65
74.	Karma dla kotów	66
75.	Karma dla seniorów	66
76.	Karma dla szczeniąt	66
77.	Karma dla szczeniąt	67
78.	Karma typu premium	67
➤	Wskazówka: Ty jesteś szefem, szczególnie podczas karmienia!	67
79.	Karma w kawałkach	68
80.	Karmienie	68
➤	Jak często karmić psa?	69
81.	Karmienie	69
82.	Karmienie szczeniąt	70
83.	Karmienie szczeniąt	71
84.	Karmy dietetyczne	71
85.	Karmy kompleksowe	72
➤	Wskazówka: Unikanie niestrawności	72
86.	Kości	73
87.	Marchew	73
88.	Miejsce karmienia	73
89.	Mięsożercy	74
90.	Mleko	74
91.	Nadwaga	74
92.	Nadwaga	75
93.	Nawyki żywieniowe	76
94.	Niecierpliwość	76
95.	Opakowanie karmy	77
96.	Otoczenie	78
97.	Owoce	78
➤	Wskazówka: Upodobania smakowe	78
98.	Przechowywanie	79
➤	Właściwa karma dla psa	79
99.	Przeciwutleniacze	80
100.	Przysmaki	80
101.	Resztki jedzenia	81
102.	Rodzaje karmy	81

Spis treści

103.	Rodzaje pożywienia	82
104.	Rozpieszczanie	82
105.	Sierść	83
106.	Składniki	83
➤	WSKAZÓWKA: KONTROLA WAGI	84
107.	Stan odżywienia	84
108.	Sucha karma	85
109.	Sucha karma	85
110.	Surowe mięso	86
111.	Wegetarianie	86
112.	Woda	86
113.	Woda z kałuży	87
114.	Wzrost	88
115.	Zachowanie	88
116.	Zapotrzebowanie minimalne	88
117.	Zapotrzebowanie na energię	89
118.	Zepsuta karma	89
119.	Zmiana karmy	90
120.	Zmiana odżywiania	90
121.	Zwyrodnienie stawów	91

Zdrowie i pielęgnacja

122.	Biegunka	94
123.	Biegunka	94
➤	WSKAZÓWKA: WŁAŚCIWA REAKCJA NA BIEGUNKĘ	94
124.	Borelioza	95
125.	Brodawki	95
126.	Choroby serca	95
127.	Ciąża	96
128.	Ciąża urojona	97
➤	WARTO WIEDZIEĆ: CIĄŻA UROJONA	97
129.	Cieczka	98
130.	Demencja	98
131.	Dysplazja stawu biodrowego (HD)	99
➤	DOMOWA APTECZKA DLA PSA	100
➤	WARTO WIEDZIEĆ: ZAPOBIEGANIE DYSPLAZJI STAWÓW BIODROWYCH	102
132.	Gruczoły okołoodbytowe	102
➤	WARTO WIEDZIEĆ: GRUCZOŁY OKOŁOODBYTOWE	102
133.	Jądra	103
134.	Jedzenie odchodów	103
135.	Kamień nazębny	103
136.	Kamień nazębny	104
137.	Kastracja	105
138.	Kastracja	105
139.	Kastracja	106
140.	Kaszel	106
141.	Kąpiele	106
142.	Kąpiele	107
143.	Kleszcze	107
➤	WSKAZÓWKA: NIEBEZPIECZNA BORELIOZA	108
144.	Lizanie	108
145.	Lizanie	109
146.	Mikroczip	109
147.	Mleczne zęby	110
148.	Nietrzymanie moczu	111
149.	Nietrzymanie moczu	111
150.	Nos	111
➤	WSKAZÓWKA: TEMPERATURA CIAŁA	112
151.	Nowotwór	112
152.	Obcinanie pazurów	112
153.	Obroża owadobójcza	113
154.	Oczy	113
155.	Opatrunek na łapę	114
156.	Pchły	114

157.	Podawanie leków	115		**Zachowanie, zmysły i mowa ciała** ?
➤	Przybory do pielęgnacji	116		
➤	Plan pielęgnacji	118		
158.	Popęd płciowy	119		
159.	Potomstwo	119	183. Agresja	136
160.	Robaki	120	184. Agresja	136
161.	Rośliny	120	185. Atak	137
162.	Schody	120	186. Barwy	138
163.	Siwe włosy	121	187. Czkawka	138
➤	Warto wiedzieć: Cykl płciowy suki	122	188. Dążenie do dominacji	139
			➤ Wskazówka: Faza ustalania hierarchii	139
164.	Skręt żołądka	122	189. Dojrzałość płciowa	140
➤	Warto wiedzieć: Skręt żołądka – natychmiast do weterynarza!	122	190. Dominacja	140
			➤ Warto wiedzieć: Dominacja	140
165.	Sterylizacja	123	191. Dyszenie	141
166.	Strzyżenie	123	192. Etapy rozwoju	141
➤	Warto wiedzieć: Zalecany plan szczepień	124	193. Gryzienie	142
			194. Inteligencja	142
167.	Szczepienie	124	195. Kastracja	143
168.	Śnieg	125	➤ Warto wiedzieć: Świat psich zmysłów	143
169.	Trymowanie	125		
170.	Ubezpieczenie zdrowotne	126	196. Kastracja	144
➤	Objawy chorób	127	197. Kastracja	145
171.	Ukąszenia owadów	128	198. Kłamanie	145
172.	Urlop	128	199. Kontakt fizyczny	146
173.	Usypianie	129	200. Kontakty bez smyczy	147
174.	Uszy	129	201. Koty	147
175.	Wiek	129	202. Listonosz	148
176.	Wilcze pazury	131	204. Lizanie	148
177.	Wścieklizna	131	205. Lizanie	149
178.	Wymioty	132	206. Merdanie ogonem	149
179.	Wzdęcia	132		
180.	Zabawki	132		
181.	Zapobieganie ciąży	133		
182.	Zatrucie	133		

Spis treści

207.	Mowa ciała	150	239. Wzrok	168
208.	Obwąchiwanie	150	240. Zachowanie czystości	169
209.	Ochrona szczeniąt	151	241. Znaczenie terytorium	169
210.	Parzenie	151	242. Znaczenie terytorium	171
211.	Pływanie	152	243. Znaczenie terytorium	171
212.	Porozumienie	153	244. Zostawanie samemu	171
213.	Pot	153		
214.	Powieki	154		
215.	Przeczucia	154		
216.	Przywódca stada	155		

Wychowanie, zabawy i zajęcia

➤	WSKAZÓWKA: USZANOWAĆ HIERARCHIĘ	155
217.	Przywódca stada	156
218.	Psy ze schroniska	156
219.	Reakcja z przeniesienia	157
220.	Ruchy kopulacyjne	158
221.	Sen	159
222.	Skojarzenia	159
223.	Słuch	160
224.	Spotkania psów	160
225.	Spotkania psów	161
226.	Sumienie	161
227.	Sutki	162
228.	Sygnały uspokajające	162
229.	Szczekanie	163
230.	Ślepota	163
231.	Uległość	164
232.	Ustawienie ogona	164
233.	Uśmiech	164
234.	Węch	165
235.	Węch	165
➤	WARTO WIEDZIEĆ: WYMIANA INFORMACJI	165
236.	Wiek	166
237.	Wilki	167
238.	Włosy czuciowe	168

245.	Agility	174
246.	Biegacze	174
247.	Chwalenie	175
➤	WARTO WIEDZIEĆ: BIEGACZE I INNI	175
248	Chwalenie	176
249.	Drugi pies	176
250.	Dyscyplinowanie	177
➤	WSKAZÓWKA: WARUNKOWANIE INSTRUMENTALNE	177
251.	Elektryczna obroża	178
252.	Frisbee	179
253.	Grupa zabaw dla szczeniąt	179
254.	Grzebanie w ziemi	180
➤	WARTO WIEDZIEĆ: LOGICZNE MYŚLENIE	180
255.	Hotel dla zwierząt	181
256.	Jedzenie odpadków	182
257.	Kanapa	182
258.	Karanie	183
259.	Karmienie	183
260.	Kastracja	184
261.	Klatka przewozowa	184
262.	Koń	185

263.	Koty	185			
264.	Lęk	186			
265.	Metody wychowawcze	186			
266.	Motywacja	187			
➤	Wskazówka: Idealne przysmaki	187			
267.	Nagradzanie	188			
268.	Nauka	188	292.	Trening z klikerem	206
➤	Warto wiedzieć: Nauka	188	293.	Urlop	206
269.	Niemowlę	189	294.	Urlop	207
270.	Obroża uzdowa	190	295.	Urlop	207
271.	Plac szkoleniowy	190	➤	Wskazówka: Bagaż podróżny dla psa	208
272.	Podróż samolotem	191			
273.	Podstawowe komendy	192	296.	Wychowanie antyautorytarne	208
274.	Polecenie „oddaj"	192	296.	Wychowanie dużych psów	209
➤	Podstawowe komendy	193	297.	Wycieczki rowerowe	210
275.	Polowanie	194	298.	Wystawa	210
276.	Popisowe sztuczki	194	299.	Zabawa	211
277.	Psi duet	195	300.	Zabawki	212
278.	Rasy	195	301.	Zabawy dla szczeniąt	213
279.	Rower	196	➤	Zabawki	214
➤	Wskazówka: Komenda zwalniająca	196	302.	Zachowanie czystości	216
			303.	Zajęcia	217
280.	Ruch	197	➤	Wskazówka: Zachowanie czystości	217
281.	Ruchy kopulacyjne	197			
282.	Samochód	198	304.	Zasady szkolenia	218
➤	Bezpieczeństwo w samochodzie	199	➤	Pomoce wychowawcze	219
283.	Służba ratunkowa	200	305.	Znaczenie terenu	220
284.	Spacer	200	306.	Żebranie	220
285.	Spacer	201			
286.	Spacer	201			
➤	Wskazówka: Dyski treningowe	201			

Dodatek

Słowniczek	222
Adresy, książki, czasopisma	230
TEST: Jak dobrze znasz swojego psa?	231
Wykaz zdjęć, podziękowania	232
Indeks	233

287.	Sport	202	
288.	Spotkania psów	203	
289.	Sygnały wzrokowe	203	
290.	Taniec z psem	204	
291.	Trener psów	204	

Kupno, wyposażenie i prawo

Przed przyjęciem nowego członka rodziny ustalamy pewne reguły. W tym rozdziale znajdziesz odpowiedzi na pytania o wybór i zakup psa, o niezbędne psie akcesoria i o przepisy prawne dotyczące czworonogów.

Kupno, wyposażenie i prawo

1. **Automatyczna smycz:** **Czy powinienem wyprowadzać mojego cocker spaniela na automatycznej smyczy?**

Na pierwszy rzut oka takie smycze wydają się bardzo praktyczne, jednak przy ich nieodpowiednim stosowaniu może dojść do urazów, na przykład gdy smycz ociera się o gołe nogi człowieka lub owija i plącze wokół psa. Poza tym psu trudniej jest nauczyć się właściwego chodzenia na smyczy. Twój cocker uczy się, że może iść naprzód tylko wtedy, gdy ciągnie na smyczy – akcja wywołuje reakcję. Kiedy prowadzony jest na normalnej smyczy, ciągnie w naturalny sposób. Podczas szkolenia automatyczna smycz nie jest zatem wskazana, wielu trenerów wręcz ją odradza. Jeśli nie możesz puścić psa wolno, a mimo to chcesz zapewnić mu dużą przestrzeń na spacerze, alternatywą jest długa smycz. Ta mniej więcej dziesięciometrowa smycz ciągnie się po ziemi. Masz kontrolę nad psem, ponieważ trzymasz koniec smyczy w ręku lub następujesz na nią, gdy pies odbiegnie za daleko. Czworonóg uczy się w ten sposób pozostawać w pobliżu ciebie (strona 35).

2. **Dobór:** **Jak znaleźć psa, który najlepiej do mnie pasuje?**

Powinieneś porównać swoje oczekiwania i możliwości z potrzebami psów różnych ras lub wypatrzonych mieszańców i poszukać całkowitej zgodności. W tym celu opracuj profil swój i swojej rodziny.
Ustal na przykład, jaką ilością czasu dysponujesz, ile konsekwencji potrafisz wykazać w wychowaniu psa, jak wyglądają twoje warunki mieszkaniowe i otoczenie, jak duży masz samochód, czy chętnie uprawiasz sport, czy wolisz leżeć na kanapie, czy sprawia ci przyjemność członkostwo w stowarzyszeniu kynologicznym, czy postrzegasz psa jako pełnowartościowego członka rodziny, czy ważny jest dla ciebie pies do „przytulania", obrońca, czy piesek kanapowy, czy chcesz po prostu mieć towa-

Dobór

RASY I ICH CECHY

Wszystkie dane stanowią wartość przeciętną.
✔ poniżej przeciętnej, ✔✔ przeciętnie, ✔✔✔ powyżej przeciętnej

RASA	WYSOKOŚĆ cm	WAGA kg	DŁUGOŚĆ ŻYCIA	RUCHLIWOŚĆ	TRUDNOŚCI W WYCHOWANIU
Beagle	37	13	13	✔✔✔	✔✔✔
Bokser niemiecki	59	28	8	✔✔✔	✔✔
Border collie	52	17	12	✔✔	✔✔
Cairn terrier	30	6	13	✔✔✔	✔✔✔
Chart afgański	68	25	12	✔✔✔	✔✔✔
Cocker spaniel	40	13	13	✔✔	✔✔
Dalmatyńczyk	58	27	12	✔✔✔	✔✔✔
Golden retriever	58	32	12	✔✔✔	✔
Hovawart	65	33	11	✔✔✔	✔✔
Jack russel terrier	28	6	13	✔✔✔	✔✔✔
Jamnik	27	4	13	✔✔	✔✔
Labrador	58	30	12	✔✔✔	✔
Nowofundland	68	55	10	✔✔	✔✔
Owczarek francuski briard	65	30	11	✔✔✔	✔✔✔
Owczarek niemiecki	65	31	12	✔✔✔	✔✔
Pudel miniaturowy	40	12	14	✔✔	✔
Rottweiler	62	46	11	✔✔✔	✔✔
Szpic średni	33	7	14	✔✔	✔✔
West highland white terrier	28	8	13	✔✔✔	✔✔✔
Whippet	47	11	14	✔✔✔	✔✔
Yorkshire terrier	18	3	12	✔✔	✔✔

rzysza, czy też przyszły domownik powinien mieć określone umiejętności, czy ważne jest dla ciebie stuprocentowe posłuszeństwo, czy umiesz śmiać się z wybryków swojego psa, w jakim zakresie czworonóg ma być towarzyszem dla dzieci, czy często przyjmujesz w domu gości, czy chcesz brać udział w wystawach lub zawodach, czy nie przeszkadzają ci psie włosy w mieszkaniu, czy sprawiają ci przyjemność zabiegi pielęgnacyjne (np. szczotkowanie) itd.

Ten profil porównaj z typowymi potrzebami i cechami kandydatów. Powinieneś jednak pamiętać, że również rasowy pies może mieć inne cechy i charakter, niż oczekiwałeś. Czworonóg jest nie tylko „wytworem" genów, co najmniej równie ważne są doświadczenia, które zebrał i zbiera w swoim życiu. Wielu trenerów oferuje doradztwo przy wyborze przyszłego domownika, jednak właściciele wciąż zbyt rzadko korzystają z ich pomocy.

3. **Dokumenty: Jakie dokumenty są ważne przy zakupie rasowego psa?**

Ważna jest książeczka szczepień lub paszport dla zwierzęcia obowiązujący w Unii Europejskiej (strona 30) i metryka lub rodowód. Zwróć uwagę na to, by na obu dokumentach widniał numer identyfikacyjny psa (zapisany na mikroczipie lub tatuażu umieszczonym zwykle w uchu). Jeśli metryka nie zostanie wydana przez hodowcę od razu, warto wyraźnie odnotować to w pisemnej umowie i wyznaczyć termin jej przekazania. Hodowca powinien także przedstawić ci plan karmienia oraz przekazać informacje dotyczące opieki nad szczenięciem w najbliższych tygodniach. Jeśli hodowca jest członkiem ZKwP, szczenięta przechodzą przegląd miotu, którego zwykle dokonuje kierownik sekcji hodowlanej odpowiedniego oddziału ZKwP. Dokładnie sprawdza on miejsce hodowli i warunki, w jakich trzymane są psy, oraz krytycznie ocenia stan szczeniąt, np. czy wykazują wady wykluczające dopuszczenie do hodowli (jak usterki uzębienia, brak jądra u psów). Wynik kontroli zostaje odnotowany w protokole, który hodowca powinien ci pokazać. Jeśli psy danej rasy przed dopuszczeniem do hodowli muszą zostać przebadane pod kątem określonych chorób, powinieneś móc także obejrzeć wyniki tych badań.

4. **Dwoje szczeniąt: Nie potrafimy wybrać jednego z dwojga szczeniąt z tego samego miotu. Czy powinniśmy wziąć oboje?**

Odradzam to rozwiązanie. Często nie doceniamy nakładów pracy związanych z wychowaniem szczeniąt. W wypadku dwojga nie odbywa się to „za jednym zamachem", lecz oznacza przynajmniej podwójną pracę. Komendy trzeba ćwiczyć osobno z każdym szczenięciem, a w tym czasie i drugiemu należy zapewnić zajęcie. Również budowanie więzi między ludźmi a maluchami może zostać utrudnione, ponieważ szczenięta zwykle koncentrują się na sobie nawzajem. Przeprowadzka do nowego miejsca może to dodatkowo nasilić, ponieważ w tym czasie rodzeństwo jest dla siebie jedynym stałym czynnikiem. Choć to trudne, powinniście wybrać tylko jedno szczenię z miotu. Dopiero wtedy, gdy pierwszy pies u was się zadomowi i opanuje podstawy posłuszeństwa, możecie sprowadzić drugiego (strona 29).

5. **Dzieci: Za miesiąc odbieramy nasze szczenię. Jak najlepiej przygotować na to dzieci?**

Ważne, by wytłumaczyć dzieciom potrzeby i zachowania psa. Trzeba powiedzieć im także o tym, że psa nie można dotykać, kiedy śpi, je, gryzie zabawkę lub kość. Miski, zabawki i kości do gryzienia powinny stanowić dla dzieci przedmioty zakazane – podobnie jak dziecięce zabawki dla czworonoga.
Z reguły psy nie okazują dzieciom szacunku, lecz traktują je jak równe sobie. Dlatego w ekstremalnych sytuacjach czworonogi

Kupno, wyposażenie i prawo

mogą być agresywne i pogryźć dziecko, gdy przeszkodzi ono psu lub gdy pies się przestraszy.

Oczywiście dzieci muszą nauczyć się, że nie mogą sprawiać psu bólu, na przykład ciągnąc go za ogon lub uszy albo chwytając za sierść. Nie powinny też oddawać się siłowym zabawom z czworonogiem, na przykład w przeciąganie liny.

Nie możesz nigdy nalegać lub wręcz doprowadzać siłą do tego, by pies wykonywał polecenia dzieci. W zależności od stopnia dojrzałości dzieci mogą pod twoim nadzorem wydać mu komendę „siad" lub „noga" i po jej wykonaniu nagrodzić psa przysmakiem. Jeśli jednak zwierzę nie posłucha, trzeba to zaakceptować, ponieważ dla niego nie jest to ćwiczenie z panem, tylko zabawa z kolegą.

Najlepszym sposobem na to, by nauczyć dzieci właściwego obchodzenia się z nowym domownikiem, jest dawanie im dobrego przykładu i pokazywanie odpowiedzialnych zachowań. W wielu szkołach tresury psów oferowane są również specjalne kursy dla dzieci. Nigdy nie zostawiaj jednak dzieci z psem bez nadzoru!

6. **Dzieci: Jaka rasa najlepiej nadaje się dla dzieci?**

Zawsze ostrożnie podchodzę do nazywania jakiejś rasy przyjazną dla dzieci, ponieważ każdy czworonóg ma odrębną osobowość. W dodatku na zachowanie psa wpływają jego dawne i obecne doświadczenia. Jeśli zwierzę od wieku szczenięcego nabiera pozytywnych doświadczeń w kontaktach z dziećmi, z reguły będzie do nich przyjaźnie nastawione. Są jednak rasy, które ogólnie uchodzą za spokojne, cierpliwe, przywiązane i lubiące zabawę, stąd chętnie uznaje się je za „psy dla dzieci". Często wymienia się labradora, golden retrievera i beagle'a, jednak również te psy muszą mieć pozytywne doświadczenia – w wyniku negatywnych przeżyć mogą stać się niebezpieczne, podobnie jak psy wszystkich innych ras. Dlatego bardzo ważne jest, by przyszłego towarzysza dzieci kupić u odpowiedzialnego i zaangażowanego hodowcy.

Hodowcy

7. **Hodowcy: Jak znaleźć dobrego hodowcę?**

Zalecam zwrócenie się do hodowcy, który jest członkiem ZKwP. Musi on spełnić określone wymogi związane z dobrem zwierząt. Adresy oddziałów ZKwP, podobnie jak informacje o organizowanych wystawach, znajdziesz na stronie www. zkwp.pl. W wystawach psów bierze udział wielu hodowców i można wyrobić sobie wstępną opinię na ich temat. Również obecni tam właściciele czworonogów wybranej rasy mogą podzielić się swoimi doświadczeniami. Warto odwiedzić wielu hodowców, porównać warunki hodowli i spokojnie podjąć decyzję w domu. Wszystkie szczenięta są słodkie i łatwo wybrać spontanicznie jednego z nieporadnych maluchów. Rozważ dokładnie wady i zalety każdego hodowcy. Powinien udzielić ci informacji również przez telefon, nawet jeśli w danej chwili nie ma żadnych szczeniąt do oddania.

Ważna jest również uprzejmość i kompetencja oraz wyczerpujące doradztwo na temat rasy i podopiecznych (strona 52–53). Oczywiście hodowca może chcieć dowiedzieć się czegoś o tobie, by stwierdzić, czy dana rasa do ciebie pasuje. Powinien również przekonać cię, że celem jego hodowli są zdrowe psy o zrównoważonym charakterze, a na drugim miejscu stawia się ich predyspozycje fizyczne i urodę. Psy powinny sprawiać właśnie takie wrażenie.

Niezależnie od wszystkich nagród i pucharów zdobiących dom hodowcy musisz czuć, że jest on oddany psom i rasie i całym sercem angażuje się w hodowlę. Na pewno tak nie jest, jeśli trzyma psy wyłącznie w ogrodzie, a w mieszkaniu nie znajdziesz żadnego.

Taki maluch potrzebuje uwagi, zaangażowania i ściśle wyznaczonych granic, by rozwinąć zrównoważoną psią osobowość.

Kupno, wyposażenie i prawo

Zaobserwuj, jaki kontakt ma hodowca z psami, w miarę możliwości również z tymi spoza hodowli. Czy podchodzi do nich serdecznie i troskliwie, bez względu na rasę i odznaczenia? Wiele mówiący jest również sposób obchodzenia się z psami na wystawie. Czy czworonóg po pokazie jest chwalony i przytulany, nawet jeśli nie zdobył nagrody?

Dla hodowcy powinno być sprawą honoru zapewnienie ci obszernych materiałów informacyjnych. Powinien cierpliwie i zrozumiale odpowiedzieć na wszystkie pytania i również później interesować się życiem swego wychowanka.

By znaleźć dobre szczenię z dobrej hodowli, musisz być gotów na dalekie podróże i długie oczekiwanie.

8. **Hodowla w zamknięciu: Jakie wymiary powinien mieć kojec dla psów?**

Dla psa o wysokości w kłębie do 50 cm powierzchnia musi wynosić 6 m², o wysokości od 50 do 65 cm – 8 m², a dla większych psów 10 m². O innych wymogach możesz przeczytać np. na stronie http://naszpies.psy24.pl/art.php?art=1754. Nie ma przeciwwskazań do tego, by od czasu do czasu zamknąć razem na parę godzin kilka psów, które są ze sobą blisko spokrewnione.

9. **Kastracja: Kiedy kastracja jest dozwolona?**

Ustawa o ochronie zwierząt zabrania przysparzania zwierzęciu bólu, cierpienia lub szkód bez wyraźnego powodu. Jeśli chodzi o kastrację, zabronione jest całkowite lub częściowe usuwanie narządów lub tkanek albo ich niszczenie. Istnieją wyjątki i zdarza się, że zabieg jest zalecany przez weterynarza. Kastracja jest dozwolona tylko w uzasadnionych okolicznościach, na przykład u nadpobudliwego seksualnie psa, który staje się agresywny, co uniemożliwia mu normalne kontakty z innymi psami lub wręcz czyni go niebezpiecznym. Zwierzęta kastruje się

Klatka przewozowa

również w celu uniknięcia niepożądanego przychówku. Zabieg jest niezgodny z prawem, jeśli wykonuje się go tylko dlatego, że właścicielowi przeszkadza po prostu cieczka suki. Dlatego to weterynarz i ewentualnie trener oceniają, czy zwierzę powinno zostać wykastrowane. W Polsce w praktyce jednak zabieg ten wykonywany jest na życzenie właściciela zwierzęcia. Wielu weterynarzy radzi jedynie, by odczekać do osiągnięcia przez zwierzę pełnej dojrzałości fizycznej i psychicznej.

10. **Klatka przewozowa: Za dwa tygodnie odbieramy szczenię cocker spaniela. Hodowca doradził nam, by w domu przyzwyczajać go do klatki. Czy to nie straszne, zamykać w niej tak małego zwierzaczka?**

Nie, jeśli będziecie przyzwyczajać go do klatki stopniowo (strona 184). Większość psów lubi odpoczywać w przytulnej "jamce" i często woli ją nawet od otwartego koszyka. Klatka jest również bardzo praktyczna podczas podróży, ponieważ

1 *Jeśli pies dobrze czuje się w klatce, nie tylko ułatwia to przewożenie go w samochodzie, ale także zapewnia wygodne posłanie nocą.*

2 *Przyzwyczajając psa do klatki, warto go w niej karmić i włożyć do niej zabawki. Gdy pies poczuje się pewnie, na chwilę zamykamy drzwi.*

Kupno, wyposażenie i prawo

pies jest w samochodzie bezpieczny i leży w znajomym otoczeniu. W domu możemy zamykać go w klatce na przykład wtedy, gdy używamy środków czyszczących.

11. **Kupno szczenięcia: Czy lepiej jest kupić szczenię latem czy zimą?**

Jeśli kupujesz szczenię od dobrego hodowcy, nie ma to wpływu na zdrowie i zależy raczej od twojego osobistego rozplanowania czasu. Szczenięta muszą jednak często wychodzić na dwór, by się wypróżnić, również nocą. Latem jest to z pewnością łatwiejsze niż zimą, gdy pada śnieg i panuje ujemna temperatura. Latem wychowywanie malucha prawdopodobnie sprawi ci więcej przyjemności, a pies będzie miał okazję poznać wiele różnych rzeczy i sytuacji, np. kosiarkę do trawy, rowerzystów, rolkarzy, zwierzęta na łące itd.

12. **Legowisko: Czy nasz pies potrzebuje koszyka, choć wolno mu leżeć na kanapie?**

Tak, zawsze. Koszyk spełnia wiele ważnych funkcji. Po pierwsze, to miejsce, które należy tylko do psa. Tam może się wycofać i wie, że nikt nie będzie mu przeszkadzał, na przykład gdy przychodzą goście. Po drugie, to także miejsce, gdzie możesz odesłać psa, kiedy chcesz mieć kanapę tylko dla siebie (strona 20–21).

13. **Mieszaniec: Czy mieszańce zawsze są zdrowsze od psów rasowych?**

Dawniej ze względu na dobór i selekcję naturalną mieszańce bywały zdrowsze, ale dziś rzadko tak jest. U niektórych ras częściej występują jednak pewne choroby. Zwykle ma to związek

Mieszaniec

z ograniczoną różnorodnością genetyczną psów hodowlanych. Ponieważ mieszańce pochodzą od psów przynajmniej dwóch ras, istnieje mniejsze prawdopodobieństwo, że wystąpią u nich typowe dla danej rasy dolegliwości. Nie jest to jednak wykluczone, gdy rodzice mają skłonności do tych samych chorób – również wiele dużych mieszańców choruje na przykład na dysplazję stawu biodrowego (strona 99). To, czy pies jest zdrowy, czy nie, zależy nie tylko od genów. Również hodowla odgrywa ważną rolę, a odpowiedzialnie hodowane psy rasowe zwykle pozytywnie wyróżniają się na tle pozostałych. Oczywiście również warunki, w których później trzymany jest pies, mają duży wpływ na jego zdrowie.

14. **Mieszaniec: Chcemy mieć psa, ale nie wiemy, czy powinien to być pies rasowy, czy mieszaniec. Które rozwiązanie jest lepsze?**

Jeśli zdecydujesz się na psa rasowego, możesz na podstawie opisu rasy wyobrazić go sobie w przyszłości, zarówno jeśli chodzi o wielkość i wygląd, jak i cechy charakteru. Psy rasowe

WSKAZÓWKA

Bieżące koszty
Oprócz tego, że musisz ponieść koszty podstawowego wyposażenia i szkoły dla psów, powinieneś liczyć się z następującymi wydatkami na średniej wielkości psa:
karma – 50–200 zł miesięcznie
opłata za posiadanie psa – 0–50 zł rocznie
ubezpieczenie – od kilkunastu do 100 złotych rocznie
weterynarz – 450–900 zł rocznie, koszt regularnego odrobaczania i corocznych szczepień to 150–200 złotych, jednak jeśli zwierzę choruje, to koszty mogą być o wiele wyższe
wyposażenie – 50–200 zł rocznie.
Do tego dochodzą ewentualne koszty związane z wyjazdami na urlop lub chorobami.

Kupno, wyposażenie i prawo

LEGOWISKA

Miejsce snu i odpoczynku jest dla psa bardzo ważne. Tam może przyjemnie drzemać albo w spokoju ogryzać kość. W sklepach zoologicznych znajdziesz szeroki wybór różnych

BUDKA DO SPANIA
Idealna dla mniejszych psów. Daje czworonogowi wrażenie przytulności. Zwłaszcza nieco nieśmiałe psy bardzo cenią ochronny dach nad głową. Ważna zaleta: ściany zabezpieczają przed ewentualnym przeciągiem.

PSIA SOFA
Nasi zwierzęcy domownicy lubią leżeć nieco wyżej. Zaleta: posłanie nie znajduje się na chłodnej podłodze, co jest korzystne zwłaszcza dla psów ze zwyrodnieniem stawów. Jeśli jednak czworonóg ma problemy z przestrzeganiem hierarchii stada, nie powinien leżeć wyżej.

MATERAC
Na wygodnym materacu twój towarzysz może sobie uciąć miłą drzemkę. Praktyczne w tym posłaniu jest to, że można je złożyć i zabrać ze sobą. Grube poduszki zapobiegają odciskom u większych i cięższych psów.

posłań dla psów. Który model wybierzesz, to ostatecznie kwestia gustu. Przy zakupie zwróć uwagę na to, czy posłanie można łatwo wyczyścić.

OKRĄGŁA PODUSZKA

Tak przytulnie wyścielony koszyczek szybko stanie się ulubionym miejscem twojego czworonożnego domownika. Szczególnie mniejsze psy lubią w czasie drzemki przytulać się do grubego, miękkiego brzegu i wygodnie układać na nim głowę.

KOŁDRA DLA PSÓW

Ta lekka pikowana kołdra służy do odpoczynku. Czy to jako posłanie do koszyka, podkładka w samochodzie czy posłanie w restauracji lub hotelu, kołdra zajmuje mało miejsca, można ją wszędzie zabrać, łatwo wyprać i zwykle nadaje się także do suszarki.

KOSZYK Z TWORZYWA SZTUCZNEGO

Tworzywo sztuczne łatwo wyczyścić, nie ma też szpar, w których mogą zagnieździć się insekty. Wyściółkę da się wymienić i uprać. Ten koszyk nadaje się szczególnie dla szczeniąt i psów nietrzymających moczu.

Kupno, wyposażenie i prawo

> *Czy to pies czystej rasy z długim rodowodem, czy pstrokaty mieszaniec, rozwój szczenięcia w znacznym stopniu zależy od ciebie.*

pierwotnie hodowano w określonych celach i do dziś zachowały wiele pożądanych wówczas cech. Każde zwierzę ma jednak własną osobowość i również wśród psów rasowych zdarzają się takie, które nie wykazują wymaganych cech. Nie ma zatem gwarancji, że na przykład pies obronny zawsze będzie współpracować, retriever polubi wodę, a pies myśliwski wyróżni się dobrym węchem. Mieszańce to zwykle niespodzianki. Wielkość i wygląd niełatwo przewidzieć, nie wiadomo także, które cechy rodziców będą u nich dominować. Mieszaniec to zatem zwierzę zupełnie wyjątkowe. Nie spotkasz drugiego takiego czworonoga. Psy rasowe w najlepszym wypadku (niestety nie zawsze tak jest) są chowane przez zaangażowanego hodowcę, który zgodnie z wszelkimi zasadami sztuki przygotowuje je do dorosłego życia i zawsze służy właścicielom radą. Mieszańce rzadko dorastają w optymalnych warunkach. Mimo to większość wyrasta na miłe psy rodzinne, które dają właścicielom wiele radości. To, czy zdecydujesz się na psa rasowego, czy mieszańca, zależy od twoich wyobrażeń na temat przyszłego domownika.

15. **Mieszkanie własnościowe:** **Mieszkamy w lokalu własnościowym i mamy labradora. Trzymanie psów jest dozwolone. Czy nasz nowy sąsiad może nam tego zabronić?**

Nie, raczej nie trzeba się tego obawiać. Nowy sąsiad najpóźniej przy podpisywaniu umowy przyjmuje do wiadomości, że w domu wolno trzymać psy. Zabronić tego może tylko jednogłośnie wspólnota właścicieli. Przepisy regulaminu wewnętrznego (np. wyprowadzanie psów na smyczy na terenie należącym do osiedla) można jednak zmieniać większością głosów. Dopóki pies nie jest dla mieszkańców budynku uciążliwy lub wręcz niebezpieczny, nie musicie go oddawać.

16. **Mikroczip: Hodowca zaproponował nam wszczepienie szczenięciu czipa zamiast wykonania tatuażu. Czy powinniśmy się zgodzić?**

Powinniście zgodzić się na tę propozycję. Czip to transponder wielkości ziarna ryżu, który ma niepowtarzalny numer identyfikacyjny i jest wszczepiany pod skórę. Numer można odczytać specjalnym urządzeniem, które mają schroniska i weterynarze. Jeśli zarejestrujesz numer, masz znacznie większą szansę odzyskać psa, jeśli kiedyś ucieknie. Dla psów określonych ras, o określonej wielkości lub wadze mikroczip jest w niektórych krajach Unii Europejskiej obowiązkowy. Obecnie szczenięta hodowane w ramach ZKwP są tatuowane, sytuacja ta więc dotyczy zakupu szczenięcia za granicą. Należy jednak założyć, że wkrótce wszystkie psy będą musiały być oznakowane w ten sposób. Wtedy wy i wasz pies będziecie już na to przygotowani.

17. **Nadanie imienia: Za dwa tygodnie przyjmujemy szczenię. Na co powinniśmy zwracać uwagę przy wyborze imienia dla niego?**

Powinniście wybrać imię, którym łatwo można przywołać psa. Idealne są krótkie dwusylabowe imiona, dla suk np. Paula, Kira, Fina, Bella lub Emma, dla psów np. Hajo, Gordon, Nicky, Oskar lub Bodo. Miło jest także, gdy imię odpowiada osobowości szczenięcia. Do poważnego rottweilera nie pasuje na przykład Śmieszek. Jednakże małego teriera o „lwim sercu" można nazwać Tygrys, co jest zabawne, ale nie prześmiewcze. Długie imiona, takie jak Beethoven albo Tabaluga, przysparzają trudności podczas przywoływania. Nim je wymówimy, pies zdąży odbiec albo znajdzie inne ciekawe zajęcie.

Ważne: wybierz dla czworonoga imię, którego nie będziesz się wstydzić, byś mógł wołać psa, nie czerwieniąc się.

18. **Nadanie imienia: Nasza suczka rasy maltańczyk zgodnie z rodowodem nazywa się Isabell. Słyszałem, że szczenięta z kolejnych miotów noszą imiona rozpoczynające się kolejną literą alfabetu. Czy jej matka miała już dziewięć miotów?**

Nie, miejmy nadzieję, że nie. To prawda, że oprócz tak zwanego przydomka hodowlanego, rodzaju nazwiska związanego z hodowlą, każde szczenię ma indywidualne imię. Wszystkie szczenięta w miocie mają imiona na tę samą literę, jednak zgodnie z aktualnie obowiązującymi przepisami może ona być dowolnie wybrana przez hodowcę. Niektórzy hodowcy rzeczywiście nazywają psy z kolejnych miotów imionami na kolejne litery alfabetu, jednak dotyczy to wtedy wszystkich suk i wszystkich miotów urodzonych w hodowli.

19. **Obroża: Według jakich kryteriów należy dobierać obrożę?**

Obroża powinna być wykonana z elastycznego i miękkiego materiału, żeby nie przeszkadzała psu. Idealny jest miękki nylon. Również skóra jest bardzo przyjemna, ale z czasem może się rozciągnąć. Szerokość obroży powinna być dostosowana do wielkości psa, na przykład west highland white terrier nie powinien biegać w obroży o szerokości 10 cm. Jednakże bardzo wąskie modele mogą wżynać się w szyję, dlatego ważne jest do-

Ochrona szczeniąt

branie szerokości odpowiedniej dla danego czworonoga: obroża powinna zakrywać dwa kręgi szyjne. Najlepiej, gdy obwód jest regulowany. Zwłaszcza u szczeniąt należy dostosowywać obrożę do wzrostu. Obwód dobieramy tak, by obroża nie była za ciasna i nie uciskała, ale mimo to nie dała się ściągnąć przez głowę. Kierujemy się zasadą, że między obrożą a szyją powinny się mieścić dwa palce. Jednak szczególnie u psów z bardzo wąską głową często nie jest to możliwe. W takim wypadku zalecana jest obroża zaciskowa z zabezpieczeniem, które nie pozwala, by pies się udusił, gdy ciągnie na smyczy. Obroże zaciskowe bez zabezpieczenia, zwane też dławikami, mogą spowodować silny ból i dlatego nie należy ich stosować, podobnie jak kolczatek.

Jeśli chodzi o zapięcie obroży, powinieneś sprawdzić, co jest najwygodniejsze. Masz do wyboru na przykład klasyczny wariant z klamrą. Zapinanie i odpinanie klamry wymaga jednak pewnej zręczności, szczególnie, jeśli pies nie siedzi spokojnie. Praktyczne są obroże z zapięciem zatrzaskowym, ale powinny mieć zasuwkę, żeby nie odpięły się przy silnym ciągnięciu, co zdarzyło się kiedyś mojemu jamnikowi.

20. **Ochrona szczeniąt: Jak zabezpieczyć schody, żeby szczenię nie spadło?**

W sklepach są ochronne bramki (odpowiednie są również bramki zabezpieczające dla dzieci), które nie pozwalają, by

> **WARTO WIEDZIEĆ**
>
> **Psy ras uznawanych za agresywne**
> Niemal wszędzie właściciele psów wpisanych na listę ras agresywnych muszą spełnić szczególne wymogi. Przepisy często się różnią. O tym, czy twojego psa ze względu na rasę, wielkość lub wagę dotyczą specjalne przepisy, dowiesz się w urzędzie gminy. Informacje w Internecie znajdziesz np. na stronie www.dogomania.pl.

szczenię spadło ze schodów lub na nie weszło. Zabezpieczcie ochronnymi kratkami także drzwi na werandę, taras i balkon, żeby szczenię nie pobłądziło. Zakryjcie otwory piwniczne i zabezpieczcie ogrodowy staw lub basen (Niebezpieczeństwa czyhające na psa, strona 55).

21. **Odpowiedzialność:** **Dlaczego jako właściciel muszę pokrywać szkody, które spowodował mój pies, nawet jeśli nie mogłem im zapobiec?**

> **WSKAZÓWKA**
>
> **Odpowiedzialność**
> Prawo stwierdza jasno, że jeśli zwierzę zabije człowieka, uszkodzi jego ciało lub zdrowie albo zniszczy jakiś przedmiot, właściciel jest zobowiązany pokryć szkody.

Odpowiedzialność właściciela psa za szkody nie wiąże się z przewinieniem. Oznacza to, że odpowiada on zawsze wtedy, gdy pies doprowadził do uszkodzenia ciała lub zniszczył jakąś rzecz. Nawet dobrze ułożone psy czasami zachowują się nieprzewidywalnie, co może mieć poważne konsekwencje – pies np. przy powitaniu skoczy na znajomą osobę, która upadnie i się zrani. Czy szkoda spowodowana przez psa była do uniknięcia czy nie, jest nieistotne. Nie musisz zatem działać nieostrożnie czy umyślnie, by zostać pociągniętym do odpowiedzialności. Jeśli natomiast pies jest trzymany w firmie w celach zarobkowych – np. pasterski lub stróżujący – właściciel może zostać zwolniony od odpowiedzialności, jeśli dowiedzie, że szkoda powstałaby również przy zachowaniu wymaganej ostrożności.

22. **Opadające uszy:** **Mój pies ma długie, zwisające uszy. Co zrobić, by podczas jedzenia nie brudził ich karmą?**

W sklepach zoologicznych można dostać specjalne wysokie i wąskie miski, do których mieści się tylko pysk, a uszy zostają

Opłata dla schroniska

na zewnątrz. Ewentualnie podczas karmienia zakładaj psu ochraniacz, który można kupić w sklepach z artykułami dla zwierząt. Możesz także zrobić sam elastycznego węża z materiału, na przykład z odciętego kawałka legginsów albo szydełkowej czapki.

23. **Opłata dla schroniska:** **Dlaczego schroniska nie oddają psów za darmo – przecież to dobrze, że zwierzę znajduje nowego właściciela?**

Oczywiście schroniska cieszą, kiedy pies znajdzie nowy dom. Jednak opieka nad zwierzętami pociąga za sobą wysokie wydatki, na przykład na karmę lub wizyty weterynarza. Większość schronisk utrzymuje się głównie z datków i jest zdana na opłaty za zwierzęta. Opłata chroni zwierzęta, ponieważ dla sprzedawców lub przedstawicieli laboratoriów badawczych przestaje być opłacalne zaopatrywanie się w „towar" w schroniskach. Przeciętnie za psa trzeba zapłacić od 20 do 100

Wysoka i wąska miska zapobiegnie brudzeniu uszu przez cockery i psy podobnych ras.

Praktyczną alternatywą jest ochraniacz. Gdy psy przyzwyczają się do czapki, chętnie pozwalają ją sobie nakładać.

Kupno, wyposażenie i prawo

złotych. Tyle powinien być dla ciebie wart twój nowy przyjaciel. W umowach przekazania czasami zaznaczone jest, że schronisko pozostaje właścicielem psa, a odbiorca będzie go tylko utrzymywał. To znaczy, że nowy opiekun w przypadku nieprawidłowości ponownie musi oddać psa do schroniska.

24. **Opłata za posiadania psa:** **Ile wynosi opłata za posiadanie psa?**

Wysokość opłat ustalają lokalne władze i dlatego jest bardzo różna. Informacji o stawkach możesz zasięgnąć w swoim urzędzie gminy. W miastach zwykle opłaty są wyższe niż na wsi. Właściciele psów obronnych w wielu miejscowościach muszą głęboko sięgnąć do kieszeni.

25. **Opłata za posiadanie psa:** **Czy to prawda, że za psy ze schroniska nie trzeba płacić podatku?**

Zależy to od zarządu miasta lub gminy, ponieważ ustalanie opłaty za posiadanie psa należy do lokalnych władz. Niektóre zarządy są postępowe i tych, którzy biorą psa ze schroniska, zwalniają na przykład na rok z opłat. Inne opodatkowują każdego psa z wyjątkiem przewodników osób niewidomych,

WSKAZÓWKA

Dwa psy bez problemów
Mieszkanie powinno być tak duże, by oba psy mogły zejść sobie czasem z drogi. Przy wyborze nowego psa zwróć uwagę na to, aby w porównaniu z dotychczasowym domownikiem był wyraźnie bardziej lub mniej dominujący. W obu wypadkach stary pies powinien być już dobrze wychowany, aby nowy nie podpatrzył niewłaściwych zachowań i żebyś nie musiał uczyć obu czworonogów podstaw posłuszeństwa. Każdy pies potrzebuje własnego posłania i osobnej miski.

Paszport dla psa

głuchych lub w inny sposób upośledzonych oraz psów ratowników. Psy, które nie są wolne od opłat, zwykle należy zarejestrować, gdy ukończą trzy miesiące.

26. **Para psów:** **Chcemy mieć dwa psy. Jakie zestawienie płci jest najlepsze?**

Idealnym rozwiązaniem jest trzymanie psa i suki – pod warunkiem, że kwestia potomstwa została wyjaśniona (strona 105). Współżycie pary zwykle układa się harmonijnie, a wiele psów zachowuje się po dżentelmeńsku, gdy mają u boku śliczną damę. U niektórych macho powoduje to jednak, że na dworze zawsze muszą dowodzić swoich praw do suczki, co staje się powodem konfrontacji – zwykle tacy macho w szczeniectwie nie mieli wystarczająco dużo kontaktu z innymi psami. Posiadanie dwóch samców też nie jest problemem. Ważne jest tylko, by panowie ustalili wyraźną hierarchię, którą akceptują również ludzie. Wtedy stosunkowo rzadko dochodzi do konfrontacji. Również w wypadku dwóch suk ścisła hierarchia jest bardzo ważna, żeby panowała harmonia. Mimo to w okresach cieczki i ciąży urojonej może dojść do konfliktów. Poważna walka między dwiema sukami jest zwykle bardziej zażarta niż między dwoma psami i często oznacza definitywny koniec pokoju. Jeśli nie macie jeszcze dużego doświadczenia z psami, powinniście najpierw wziąć tylko jednego czworonoga (strona 195).

27. **Paszport dla psa:** **Jakie zmiany powoduje wprowadzenie w Unii Europejskiej nowego paszportu dla zwierząt?**

Dla właścicieli czworonogów oznacza to łatwiejsze podróżowanie ze zwierzęciem. Od października 2004 roku obowiązuje dokument, w którym wpisuje się informacje o szczepieniach

Kupno, wyposażenie i prawo

> **WSKAZÓWKA**
>
> **Prawo unijne**
> Przez okres przejściowy pięciu lat obowiązują szczególne ustalenia dotyczące podróżowania z psem z kraju członkowskiego Unii Europejskiej do Irlandii, Szwecji i Wielkiej Brytanii. O wjeździe do krajów poza Unią Europejską zasięgniesz informacji w urzędzie weterynaryjnym, we właściwym przedstawicielstwie zagranicznym lub w Internecie, np. na stronie naszpies.psy24.pl/art.php?art=40

przeciw wściekliźnie i numer identyfikacyjny – w krajach Unii Europejskiej inne dokumenty nie są wymagane. Wyjątkami są jedynie Irlandia, Szwecja i Wielka Brytania. Zasadniczo paszport dla psa, w którym można odnotować również nieobowiązkowe szczepienia i badania weterynaryjne, zastępuje wcześniejszą książeczkę szczepień. Dla właścicieli jest to uproszczenie obowiązujących w Unii Europejskiej zasad wjazdu, ponieważ dokument uznają wszystkie kraje członkowskie. Paszport każdego psa ma numer zgodny z numerem mikroczipu lub tatuażu. Wydaje go weterynarz.

28. **Paszport dla psa:** Czy paszport dla psa jest niezbędny?

Nie. Nowy dokument jest konieczny tylko wtedy, gdy chcesz podróżować z psem po Europie, może też ułatwić wjazd do innych państw. Jeśli pies pozostanie w kraju, szczepienia można nadal wpisywać do książeczki szczepień, to zupełnie wystarcza.

29. **Pies rasowy:** Chcemy kupić psa rasowego, ale nie wiemy, jaki do nas pasuje. Gdzie możemy zasięgnąć informacji na ten temat?

Książki o rasach psów dają dobrą orientację, przekazują podstawowe wiadomości i pozwalają obrać pewien kierunek.

Pies ze schroniska

Okazją do tego, by przyjrzeć się na żywo różnym rasom, są wystawy psów, zwłaszcza o randze międzynarodowej (z prawem przyznawania CACIB – patrz Słowniczek) organizowane w różnych miastach Polski. Kiedy i gdzie w waszej okolicy odbędzie się wystawa, dowiecie się w ZKwP (www.zkwp.pl). Tam będziecie mogli spokojnie obejrzeć zwierzęta i porozmawiać z ich właścicielami i hodowcami.

Często warto rozejrzeć się na przykład w parku, gdzie wielu właścicieli wyprowadza psy. Możecie podpatrzeć zachowanie psów na co dzień. Właściciele zwykle cieszą się, gdy chcecie dowiedzieć się więcej o ich towarzyszach. Przy wyborze psa ważne jest, by jego potrzeby pasowały do waszych oczekiwań, możliwości i warunków życia (strona 10–11) – wygląd czworonoga powinien odgrywać drugorzędną rolę. Również dobry trener może wam pomóc znaleźć odpowiedniego psa.

30. **Pies ze schroniska: Na co należy zwracać uwagę, wybierając psa ze schroniska?**

Takie psy mają swoją historię – im lepiej ją poznasz, tym lepiej będziesz mógł ocenić, czy stworzycie z czworonogiem udany zespół. Dlatego postaraj się dowiedzieć o nim jak najwięcej: jakie ma potrzeby, np. czy jest żywy, czy spokojny, a może uparty i wychowanie będzie wymagać dużej wiedzy i doświadczenia,

---

WSKAZÓWKA

Wspieranie ochrony zwierząt

Stworzenie nowego domu dla psa ze schroniska może być wielkim wyzwaniem, które jednak niemal zawsze się opłaca. W ten sposób nie tylko sprowadzasz do domu nowego mieszkańca, ale także aktywnie wspierasz ochronę zwierząt. Zwalnia się miejsce dla kolejnego potrzebującego psa, a dzięki opłacie uiszczanej na rzecz schroniska może zostać na przykład zoperowane zranione zwierzę. Wiele psów ze schronisk bardzo przywiązuje się do nowych właścicieli.

czy zna już podstawowe zasady posłuszeństwa i czy można go zostawić samego. Najważniejsze jest jednak to, jak zachowuje się wobec dzieci, innych ludzi i psów. Zapytaj też o ewentualne choroby i związane z nimi koszty leczenia. Pracownicy schroniska pomogą ci znaleźć odpowiedniego psa.

Jeśli masz już kandydata, powinieneś wielokrotnie sam i z całą rodziną wybrać się z nim na spacer, by go poobserwować. Niech nie odstrasza cię fakt, że za ogrodzeniem prezentuje się nie najlepiej: wiele wspaniałych psów ma niewielkie szanse na znalezienie nowego domu, bo szczekają podenerwowane lub się chowają. Jeśli nie ma informacji o wcześniejszych doświadczeniach wybranka albo jeśli po kilku tygodniach w nowym otoczeniu nagle zmieni się jego zachowanie, powinieneś w sprawie wychowania poradzić się trenera psów.

31. **Piłka tenisowa: Czy to prawda, że psy nie powinny bawić się piłkami tenisowymi?**

Zdecydowanie nie powinieneś pozwalać psu na ciągłe zabawy piłką tenisową lub jej gryzienie. Filcowa warstwa zabawki może doprowadzić do poważnego starcia zębów i zrujnować uzębienie, a odgryzione i połknięte kawałki – spowodować niedrożność jelit. Jeśli pies lubi bawić się piłkami, lepiej kupić mu w sklepie zoologicznym piłkę przeznaczoną dla czworonogów. Jest bezpieczna i dostarcza równie dużo przyjemności.

32. **Płeć: Nie wiemy, czy jako pierwsze zwierzę kupić psa czy sukę. Na czym polega różnica w utrzymaniu?**

Psy są z reguły nieco większe i cięższe. Już z tego powodu pies wymaga więcej siły, gdy czasami ciągnie na smyczy. Większość psów pod wpływem hormonów wykazuje zachowania „macho" i jest zadziorna, to znaczy, że czworonogi tej płci częściej są agresywne wobec innych psów, bywają nieposłuszne i nieokrzesane. Musisz zatem wykazać większą konsekwencję, by nauczyć psa, gdzie jego miejsce.

Suki uchodzą za łagodniejsze i łatwiejsze do prowadzenia. Wbrew obiegowej opinii, nie są jednak bardziej uczuciowe niż psy. Suki mają cieczkę, która zwykle występuje dwa razy w roku (strona 98). Zwierzę wtedy krwawi, co może być nieprzyjemne dla właściciela (w sprzedaży są specjalne ochronne majtki) i przyciąga psy. Spacery stają się bardzo uciążliwe, przede wszystkim podczas spotkania z psami spuszczonymi ze smyczy (strona 201).

Natomiast niektóre psy mają skłonność do włóczęgostwa i dosłownie chorują z miłości, gdy zwietrzą suczkę, która ma cieczkę. Częściej niż suki znaczą swój teren – niektóre nieustannie podnoszą nogę. W mieście może to wywoływać niechęć, ale konsekwentne szkolenie pozwala ograniczyć takie zachowanie. Dodatkowo przed wyjściem do miasta należy umożliwić psu opróżnienie pęcherza. Pozostaje kwestia potomstwa. Kto nie jest pewny, czy potrafi uchronić sukę z cieczką przed napastliwymi adoratorami, powinien w porozumieniu z lekarzem oddać ją do sterylizacji. Jestem zdania, że dla początkujących lepsza jest suka.

WSKAZÓWKA

Ważne pytania przed kupnem psa

Czy mam dość czasu na to, by opiekować się psem?

Czy pies, gdy już się przyzwyczai, nie będzie zostawał sam dłużej niż cztery godziny dziennie?

Czy mogę odpowiedzieć na jego potrzeby? Kto wychowa psa?

Czy jestem dość konsekwentny, by wychować czworonoga?

Czy jestem gotów ponieść koszty np. wizyt u weterynarza?

Czy warunki mieszkaniowe są odpowiednie?

Czy pies będzie miał opiekę podczas moich wakacyjnych wyjazdów i kiedy zachoruję?

Czy wszyscy członkowie rodziny zgadzają się na zakup psa? Czy nikt w rodzinie nie ma alergii?

PODSTAWOWE WYPOSAŻENIE

Przyjemnie jest kupować pierwsze akcesoria dla nowego domownika. Oferta jest jednak ogromna i łatwo stracić orientację. Zabierz psa do „przymiarki" i zasięgnij porady

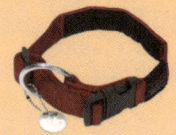

OBROŻA Z ZAWIESZKĄ ADRESOWĄ
Idealna jest miękka obroża skórzana lub nylonowa o regulowanej szerokości, z zapięciem, które można łatwo rozpiąć i zapiąć.

SMYCZ
Miękka skóra dobrze leży w dłoni, nylon jest mocny. Smycz o regulowanej długości można dostosować do każdych warunków.

POSŁANIE
Jego rozmiar musi być dostosowany do wielkości psa. Przytulne obrzeże pozwala oprzeć głowę. Poduszki powinny nadawać się do prania.

MISKA NA WODĘ I KARMĘ
Zwróć uwagę na stabilną podstawkę i łatwość czyszczenia. Duże psy lubią, gdy miski leżą na stojaku, poniżej wysokości głowy.

KLATKA DO PRZEWOŻENIA
Tworzywa sztuczne i metal można łatwo wyczyścić. Pies powinien móc wygodnie stać w klatce, obracać się i przeciągać.

SZCZOTKA/GRZEBIEŃ
Wybierz takie, które dobrze leżą w dłoni. W zależności od rodzaju sierści potrzebne ci będą różne przybory do pielęgnacji.

Podstawowe wyposażenie

w specjalistycznym sklepie. Przy wyborze artykułów zwracaj uwagę na jakość, z czasem na pewno się to opłaci.

ZABAWKI
Zwracaj uwagę na bezpieczeństwo, zwłaszcza na drobne części. Wyjątkowo trwałe są splątane liny i gumowe piłeczki. Piłki tenisowe wykluczone.

SZCZOTKA I PASTA DO ZĘBÓW
Można kupić specjalne pasty do zębów dla psów, na przykład o smaku kurczaka. Praktyczne są szczoteczki nakładane na palec.

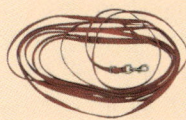

DŁUGA SMYCZ
Te nylonowe smycze zwykle mają 10 metrów długości. Zapewniają psu swobodę ruchu i pomagają przy szkoleniu (strona 10).

GRZEBIEŃ NA PCHŁY
Za pomocą tego grzebienia o bardzo gęstych ząbkach możesz sprawdzić, czy pies ma pchły. Po wyczesaniu sierści otrząśnij grzebień nad białą szmatką.

SZCZYPCE NA KLESZCZE
Uwalniają psa od kleszczy. Ważna jest precyzja w operowaniu szczypcami – nie mogą rozdusić kleszcza.

STARE ŚCIERECZKI
Powinny zawsze być pod ręką w domu i w samochodzie, żebyś mógł wytrzeć psa po spacerze w deszczu.

Szczególnie psy niektórych ras powinny być prowadzone przez osoby z doświadczeniem i rozumiejące zwierzęta.

33. Pochówek: Nasz pudel ma już 16 lat. Czy kiedy umrze, możemy pochować go w jego ulubionym lasku?

Niestety nie. Miejscem ostatniego spoczynku waszego pudelka nie może być jego ulubiony lasek, chyba że jest to teren prywatny i macie zezwolenie właściciela. Jednak i w tej sytuacji, podobnie jak przy pochówku we własnym ogrodzie, wymagane jest specjalne zezwolenie urzędu komunalnego, a wybrane miejsce nie może znajdować się np. na obszarze rezerwatu wodnego. Koniecznie zasięgnij wcześniej informacji w odpowiednim urzędzie. Jeśli nie masz ogrodu, pochowaj ukochanego czworonoga na cmentarzu dla zwierząt lub oddaj go do kremacji. W zależności od wielkości zwierzęcia pochówek kosztuje około 200–350 zł. Coraz mniej właścicieli psów oddaje dziś swoich ulubieńców do zakładów likwidacyjnych, gdzie martwe ciała przetwarzane są na najróżniejsze produkty. Informacje na temat śmierci psa znajdziesz w Internecie np. w serwisie Psy24.pl

34. Prawo do gwarancji: Jakie prawa mam jako nabywca psa?

Choć zgodnie z ustawodawstwem zwierzęta nie są przedmiotami, jeśli chodzi o kupno i sprzedaż traktowane są jak towar. Oznacza to, że sprzedawca musi przekazać ci psa bez braków. Brak występuje na przykład wtedy, gdy sprzedano psa chorego lub czworonóg nie ma oczekiwanych cech. Pamiętaj jednak, że nawet najlepszy hodowca, który dokłada wszelkich starań przy doborze rodziców i odchowaniu szczeniaka, nie może ci zagwarantować, że pies na przykład zostanie czempionem piękności lub doskonałym psem użytkowym, ponieważ zależy to od zbyt wielu innych czynników. Zasadniczo sprzedawca psa może, ale nie musi udzielić gwarancji. Jeśli jest to zawodowy hodowca, a nabywca jest tak zwanym użytkownikiem końcowym, obowiązuje *Ustawa o szczególnych warunkach sprzedaży konsumenckiej*. Jeśli u psa w ciągu pierwszych sześciu miesięcy ujawni się brak (choroba), zgodnie z przepisami prawa domniemywa się, że choroba ta występowała już w momencie przekazania zwierzęcia. Jednak zgodnie z regulaminem hodowli psów rasowych ZKwP, hodowla psów jest hodowlą amatorską, a większość hodowców nie prowadzi działalności gospodarczej, zatem zastosowanie mogą znaleźć jedynie przepisy o rękojmi. Zalecam uzyskanie pisemnej umowy kupna, w której wymienione są wszystkie istotne warunki (np. dokładny opis psa, numer tatuażu lub czipu identyfikacyjnego, data urodzenia, rasa, gwarantowane cechy, choroby lub potencjalne braki wykluczające z hodowli, cena, dane nabywcy i sprzedawcy), ewentualne wady, za jakie hodowca zgodzi się ponieść odpowiedzialność, i sposób zadośćuczynienia nabywcy.

35. Przycinanie: Hodowca nie chce przyciąć uszu naszemu szczenięciu boksera. Komu możemy to zlecić?

Przycinanie jest zabronione, hodowca zachował się zatem odpowiedzialnie i postąpił zgodnie z prawem. Przycinanie bez ważnego powodu przysporzyłoby psu bólu, co jest niedozwolone. Ogranicza ono również możliwość komunikacji z innymi psami (strona 150). Właściciele psów, którzy każą wykonać ten zabieg za granicą, także podlegają karze, ponieważ według prawa cierpienie trwa nadal po powrocie do kraju. Zgodnie z *Ustawą o ochronie zwierząt* zabroniona jest również całkowita lub częściowa amputacja części ciała. Wyjątkiem są niektóre rasy psów myśliwskich, jeśli jest to konieczne w ich pracy i brak przeciwwskazań weterynaryjnych.

Kupno, wyposażenie i prawo

36. **Psy dla początkujących:** **Chcę wreszcie urzeczywistnić marzenie i kupić psa. Czy są rasy psów idealne dla początkujących?**

Trudno o uogólnienia, ponieważ każda rasa jest inna, a każdy pies to indywidualista. To, jak pies będzie się zachowywać i reagować na szkolenie, zależy od wielu czynników: jego skłonności, doświadczeń, wychowania, zajęć, otoczenia i od ciebie. Pozytywne opinie jako psy dla początkujących zbierają labradory, retrievery i pudle. Pudle, z reguły bardzo przyjazne i chętne do nauki, nawiązują bliską więź z człowiekiem. Niestety, z powodu wyglądu psy te są często niedoceniane, choć dzięki regularnemu strzyżeniu można im zapewnić praktyczną krótką fryzurę. Każdy czworonóg może jednak stać się trudny, jeśli hodowca lub jego późniejsi właściciele zaniedbują go lub popełniają błędy wychowawcze (strona 53–54).

37. **Rodowód:** **Po co psu rodowód i jakie dane zawiera?**

Psu jest obojętne, czy ma ten dokument czy nie, jednak często zależy na nim właścicielowi, gdy kupuje rasowe zwierzę. Rasowy pies nie dostaje jednak rodowodu automatycznie. Nabywca psa otrzymuje od hodowcy metrykę. Na jej podstawie nowy właściciel psa zwraca się o wystawienie rodowodu do Zarządu Głównego Związku Kynologicznego w Polsce z siedzibą

> *Pudle uchodzą za dobre psy dla początkujących. Wymagają jednak zaangażowania i kompetentnego szkolenia.*

Rodowód

w Warszawie (Wskazówka, poniżej). Hodowcom rasowych psów stawiane są surowe wymagania.

➤ Miejsce chowu musi spełniać określone warunki, a do hodowli mogą zostać dopuszczone tylko te psy, które otrzymały wymagane oceny na wystawach (w przypadku suki są to oceny bardzo dobre uzyskane na trzech wystawach, w tym przynajmniej jednej międzynarodowej lub klubowej). W przypadku niektórych ras wymagane jest też przejście testów psychicznych, zdanie egzaminów i uzyskanie dobrych wyników określonych badań (np. prześwietlenia w kierunku dysplazji stawów biodrowych).

➤ Szczenięta muszą zostać odrobaczone, zaszczepione i oznaczone tatuażem lub mikroczipem, co jest sprawdzane podczas przeglądu miotu dokonywanego przez Oddziałową Komisję Hodowlaną ZKwP.

➤ Do rodowodu wpisuje się imię psa, jego płeć, maść, numer identyfikacyjny (numer czipu lub tatuażu), datę urodzenia, dane właściciela i hodowcy, przodków psa do pradziadków i ich najważniejsze osiągnięcia.

➤ W rodowodzie można też znaleźć numer psa w PKR (Polskiej Księdze Rodowodowej) i numer rejestracyjny, pod którym został zapisany w ZKwP.

➤ W rodowodzie psów niektórych ras z reguły wpisuje się np. uwagi o obowiązkowych badaniach, przydatności do hodowli

WSKAZÓWKA

Rodowody

Wystawiane są m.in. przez Związek Kynologiczny w Polsce. Niesolidni hodowcy i sprzedawcy próbują podnieść jakość swojego „towaru", preparując te dokumenty. Sprawdź, czy na rodowodzie widnieje emblemat FCI, Międzynarodowej Federacji Kynologicznej, do której należy ZKwP. W razie wątpliwości zasięgnij informacji o hodowcy w oddziale ZKwP. Rodowody wystawiane są również przez inne organizacje kynologiczne, na przykład Polski Klub Psa Rasowego lub Związek Owczarka Niemieckiego Długowłosego.

Kupno, wyposażenie i prawo

lub ewentualnych czasowych ograniczeniach w hodowli, wyniki z wystaw lub liczbę dotychczasowych miotów.
➤ Zwykle odnotowuje się także każdą zmianę właściciela.
➤ Dane potwierdza podpis pracownika ZKwP.
➤ Rodowód to akt, którego fałszowanie w każdym wypadku jest karalne.

38. **Rozwód:** **Rozwodzę się z mężem. Kto otrzyma naszego golden retrievera?**

Trudno o jednoznaczną odpowiedź, ponieważ zależy to od wielu czynników. Z czysto prawnego punktu widzenia wasz golden retriever – podobnie jak wieża stereo i telewizor – to „wyposażenie domu" i jeśli nie możecie się porozumieć, to sędzia decyduje, co komu się należy. Sędzia wysłucha waszych argumentów, a następnie uwzględni np. warunki mieszkaniowe, dochody i czas, jakim dysponujecie. Niektórzy sędziowie przyznają „przegranej" stronie prawo widzenia z psem, inni nie widzą ku temu powodu. O ile zatem twój mąż nie twierdzi, że jest jedynym właścicielem psa (co należałoby wtedy sprawdzić), w razie sporu sądowego musicie zdać się na wyrok sędziego. Jeśli podpisujesz intercyzę, możesz ustalić w niej los czworonoga na wypadek rozwodu oraz ewentualne zasady postępowania.

> *Osoby lubiące sport powinny wybierać czworonożnych towarzyszy, którzy zdołają dotrzymać im kroku.*

39. **Ruch: Czy mogę kazać psu biec obok samochodu, by zapewnić mu odpowiednią ilość ruchu?**

Zgodnie z przepisami zwierząt nie można prowadzić obok pojazdu. Z wielu powodów pies nie powinien biec obok samochodu.
➤ Po pierwsze, nie masz nad nim kontroli i nie możesz zareagować, gdy nagle ruszy własną drogą.
➤ Po drugie, może to denerwować innych uczestników ruchu i stać się przyczyną wypadku.
➤ Po trzecie, pies może się przemęczyć, ponieważ ze wszystkich sił będzie się starał utrzymać tempo, biegnąc za samochodem, albo wpadnie w panikę, uciekając przed autem – obie sytuacje stanowią naruszenie *Ustawy o ochronie zwierząt*.
Jeśli chcesz wytrenować psa, powinieneś raczej wsiąść na rower. Zwierzęta można prowadzić przy rowerze, ale – zgodnie z przepisami kodeksu drogowego – nie wolno tego robić na jezdni.

40. **Seniorzy i psy: Mój ojciec jest emerytem i przeszedł zawał serca. Na urodziny chcę podarować mu psa, żeby zaczął znowu wychodzić na spacery. Czy owczarek to odpowiednia rasa?**

Pomysł jest świetny, badania naukowe wykazały pozytywny wpływ psów na ludzi, szczególnie na osoby chore na serce. Odradzam jednak zaskakiwanie ojca urodzinowym podarkiem w postaci psa, ponieważ dla obu stanowiłoby to zły początek – obdarowany nie byłby przygotowany, a pies pierwszy dzień spędziłby w wielkim zamieszaniu. Czy ma to być owczarek, o tym powinien zdecydować twój ojciec. Podaruj mu książkę o rasach psów. W końcu to on będzie żyć z psem, więc powinien móc zdecydować, jak wyobraża sobie czworonożnego towarzysza. Zastanów się także, co stanie się z psem, gdy ojciec nie będzie już w stanie o niego dbać – czy przejmiesz za niego odpowiedzialność?

Kupno, wyposażenie i prawo

41. Seniorzy i psy: **Moja siedemdziesięcioletnia matka chce mieć kolejnego psa. Czy lepsze będzie szczenię, czy dorosły pies?**

Zależy to od tego, jak sprawna jest twoja matka i na ile będziesz jej pomagać. Szczenię wymaga zaangażowania fizycznego, np. podczas szkolenia trzeba się często pochylać, by je poprawić, zabrać coś, podać przysmak itd. Szczególnie gdy szkoli się psy małych ras, obciąża się kolana i plecy. Czy twoja matka jest na tyle sprawna, by regularnie odwiedzać ze szczenięciem szkołę dla psów, w której będzie mogło pobawić się z innymi psami? Często dla starszych osób lepszy jest dorosły, spokojny i dobrze wychowany pies, który lubi poleżeć z człowiekiem na kanapie i który na spacerach zachowuje się statecznie. Powinieneś także zadbać o to, co stanie się z psem, gdy twoja matka nie będzie już w stanie opiekować się nim.

42. Siła charakteru: **Co oznacza u psa siła bądź słabość charakteru?**

Na charakter psa składają się wrodzone i nabyte skłonności, zdolności i cechy. Potocznie mówi się o silnym charakterze, jeśli czworonóg jest bardzo zrównoważony i tolerancyjny, a o słabym w wypadku psów lękliwych, niepewnych lub agresywnych.

43. Smycz: **Na co zwrócić uwagę przy zakupie smyczy?**

Nylonowe smycze są trwałe i można je łatwo wyprać w pralce. Smycze skórzane kosztują, co prawda, nieco więcej, ale dzięki odpowiedniej pielęgnacji przez regularne natłuszczanie wytrzymują przez całe życie psa. Weź smycz do ręki i sprawdź, czy jest przyjemna w dotyku i czy masz wrażenie, że również przy silniejszym pociągnięciu nie wyślizgnie się z dłoni ani nie wbije w rękę – lepsze są modele okrągłe.

Wysokiej jakości smycze skórzane są miękkie, składają się z jednego kawałka i są szyte, nie nitowane – opłaca się ich naprawa. Nity czasami rdzewieją i brzydko wtedy wyglądają, a poza tym smycz może w tym miejscu pęknąć. Może się tak zdarzyć również w wypadku kruchej, nieodpowiednio obrobionej skóry. Bardzo praktyczne są smycze mniej więcej dziesięciometrowe, które z obu końców mają karabińczyk: większy przyczepia się do obroży, mniejszy możesz zaczepić na jednym z wielu metalowych kółek i w ten sposób regulować długość smyczy lub umocować ją do obroży uzdowej (strona 190). Dokładnie obejrzyj karabińczyki. Muszą być mocne i nie mogą otwierać się ani zbyt łatwo, ani za trudno. Klamry w kształcie litery X często się zahaczają i niedokładnie zamykają. Może to doprowadzić do niebezpiecznych sytuacji, gdy ześlizgną się z pierścienia na obroży.

44. Spadek: Czy mogę zapisać psu majątek, żeby również po mojej śmierci miał zapewnioną dobrą opiekę?

Nie, zgodnie z prawem nie jest to możliwe. Istnieją jednak dwa sposoby zabezpieczenia psa na wypadek śmierci właściciela.
1. Ustalenie wykonawcy testamentu, który zarządza majątkiem i dba o to, by pies miał zapewnione odpowiednie warunki u nowych opiekunów, zgodnie z wolą spadkodawcy, i udostępnia przewidziane na ten cel środki finansowe.
2. Zapisanie majątku na przyszłych właścicieli psa z nałożeniem na nich obowiązku, by opiekowali się psem zgodnie z wolą spadkodawcy. Również w tym wypadku można wyznaczyć wykonawcę testamentu, który będzie kontrolował wypełnianie obowiązków. Należy jednak wcześniej ustalić to ze wszystkimi zainteresowanymi i uzyskać ich zgodę. Sporządzając testament, warto zasięgnąć rady notariusza lub prawnika, aby pies nie cierpiał z powodu błędu formalnego.

Kupno, wyposażenie i prawo

45. Spuszczanie ze smyczy: Gdzie mogę pozwolić psu biegać bez smyczy?

Zgodnie z *Ustawą o ruchu drogowym* nie ma ogólnego obowiązku trzymania psa na smyczy. Lokalne prawo może to jednak przewidywać. Zasadniczo w mieście psa należy wyprowadzać na smyczy. Zbyt duże jest bowiem ryzyko, że w tłumie coś się stanie lub piesi poczują się zaniepokojeni. W wielu miastach są duże tereny zielone, gdzie czworonogi mogą się do woli wyszaleć. W przypadku psów niebezpiecznych wyprowadzanie na smyczy jest uregulowane przepisami lokalnymi. W lesie zwierzę musi być prowadzone na smyczy, co wynika z przepisów *Ustawy o lasach*. Co więcej, na podstawie *Ustawy o ochronie zwierząt* myśliwy ma prawo odstrzelić psa biegającego bez opieki w odległości większej niż 200 metrów od zabudowań i wykazującego objawy zdziczenia. Zdarzały się też przypadki nadużywania tego przepisu. Powinieneś też pamiętać o tym, że biegający bez smyczy pies mógłby płoszyć lub polować na dziką zwierzynę, co również jest karalne.

46. Szczekanie: Jak często i jak długo z prawnego punktu widzenia może szczekać mój pies?

Prawodawstwo jest pod tym względem bardzo niejednolite. Bezsprzeczne jest to, że szczekanie psa nie może zakłócać ciszy nocnej (godziny od 22:00 do 6:00 rano). Zasadniczo chodzi o to, by hałas nie przeszkadzał sąsiadom. Czy szczekanie spełnia to kryterium, zależy od danej sytuacji. Dlatego trudno o uogólnienia. W grę może wchodzić odpowiedzialność z art. 51 § 1 kodeksu wykroczeń: „Kto krzykiem, hałasem, alarmem lub innym wybrykiem zakłóca spokój, porządek publiczny, spoczynek nocny albo wywołuje zgorszenie w miejscu publicznym, podlega karze aresztu, ograniczenia wolności albo grzywny". Dnia 21 kwietnia 2004 r. Sąd Okręgowy w Tarnowie stwierdził, że brak reakcji posiadacza psa na jego uporczywe

Szczekanie

szczekanie nocą bez szczególnych powodów może uzasadniać odpowiedzialność właściciela na podstawie art. 51 § 1 kw. Złe samopoczucie sąsiadów wynikłe z uporczywego szczekania psa może również spowodować odpowiedzialność na gruncie prawa cywilnego. Podstawą roszczeń sąsiadów może być art. 144 kc: „Właściciel nieruchomości powinien przy wykonywaniu swego prawa powstrzymywać się od działań, które by zakłócały korzystanie z nieruchomości sąsiednich ponad przeciętną miarę, wynikającą ze społeczno-gospodarczego przeznaczenia nieruchomości i stosunków miejscowych". Art. 144 ustanawia zakaz tylko działań właściciela nieruchomości, przekraczających określone granice, poza którymi przestają być uprawnieniem wynikającym z własności, a stają się działaniem bezprawnym, bez względu na winę tego, kto dopuścił się zakłóceń, i na szkodę wyrządzoną na nieruchomości sąsiedniej. Okazyjne szczekanie psa lub uzasadnione obiektywnymi okolicznościami nie będzie więc mogło stanowić podstaw do interwencji sąsiadów. Nie jest bowiem objęte zakazem zakłócania, z którym każdy inny właściciel powinien się liczyć w konkretnych warunkach, ponieważ nie jest możliwe wyeliminowanie wszystkich uciążliwości stwarzanych przez życie w określonym środowisku, okolicy i stosunkach. Jeżeli szczekanie psa jest nadmierne i nieuzasadnione, właścicielowi nieruchomości sąsiedniej przysługuje roszczenie negatoryjne o zaniechanie naruszeń prawa i przywrócenie stanu zgodnego z prawem (art. 222 § 2 k.c.), w tym także dokonanie określonych działań pozytywnych, bez których przywrócenie do stanu zgodnego z prawem nie byłoby możliwe. Sąd nie ma jednak możliwości nakazania pozbycia się czy uśpienia czworonoga, ale może nakazać właścicielowi podjęcie stosownych kroków, które wyeliminują nadmierny hałas (np. przeniesienie kojca psa w inne miejsce posesji, wyciszenie mieszkania, zobowiązanie do zakupu obroży „antyszczekowej" itp.). Źródło: http://psy24.pl/art.php?art=1100.

Kupno, wyposażenie i prawo

47. Szelki: **Czy lepiej jest zakładać psu obrożę czy szelki?**

Na ten temat istnieją różne poglądy, niektórzy obstają przy szelkach, inni przy obroży. Zdrowego psa można prowadzić na dopasowanej obroży (strona 24). Czworonogi, które często skaczą na smyczy, można w ten sposób lepiej kontrolować, ponieważ w obroży nie są w stanie wykręcać się na wszystkie strony. Szelki to rozwiązanie dla posłusznych psów. Zwierzęta należy koniecznie wyprowadzać w szelkach, jeśli cierpią na chorobę kręgosłupa lub szyjnej części ciała, na przykład na tchawicy lub przełyku. Szelki muszą być dokładnie dopasowane do psa, żeby go nie ocierały i nie dawały mu za dużo swobody.

48. Trzymanie na łańcuchu: **Nasz sąsiad trzyma swojego owczarka przez cały dzień bez nadzoru na łańcuchu długości dwóch metrów. Czy to dozwolone?**

Nie, takie trzymanie na łańcuchu zgodnie z *Ustawą o ochronie zwierząt* jest zabronione! Ustawa zabrania trzymania zwierząt na uwięzi, która powoduje u nich uszkodzenie ciała lub cierpienie oraz nie daje możliwości niezbędnego ruchu. Łańcuch o długości przynajmniej sześciu metrów powinien swobodnie przesuwać się po wybiegu, dawać psu możliwość poruszania się w bok przynajmniej na pięć metrów i wchodzenia do budy. Buda musi być tak duża, by pies mógł się w niej położyć i obrócić. Nie można dopuścić do tego, by zwierzę doznało urazów z powodu leżących na wybiegu przedmiotów, nieodpowiedniego podłoża, uprzęży, obroży lub liny. Zawsze zabronione jest trzymanie na uwięzi psów w wieku do dwunastu miesięcy, suk w ciąży i karmiących oraz chorych czworonogów, jeśli w ten sposób przysparza się im cierpień lub szkód.
Powinniście poinformować sąsiada o tych zasadach. Jeśli nadal będzie trzymać psa na łańcuchu, koniecznie trzeba zameldować o tym w odpowiednim urzędzie lub w miejscowym oddziale Towarzystwa Opieki nad Zwierzętami.

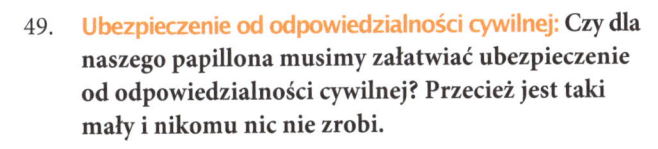

49. **Ubezpieczenie od odpowiedzialności cywilnej:** **Czy dla naszego papillona musimy załatwiać ubezpieczenie od odpowiedzialności cywilnej? Przecież jest taki mały i nikomu nic nie zrobi.**

Ubezpieczenie od odpowiedzialności cywilnej nie jest w wypadku psów obowiązkowe, odmiennie niż np. w wypadku pojazdów. Właściciel może sam zdecydować o ubezpieczeniu czworonoga. Obowiązkowe może być jedynie ubezpieczenie psów niebezpiecznych. Odpowiedzialnym właścicielom doradzam ubezpieczenie od odpowiedzialności cywilnej. Przydaje się nie tylko wtedy, gdy pies kogoś ugryzie. Pokrywa również inne koszta. Nawet mały czworonóg może spowodować pokaźne szkody, przekraczające możliwości finansowe właściciela, np. smycz może pęknąć, a pies wybiec na ulicę i spowodować wypadek, w którym zostanie poszkodowany człowiek. Także drobniejsze wypadki mogą poważnie nadwyrężyć portfel i na pewno będziesz zadowolony, jeśli koszty pokryje ubezpieczenie. Moja znajoma zabrała psa w gości. Podczas wizyty jej pupil „oznaczył" zestaw stereo gospodarzy i trzeba było kupić nowy. Inny pies powitał znajomego swojej pani tak gwałtownie, że zbiły się drogie, markowe okulary – szybko dochodzimy do kwoty kilkuset lub kilku tysięcy złotych.

WSKAZÓWKA

Jak znaleźć dobrego ubezpieczyciela
Istnieją duże różnice między warunkami i kwotami ubezpieczenia od odpowiedzialności cywilnej oferowanymi przez wiele firm, dlatego powinieneś przeprowadzić dokładne porównanie. Sprawdź np. sumę ubezpieczenia. Kolejne ważne kryteria przy wyborze ubezpieczyciela to udział własny i okres ubezpieczenia. Dobre ubezpieczenie można mieć już za 350 zł. Psy ujęte w wykazie ras agresywnych ubezpieczane są przez niewiele firm.

Kupno, wyposażenie i prawo

50. **Ubranka dla psów: Moja dalmatynka ma dziewięć lat. Czy zimą potrzebuje ubranka, by nie marzła?**

O ile suczka jest zdrowa i zimą chętnie wychodzi na dwór, nie potrzebuje ubranka. Jest ono, czy to dla ochrony przed zimnem czy wilgocią, konieczne tylko dla chorych psów, które cierpią na przykład na zwyrodnienie stawów, spondylozę lub schorzenie serca, oraz dla starych czworonogów, które nie potrafią już utrzymać ciepłoty ciała – psy małych ras (strona 11) marzną szybciej. Ubranko zalecane jest także niektórym psom bez podszerstka, przywiezionych z cieplejszych rejonów. Jeśli przy wilgotnej lub chłodnej pogodzie pies niechętnie wychodzi na dwór i trzęsie się, to znak, że potrzebuje ubranka. W razie wątpliwości poradź się weterynarza.

51. **Umowa najmu: Moja umowa najmu nie reguluje kwestii trzymania psów. Czy wynajmujący może mi tego zabronić?**

Istnieją na ten temat różne opinie i wyroki sądowe. Niektórzy sędziowie uznają zgodę wynajmującego na trzymanie zwierząt

Są różne rodzaje ubranek dla psów, np. lekkie i wodoodporne lub z miękką podszewką.

za konieczną, inni nie. W poszczególnych wypadkach należy uwzględnić również wielkość mieszkania i psa, to, czy chodzi o dom jedno- czy wielorodzinny, a pies jest rasy agresywnej (strona 25). Bezpieczniej będzie uzyskać wcześniej zgodę na trzymanie psa.

52. **Wiek szczenięcia: Dlaczego możemy odebrać szczenię od hodowcy dopiero wtedy, gdy ukończy osiem tygodni?**

To zrozumiałe, że nie możesz doczekać się przybycia malucha. Jednak przepisy stwierdzają bardzo wyraźnie: szczenię można oddzielić od matki dopiero po ukończeniu przez nie ośmiu tygodni. Wyjątki dopuszcza się jedynie na zalecenie weterynarza, gdy wcześniejsze rozdzielenie jest konieczne dla ochrony matki lub szczenięcia przed bólem, cierpieniem bądź urazami. Szczenięta muszą przebywać z matką i rodzeństwem tak długo, by nauczyć się ważnych zachowań społecznych. W tym czasie budowane są podstawy przyszłego porozumiewania się z innymi psami. Jeśli szczenię zostanie oddzielone od matki i rodzeństwa za wcześnie, nie nauczy się istotnych zasad zachowania. Również w twoim interesie leży, by maluch przez pierwsze osiem tygodni pozostał przy matce i jak najlepiej przygotował się do dalszego życia.

53. **Wiklinowy koszyk: Dlaczego wiklinowe kosze nie nadają się na posłanie dla psów?**

Koszyki z naturalnego materiału wyglądają, co prawda, bardzo ładnie, ale mają wiele wad. Po pierwsze, nie dają się wyczyścić tak łatwo, jak koszyki plastikowe lub z materiału, który nadaje się do prania w pralce. Po drugie, szczeliny stanowią dobrą kryjówkę dla pcheł. W razie zapchlenia często zostaje tylko pozbycie się koszyka, ponieważ insekty uparcie się w nim ukry-

Kupno, wyposażenie i prawo

wają. Po trzecie, szczenięta chętnie gryzą drewno i koszyk przestaje ładnie wyglądać, a pies może zranić się o ostre brzegi lub połknąć odgryzione kawałki. Po czwarte, trzeszczenie może zakłócać twój odpoczynek, jeśli koszyk stoi obok łóżka, a pies ma niespokojne sny.

54. **Wybór szczenięcia: Czy wybierając szczenię, warto kierować się testami ich osobowości i predyspozycji?**

W testach chodzi o poznanie siedmiotygodniowych szczeniąt w neutralnym otoczeniu. Ich reakcje, np. na określone zapachy, obracanie na plecy, wabienie albo oddalanie się człowieka, powinny świadczyć o skłonnościach do dominacji i lękliwości. Odosobniony test może, co prawda, dostarczyć ważnych wskazówek, ale musi zostać odpowiednio przeprowadzony i umiejętnie analizowany. Liczy się wiele czynników, np. warunki w jakich przeprowadzany jest test muszą być dla każdego szczenięcia identyczne, co w praktyce nie zawsze jest łatwe. Niektórzy hodowcy i trenerzy uważają te testy za bardzo przydatne, inni całkowicie je odrzucają. Przy wyborze jamnika kierowałam się raczej radami hodowcy oraz własnymi odczuciami podczas cotygodniowych odwiedzin szczenięcia.

WSKAZÓWKA

Psy w wynajętym mieszkaniu
To, czy wolno ci trzymać psa, zależy od umowy najmu.
Trzymanie psów jest dozwolone: możesz trzymać psa bez specjalnego zezwolenia wynajmującego.
Wymagana jest zgoda: musisz wcześniej uzyskać pozwolenie na trzymanie psa, najlepiej pisemne. Wynajmujący może odmówić wydania pozwolenia tylko z ważnego powodu.
Trzymanie psów jest zabronione: pozostaje tylko przeprowadzka.
Dokładniejsze informacje znajdziesz w Internecie, na przykład na stronie naszpies.psy24.pl.

Wyżeł weimarski

55. **Wynajęte mieszkanie:** **Mieszkamy na drugim piętrze i mamy dwa psy rasy west highland terrier, z którymi chcemy rozpocząć hodowlę. Czy musimy uzyskać na to dodatkowe pozwolenie?**

Nawet jeśli samo trzymanie psów jest dozwolone, ich hodowla wykracza poza normalne użytkowanie mieszkania, ponieważ hałas, zapach i zabrudzenia, jakie wiążą się z posiadaniem kilku psów, mogą być znacznie większe. Z tych powodów wynajmujący może odmówić. Dlatego wcześniej powinniście koniecznie uzyskać jego pisemną zgodę. Zasadniczo nie jest jednak wskazane hodowanie psów na drugim piętrze czynszowego domu.

56. **Wyżeł weimarski:** **Bardzo podobają mi się wyżły weimarskie, ale wszyscy znajomi mi je odradzają, ponieważ są podobno bardzo wymagające. Czy to prawda?**

Wyżły weimarskie i inne psy myśliwskie w rękach niedoświadczonych właścicieli czworonogów to temat licznych dyskusji. Niektórzy uważają, że powinny trafiać jedynie w ręce myśliwych. Potrzebują bardzo dużo ruchu i wymagających ćwiczeń umysłowych, by zachowywały się spokojnie i zrównoważenie. Zdecydowanie nie nadają się na typowe psy rodzinne, które wyprowadza się trzy razy dziennie i raz w tygodniu zabiera na szkolenie. Właściciel musi być bardzo zaangażowany i mieć wiele czasu, by dostarczyć odpowiedniego zajęcia psu myśliwskiemu, takiemu jak wyżeł weimarski. Jeśli masz doświadczenie w szkoleniu psów i jesteś gotowy poświęcić czas na to, by codziennie przez kilka godzin intensywnie zajmować się psem, konsekwentnie go wychowywać i zgodnie z jego naturą szkolić do polowań lub np. na psa ratownika, możesz mieć wiele radości z posiadania psa myśliwskiego. Porozmawiaj z hodowcami i właścicielami o ich doświadczeniach i dopiero po głębokim zastanowieniu podejmij decyzję.

Kupno, wyposażenie i prawo

57. **Wzorzec rasy:** Czym jest wzorzec rasy?

Wzorzec rasy opisuje idealnego psa dla każdej rasy pod względem wyglądu i charakteru, a tym samym wyznacza cel hodowli klubów ras. Gdyby nie istniał standard rasy, pies przedstawiony na wystawie jako jedyny w swojej klasie automatycznie by wygrywał. Ponieważ jednak sędzia porównuje psa ze wzorcowym typem, może się zdarzyć, że pies zaprezentowany jako jedyny nie otrzyma najwyższej oceny, jeśli nie spełnia określonych wymogów. Związek Kynologiczny w Polsce jako członek Międzynarodowej Federacji Kynologicznej (Fédération Cynologique Internationale, FCI) uznaje ustalone przez nią wzorce ras. Mogą one różnić się od obowiązujących na przykład w Ameryce lub Wielkiej Brytanii i czasami są zmieniane.

58. **Zabawki:** Na co musimy zwracać uwagę przy kupnie zabawek?

Zabawka nie może być niebezpieczna dla psa. Plastikowe oczy pluszowych zwierząt lub piszczek w piszczących zabawkach mogą zostać połknięte. Oczy powinny być zatem namalowane albo wykonane z bezpiecznych materiałów, a piszczek musi być dobrze zamocowany, żeby pies nie mógł go wyciągnąć. Ważna jest także wielkość zabawki. Powinna być dostosowana do wielkości psa – za małą może połknąć, a za duża nie zachęci go do zabawy. Sprawdźcie, czy dają się łatwo wyczyścić. Zabawki z materiału najlepiej prać w temperaturze 60°C.
Zabawki powinny być dostosowane do upodobań psa – nie każdy czworonóg lubi piłki. Jeśli największą przyjemność sprawia mu rozkładanie zabawki na części, odpowiednie będą trwałe przedmioty z kauczuku, mające taką powierzchnię, której nie można chwycić zębami. Idealne są również sznury z sizalu lub bawełny. Miękka guma i plastik nie są wskazane, podobnie jak inne materiały, które nie oprą się psim zębom. We własnym interesie w wypadku piszczących zabawek powin-

Zdrowie

niście zadbać o to, by wydawały znośne dźwięki i nie tak głośne, by po dwóch minutach zaczęły was denerwować: najlepiej wypróbujcie je w sklepie. Przy odrobinie wyobraźni możecie także sami wykonać wspaniałe zabawki dla swojego psa, np. ze związanych ręczników lub piłki w starej skarpetce.

59. **Zakup: Czy są „sygnały alarmowe", na które trzeba zwracać uwagę, kupując zwierzę?**

Tak, oczywiście! Odradzam zakup, kiedy:
➤ matka lub szczenięta są nieśmiałe, strachliwe lub agresywne;
➤ psy sprawiają wrażenie zaniedbanych lub chorych;
➤ szczenięta dorastają w otoczeniu, w którym nie mają okazji do zabawy i wyjścia na dwór, gdzie jest brudno lub nieprzyjemnie pachnie;
➤ psy dorastają bez częstego kontaktu z ludźmi;
➤ hodowca nie chce powiedzieć nic o psie i jego warunkach życiowych, nie odpowiada na pytania i nakłania do zakupu;
➤ hodowca nie wydaje się kompetentny i hoduje psy wielu różnych ras;
➤ nie chce pokazać ci matki szczeniąt i otoczenia, w którym dorastały;
➤ oferuje ci zarówno szczenięta z rodowodem, jak i bez,
➤ nie proponuje ci, żebyś często odwiedzał szczenię aż do jego przekazania;
➤ nie otrzymujesz dokumentów o szczepieniu i odrobaczeniu i nie masz wglądu do protokołu przeglądu miotu.

60. **Zdrowie: Jak poznać, czy szczenię jest naprawdę zdrowe?**

Powinieneś poświęcić dużo czasu na wybór psa i dobrze przyjrzeć się miotowi oraz każdemu szczenięciu osobno.
➤ Sierść powinna być lśniąca i sprawiać wrażenie zadbanej.

Kupno, wyposażenie i prawo

➤ Ważne są czyste oczy i czujne spojrzenie.
➤ Ani z nosa, ani z oczu nie powinna wydobywać się wydzielina.
➤ Odbyt ma być czysty. Brudny może świadczyć o biegunce.
➤ Obejrzyj odchody szczenięcia, gdy się załatwi. Nie powinieneś zaobserwować biegunki ani „białych ziaren ryżu" (członów tasiemca).
➤ Maluch powinien być dobrze odżywiony i mieć okrągły, pełny brzuszek. Brzuch nie powinien sprawiać jednak wrażenia nadętego, ponieważ może to świadczyć o infekcji pasożytniczej.
➤ Przeciągnij palcem po sierści pod włos i sprawdź, czy nie ma pcheł. O zapchleniu świadczy również częste drapanie.
➤ To normalne, że szczenięta są niezdarne. Nie powinny jednak sprawiać wrażenia, że mają problemy z bieganiem lub wspinaniem się na niskie przeszkody, a już na pewno nie mogą kuleć.
➤ Sprawdź, czy maluch reaguje na dźwięki i dobrze widzi (na przykład poruszaj przed nim ciekawy przedmiot). U niektórych ras lub psów białych i o wielokolorowym umaszczeniu stosunkowo często występuje ślepota (np. collie, bearded collie, owczarek australijski) lub głuchota (np. dalmatyńczyk lub biały bokser).

Zdrowie

NIEBEZPIECZEŃSTWA CZYHAJĄCE NA PSA

NIEBEZPIECZEŃSTWO	JAK MU ZAPOBIEC
Schody	Zabezpieczyć kratką, żeby szczenię nie spadło i nie mogło biegać po schodach.
Balkon	Zabezpieczyć siatką lub kratkami ze względu na ryzyko wypadnięcia.
Ogrodowy staw	Ogrodzić staw płotkiem, żeby pies do niego nie wpadł i nie utonął.
Głęboka piwnica	Zagłębienia i dziury zakryć dla ochrony przed upadkiem.
Otwarte drzwi	Umieścić ograniczniki, żeby drzwi nie przytrzasnęły psa.
Środki czystości, chemikalia	Trzeba je dobrze zamykać, by pies ich nie wypił i się nie zatruł.
Leki, papierosy, ołówki	Nigdy nie zostawiać ich na stole; jeśli pies je zje, może poważnie zachorować, a nawet umrzeć.
Gorąco	Zabezpieczać świece, gorące żelazka itd., by nie doszło do oparzeń.
Rośliny	W mieszkaniu i ogrodzie pilnować, by pies nie miał okazji zjeść trujących roślin (strona 120).
Drobne przedmioty	Pilnować, by spinacze, igły, kulki, wstążki, wełna, smoczki i tym podobne były poza zasięgiem szczenięcia; połknięcie ich grozi poważnymi urazami wewnętrznymi.
Plastikowe torby	Zawsze uprzątać, inaczej pies może wejść do środka i się udusić.
Kable elektryczne	Zakryć, żeby zwłaszcza szczenięta nie mogły ich pogryźć.
Garaż, szopa	Zamykać, żeby pies nie zjadł niczego niebezpiecznego i niczego nie przewrócił.

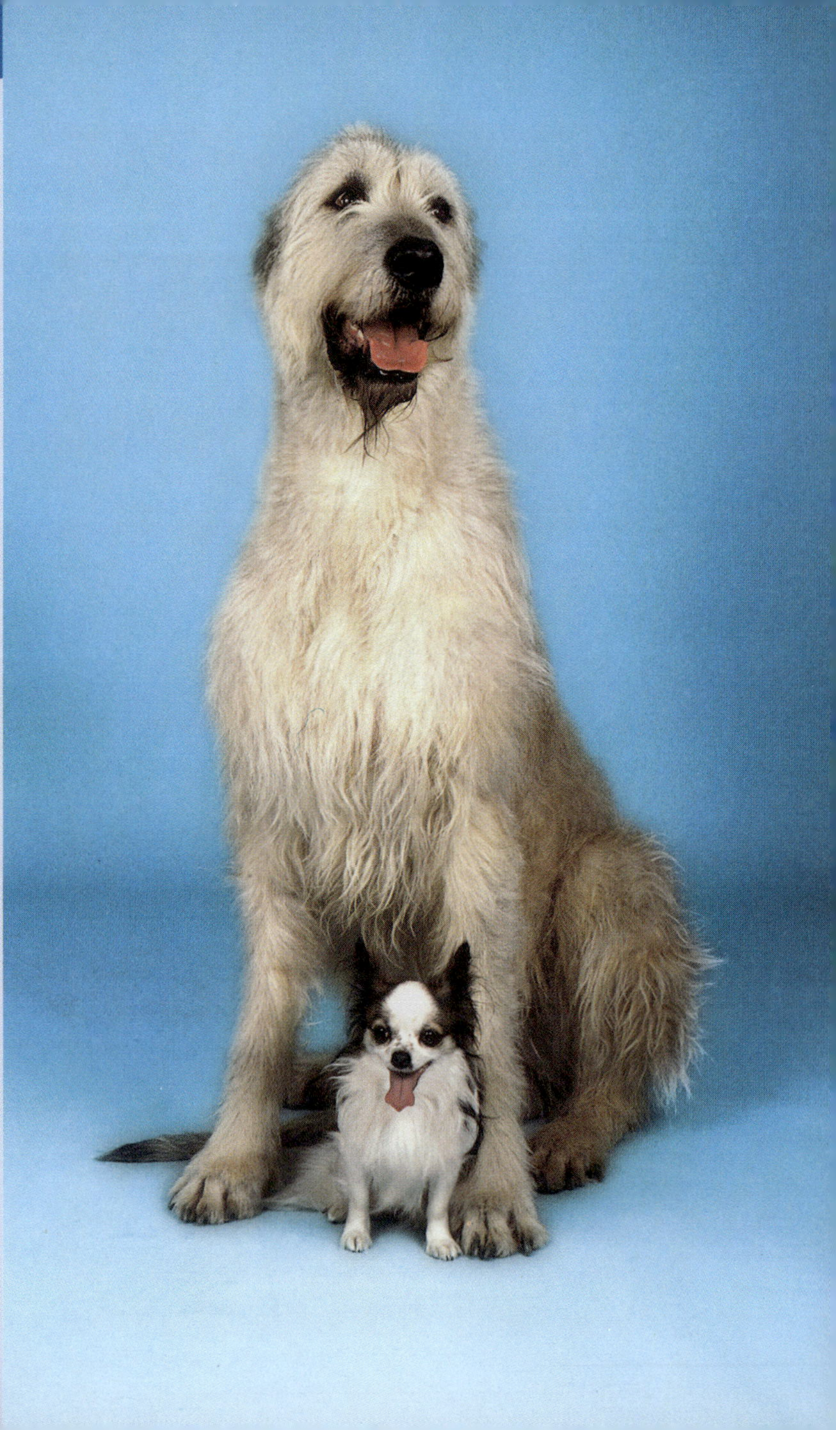

Wszystko o żywieniu

Psy mają różne wymagania żywieniowe, zależne od wieku, wielkości i stopnia ich aktywności. W tym rozdziale znajdziesz odpowiedzi na pytania o zrównoważoną dietę, zdrowe przysmaki i pokarmy, których czworonogi nie powinny jeść.

Wszystko o żywieniu

61. **Alergia: Po czym można poznać, że pies ma alergię na karmę?**

Pierwsze objawy alergii to zwykle częste zapalenia uszu, a potem swędzenie i łuszczenie się skóry. W skrajnych wypadkach może dojść do wypadania sierści. Rzadziej przy uczuleniu występują biegunka lub inne dolegliwości. Często chodzi wtedy raczej o nieprzyswajanie karmy. Jeśli pies ma podobne dolegliwości, powinien zostać dokładnie zbadany przez weterynarza, by ustalić ich przyczyny. Niekiedy szybko stawia się diagnozę „alergia na karmę", ale specjaliści przypominają, że znacznie częściej za dolegliwości skórne odpowiadają np. roztocza. Dopiero gdy wykluczone zostaną wszystkie inne przyczyny schorzeń, za pomocą testu przeprowadzanego pod nadzorem weterynarza należy stwierdzić, czy pies reaguje alergicznie na pożywienie i na jakie. W tym celu przez kilka tygodni karmiony jest np. tylko ziemniakami i pokarmami stano-

1 *Ser to świetny środek motywujący podczas szkolenia psa – ale tylko w małych kąskach.*

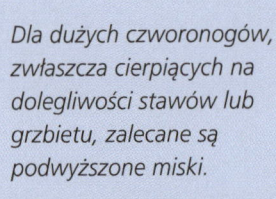

2 *Dla dużych czworonogów, zwłaszcza cierpiących na dolegliwości stawów lub grzbietu, zalecane są podwyższone miski.*

wiącymi źródło białka, które nie występują w popularnych karmach, na przykład egzotycznymi rybami. W czasie przeprowadzania testu psu nie wolno podawać przysmaków i innych dodatków.

62. **BSE:** Czy psy mogą zachorować na BSE po spożyciu zakażonej karmy?

Do tej pory nie dowiedziono, że psy mogą zachorować na BSE. Mięso, z którego wytwarza się karmę, podlega jednak równie dokładnym kontrolom, co mięso przeznaczone do spożycia przez ludzi. Do karm nie dodaje się zatem składników, które mogą wywołać BSE, np. mózgów owiec lub krów. Psy nie są wystawione na większe ryzyko zachorowania na BSE niż ludzie.

63. **Chora wątroba:** U mojego psa stwierdzono schorzenie wątroby. Czy zwierzę potrzebuje specjalnego pokarmu?

Powinieneś omówić to z weterynarzem. Rodzaj zalecanego pokarmu zależy od schorzenia. Zasadniczo przy zaburzeniach funkcji wątroby należy wspierać ten narząd, odpowiedzialny za odtruwanie organizmu. Można to osiągnąć, po pierwsze, podając posiłek często, ale w małych porcjach, co ułatwia trawienie. Ważne jest także, by posiłki były lekkostrawne, co gwarantuje między innymi karma zawierająca wysokowartościowe białka (typ premium, strona 67). Przy wyborze karmy należy zwrócić uwagę na zawartość miedzi, zbyt duża ilość może dodatkowo uszkadzać zaatakowaną wątrobę. Wielu producentów oferuje obecnie specjalne dietetyczne karmy, odpowiednie dla psów z różnymi schorzeniami. Dla czworonogów z chorą wątrobą są również karmy w puszkach lub suche. Można je kupić u weterynarza.

Wszystko o żywieniu

64. Czekolada: Czy to prawda, że czekolada jest trująca dla psów?

Tak. Czekolada zawiera teobrominę, która jest dla psów trująca. Już małe ilości czekolady zjadane regularnie przez dłuższy czas mogą być szkodliwe. Gorzka czekolada zawiera wyjątkowo dużo teobrominy. Z tego względu czworonóg nie powinien być rozpieszczany czekoladą, nawet jeśli bardzo ją lubi. Poza tym zupełnie nie pasuje ona do psiego jadłospisu, ponieważ nie dostarcza żadnych ważnych składników odżywczych, jest za bardzo kaloryczna i przez to może prowadzić do nadwagi i otłuszczenia. Wysoka zawartość cukru w czekoladzie źle wpływa na zęby.

65. Domowy wikt: Gotuję dla mojego psa. Słyszałem, że gotowa karma jest lepsza. Czy to prawda?

Pełnowartościowa gotowa karma ma zrównoważony skład i dostarcza psu wszystkich potrzebnych substancji (strona 80). Właściciel, podając swojemu pupilowi gotową karmę, nie może popełnić błędu żywieniowego, chyba że karmi psa za rzadko lub za często. Mimo to samodzielnie przygotowany pokarm nie jest zasadniczo gorszy od gotowej karmy. Jeśli dokładnie sprawdzasz skład posiłków, wiesz, w jakiej ilości należy podawać psu składniki odżywcze, witaminy i minerały, i potrafisz tę wiedzę wykorzystać,

> *Pokarm należy dostosować do wieku i aktywności psa, by zaopatrywać go we wszystkie substancje odżywcze.*

nie ma przeciwwskazań do stosowania domowej diety. Wręcz przeciwnie: pies jest wtedy żywiony zdrowo i smacznie. Jednak tylko nieliczni właściciele, którzy sami przygotowują karmę, robią to dobrze. Jeśli skład posiłków jest nieodpowiedni, może to mieć poważne konsekwencje dla psa. Gdy jako główne źródło białka pies otrzymuje np. wołowinę bez dodatkowej dawki wapnia, zaburzona zostaje między innymi równowaga wapnia i fosforu (u dorosłych, przeciętnie aktywnych psów powinna ona wynosić 4:3) ze względu na nadmiar fosforu. Ponieważ fosfor może być wydalany z organizmu tylko w połączeniu z wapniem, ten ostatni jest pobierany z kości, które w rezultacie stają się łamliwe. Kto chce rozpieszczać psa domową kuchnią, musi wziąć pod uwagę wiele czynników. Na stronach internetowych można znaleźć wiele różnych przepisów na dania dla psów, o zrównoważonych proporcjach substancji odżywczych. Uwzględnia się nawet różne potrzeby czworonogów, np. w okresie wzrostu i u psich seniorów.

66. **Dzieci i karmienie: Czy nasza ośmioletnia córka może karmić psa?**

To zależy od córki i od waszego psa. Jeśli córka jest już odpowiedzialna i wie, jak się zachowywać w obecności psa, może podstawić mu miskę. Pies powinien pod jej nadzorem grzecznie usiąść i poczekać, aż pozwoli mu podejść do miski. Nie powinniście jeszcze jednak pozwalać córce na samodzielne karmienie. Dzieci zwykle nie są dla psów osobami mającymi autorytet i z powodu karmy może dojść do konfliktu. W wypadku psów bardzo zazdrosnych o jedzenie karmienie powinno się pozostawiać dorosłym – zbyt duże jest ryzyko, że dziecku coś się stanie. Dopiero mniej więcej czternastoletnie, doświadczone w opiece nad psem dzieci mogą przejąć obowiązek karmienia dobrze wychowanego i budzącego zaufanie czworonoga. Zawsze ważna jest jednak dojrzałość dziecka, która gwarantuje, że będzie się ono trzymać ustalonych reguł.

Wszystko o żywieniu

67. **Dzień postu:** Czy powinienem pozwalać psu raz w tygodniu pościć?

Nie, nie trzeba i nie należy tego robić. Dawniej uważało się, że pies powinien pościć jeden dzień w tygodniu. Uzasadniano to w ten sposób, że wilki również nie każdego dnia mogą coś upolować i dlatego regularnie głodują. Jednak z punktu widzenia optymalnego żywienia post jest psom niepotrzebny. Co prawda, nasze czworonogi, tak jak wilki, są mięsożercami, jednak przywykłymi do regularnego karmienia. Jeśli trzymamy dwa psy lub więcej, to z powodu braku pokarmu czworonogi mogą się stać drażliwe, co prowadzi do konfliktów. Jeżeli jednak twój pupil od czasu do czasu nie zje nic przez jeden dzień, nie ma powodu do zmartwień, o ile jest sprawny i wesoły.

68. **Głód:** Mój pies jest ciągle głodny. Czy powinienem dawać mu więcej karmy?

Jeśli pies ma optymalną wagę, nie dokarmiałabym go bardziej. Często zdarza się, że czworonogi z różnych powodów są ciągle głodne. Niektóre rasy (np. labrador) są żarłoczne z natury. Nierzadko kastracja zaburza przemianę materii i powoduje wzmożony apetyt (strona 106). Być może, karma twojego psa jest nie dość kaloryczna i wówczas powinieneś zmienić jej rodzaj. Aby zwiększyć masę karmy, możesz dodatkowo wymieszać ją z warzywami – dobre są surowe marchewki – albo podawać karmę typu light.

69. **Hodowla:** Nasza suka ma młode, ale nie chce się nimi opiekować. Czym powinniśmy je karmić?

Najpierw należy udać się z matką i szczeniętami do lekarza. Brak zainteresowania własnym potomstwem może być spowo-

Hodowla

dowany chorobą suki (np. zapaleniem sutków) lub szczeniąt (np. rozszczepem podniebienia). Weterynarz może też zaaplikować malcom zastrzyki wspomagające wzrost.

Dobrze jest, gdy szczenięta po narodzeniu piją co najmniej pięć razy dziennie, by przyjąć siarę. Wydzielina ta powstaje podczas porodu w gruczołach mlecznych matki i zaopatruje noworodki w ważne przeciwciała. Jeśli wszystkie szczenięta są zdrowe, ale nawet ułożone przy sutkach nie chcą ssać, powinny być karmione sztucznym mlekiem, które można kupić u weterynarza lub w sklepach zoologicznych. Proszek miesza się z wodą i podgrzewa do temperatury ciała – mleko trzeba zawsze przygotowywać tuż przed karmieniem. Podajemy je w małej butelce ze smoczkiem. Gdy wsuniemy ostrożnie smoczek do pyszczka szczenięcia, zwykle zaczyna ssać. Nowo narodzone psy trzeba karmić co dwie godziny (patrz wskazówka poniżej). Po czterech tygodniach (w dużych miotach po trzech) należy rozpocząć dodatkowe karmienie. W tym celu rozrabiamy specjalną karmę dla szczeniąt ze sztucznym mlekiem na rzadką papkę. Z czasem ilość mleka w pokarmie zostaje ograniczona, ale dodatkowo wciąż podajemy szczeniętom butelkę. W szóstym tygodniu zaczynamy psy od niej odzwyczajać.

Oprócz karmienia należy wziąć pod uwagę dwie ważne kwestie. Szczególnie w pierwszych tygodniach życia maluchy z trudem

WSKAZÓWKA

Optymalne karmienie osieroconych szczeniąt
1. tydzień: co dwie godziny mleko w proszku.
2. tydzień: co trzy godziny mleko w proszku.
3. tydzień: co cztery godziny mleko w proszku.
4. tydzień: cztery–pięć razy dziennie mleko w proszku i raz dodatkowa karma.
5. tydzień: trzy razy mleko w proszku, trzy razy karma.
6. tydzień: karmienie sześć razy dziennie, większa ilość karmy, ograniczanie ilości mleka.
7. tydzień: cztery–pięć razy dziennie karma dla szczeniąt.

utrzymują ciepłotę ciała i powinny być naświetlane lampą na podczerwień. Szczenięta potrzebują też pomocy matki, by wydalić kał i mocz, w tym celu matka liże brzuch i okolice odbytu malców. Musicie przejąć to zadanie i ostrożnie masować miękką szmatką brzuch i okolice odbytu, aż pieski się wypróżnią.

70. **Ilość karmy: Czy mogę kierować się wskazaniami dotyczącymi ilości karmy umieszczonymi na opakowaniu?**

Te zalecenia to wartości orientacyjne, często obliczane nieco na wyrost. Zwykle możemy odjąć 10% podanej ilości i sprawdzić, czy nasz czworonóg potrzebuje mniej, czy więcej jedzenia. Każdy pies ma indywidualną przemianę materii i nawet osobniki z jednego miotu, które żyją w takich samych warunkach i zażywają tyle samo ruchu, mogą mieć różne zapotrzebowanie na karmę. Po tygodniu lub dwóch poznasz, czy w misce powinno być mniej, czy więcej pokarmu.

71. **Jajka: Czy surowe jajka dobrze wpływają na sierść?**

Jajka mają wysoką zawartość niezbędnych kwasów tłuszczowych, które rzeczywiście korzystnie wpływają na połysk sierści. Surowe białko może jednak spowodować problemy z trawieniem, a zawarta w nim awidyna hamuje przyswajanie biotyny, co z kolei działa niekorzystnie, prowadzi do niedoborów ważnych substancji odżywczych i powoduje między innymi oklapnięcie sierści. Skutków ubocznych można uniknąć, gotując jajka. Zawierają one dodatkowo dobrze przyswajane białka i tłuszcze. Nie zaszkodzi zatem, gdy raz w tygodniu poczęstujesz psa gotowanym jajkiem. Lepsze skutki dają jed-

Jedzenie trawy

nak kapsułki z olejem z łososia albo łyżeczka oleju z wiesiołka lub ostu.

72. **Jedzenie kamieni:** **Czy mojemu bokserowi brakuje jakiś substancji odżywczych, skoro je kamienie?**

Do dziś nie wiadomo, dlaczego psy jedzą kamienie. Nie stwierdzono też związku między jedzeniem kamieni a rodzajem karmy. Jedno jest jednak pewne: kamienie mogą spowodować poważne szkody w przewodzie pokarmowym. Zwykle konieczna jest wtedy operacja. Ucierpieć mogą również zęby psa. Aby temu zapobiec, powinieneś usunąć z posesji wszystkie kamienie. Jeśli psy aportują lub jedzą kamienie, zwykle trudno ich tego oduczyć. Skorzystaj z pomocy trenera zwierząt.

73. **Jedzenie trawy:** **Dlaczego psy jedzą trawę?**

Nie ustalono jeszcze jednoznacznej przyczyny tego zjawiska. Często podejrzewa się, że jedzenie trawy ma związek z nieprawidłowym żywieniem, jednak również dobrze odżywione psy pozwalają sobie czasami na kilka źdźbeł – szczególnie delikatna zielona trawa wiosną najwyraźniej smakuje niektórym czworonogom. Nie potwierdzono również związku z przyjmowaniem suchej karmy. Zaobserwowano jednak, że psy jedzą czasem trawę, gdy cierpią na dolegliwości żołądkowo-jelitowe i burczy im w brzuchu. Wiele psów wywołuje w ten sposób wymioty, które łagodzą dolegliwości, inne wydalają trawę w naturalny sposób. Co ciekawe, w wypadku dolegliwości trawiennych psy bardzo często jedzą perz. W medycynie ludowej herbatę z perzu tradycyjnie zaleca się na nieżyt żołądka i jelit – być może, czworonogi również mają swoje domowe sposoby leczenia. U psów, które przez dłuższy czas i w dużych ilościach jadły trawę, często stwierdzano choroby odcinka żołądkowo-jelitowego.

74. **Karma dla kotów: Nasz pies lubi jeść karmę przeznaczoną dla kotów. Czy to w porządku?**

Nie. Karma dla kotów w porównaniu z karmą dla psów zawiera znacznie więcej protein, a jej dłuższe spożywanie prowadzi do zakwaszenia organizmu i w rezultacie chorób. Obciążone zostają między innymi wątroba i nerki, a we krwi i moczu występuje wyższy poziom mocznika. Powinniście zatem pilnować, by pies nie wyjadał regularnie z kocich misek. Na co dzień może to być trudne, ponieważ koty dostają karmę tak często, że mogą się częstować o każdej porze. Dlatego w miarę możliwości miski z kocią karmą powinny stać w miejscu niedostępnym dla psa, na przykład na kredensie, którego nie może dosięgnąć.

75. **Karma dla seniorów: Od jakiego wieku pies powinien otrzymywać karmę dla seniorów?**

Zależy to od wielkości psa. Zasadniczo obowiązuje reguła, że im większy pies, tym wcześniej zalicza się do zwierząt w podeszłym wieku. Jamnik uchodzi za starego w wieku około ośmiu lat, natomiast berneński pies pasterski już jako sześciolatek jest seniorem (tabela, strona 11). Wtedy też należy przestawić go na karmę mniej kaloryczną.

76. **Karma dla szczeniąt: Jak długo musimy czekać, żeby zacząć podawać szczenięciu inną karmę niż u hodowcy?**

Powinniście żywić malca znaną mu karmą jeszcze przynajmniej dwa lub trzy tygodnie. Przeprowadzka do nowego otoczenia, poznawanie wielu nowych ludzi, zmiana rytmu dnia, oddzielenie od matki i rodzeństwa to dla niego dostatecznie mocne przeżycie. Jeśli mały organizm musiałby się przestawiać na nową karmę, dodatkowo zestresowałoby to szczenię. Jeżeli macie wrażenie, że pies dobrze się czuje w waszym domu i pierwsze zdener-

Karma typu premium

wowanie minęło, możecie ostrożnie zacząć zmieniać karmę (strona 90).

77. **Karma dla szczeniąt: Nasz trzymiesięczny maltańczyk dostaje karmę dla szczeniąt. Kiedy będzie potrzebować karmy dla dorosłych zwierząt?**

Od wielkości psa zależy to, jak długo podajemy mu karmę dla szczeniąt. Gdy zaczynamy serwować mu karmę dla dorosłych psów, proces wzrostu powinien być w przeważającej mierze zakończony. Ponieważ małe psy szybciej osiągają ostateczną wielkość, można wcześniej zmienić ich pożywienie. Psom małych ras, takim jak maltańczyk, można dwa razy dziennie podawać karmę dla dorosłych już po sześciu–ośmiu miesiącach. U dużych ras zmiana powinna nastąpić dopiero po 12–15 miesiącach. Jeśli zbyt długo podajemy karmę dla szczeniąt, może dojść do nadmiernego nagromadzenia się w organizmie niektórych substancji odżywczych.

78. **Karma typu premium: Jaka jest różnica między karmą zwykłą a typu premium?**

Karma typu premium (kompleksowa) zawiera więcej mięsa i mniej białek roślinnych niż pozostałe, w których skład wchodzą przede wszystkim białka zwierzęce. Zasadniczo wszystkie

---

WSKAZÓWKA

Ty jesteś szefem, szczególnie podczas karmienia!

To ty określasz czas i miejsce karmienia. Nie zgadzaj się na zachcianki psa. Nie poddawaj się nawet błagającemu spojrzeniu. Musisz umieć odebrać psu karmę tak, by się nie zezłościł. Ważne jest, by cię słuchał także wtedy, gdy zechce jeść chwasty na skraju drogi. Aby pies nie stał się wybredny, powinien mieć 20 minut na posiłek. Czego w tym czasie nie zje, zabierasz!

produkty najwyższej jakości odznaczają się tym, że wytwarza się je z najlepszych półproduktów, które są bardzo dobrze przyswajalne i dostarczają psu wszystkich niezbędnych substancji odżywczych. Karma typu premium ma wiele odmian, dostosowanych do potrzeb zwierząt, np. dla szczeniąt, dorosłych lub starszych czworonogów, dużych i małych psów, „sportowców wyczynowych", a także dla określonych ras, np. owczarka lub labradora. Karma typu premium – w przeciwieństwie do innych – ma stały skład. W zwykłych karmach może się on zmieniać, zależnie od cen poszczególnych surowców, choć nie wpływa to na zawartość protein, włókien, popiołów itd. podaną na opakowaniu (strona 67). Ze względu na dobrą przyswajalność i wysoką jakość składników (wyższa wartościowość biologiczna) karmy typu premium pies potrzebuje mniejszych porcji i wydala mniej kału niż po zjedzeniu zwykłej. Przeważnie karmy takie dostępne są tylko w sklepach zoologicznych i u weterynarza.

79. **Karma w kawałkach: Czy wielkość krokietów musi być dostosowana do wielkości psa?**

Producenci oferują krokiety różnej wielkości, jednak również duży pies naje się mniejszymi kawałkami, a mały pogryzie większe. Mimo to powinieneś pilnować, by krokiety były tak duże, aby pies ich nie połykał, lecz gryzł, bo to zapobiega powstawaniu kamienia nazębnego.

80. **Karmienie: Mam westie i owczarka. Mały zawsze zabiera dużemu karmę. Co mogę zrobić?**

Najłatwiej jest karmić psy w różnych pomieszczeniach. Nawet jeśli nie dochodzi do konfliktów między czworonogami, westie nie może stale jeść dwóch porcji, bo znacznie utyje. Owczarek będzie wreszcie mógł spokojnie spożyć posiłek. Pozwól potem

Karmienie

JAK CZĘSTO KARMIĆ PSA?	
3. miesiąc życia	Malcy wciąż potrzebują pięciu posiłków dziennie.
4. miesiąc życia	Można ograniczyć się do czterech posiłków dziennie.
5. miesiąc życia	Małe rasy radzą sobie już z trzema posiłkami dziennie, duże nadal należy karmić cztery razy dziennie.
Od 6. do 8. miesiąca życia	U małych ras można ograniczyć się do dwóch posiłków dziennie, duże potrzebują trzech.
9. miesiąc życia	Bardzo dojrzałym małym psom wystarcza jeden posiłek dziennie – jednak lepiej przyswajane są dwa. Duże psy należy karmić dwa razy dziennie, również wtedy, gdy dorosną. Chore psy, „wyczynowi sportowcy" lub suki karmiące potrzebują kilku posiłków dziennie.

małemu wylizać drugą miskę, w ten sposób też coś dostanie. Trudniejszym sposobem byłoby zabronić małemu psu częstowania się z miski dużego. Można to osiągnąć tylko przez konsekwentne szkolenie i nadzór przy karmieniu.

81. **Karmienie: Czy dorosłe psy lepiej jest karmić raz czy kilka razy dziennie?**

Zasadniczo psu wystarczy jedno karmienie dziennie. Jego rozciągliwy żołądek bez problemów przyswaja tę ilość pokarmu. Będzie mu jednak łatwiej, jeśli otrzymuje dwa posiłki dziennie. Dzięki częstszemu karmieniu i odpowiednio mniejszym por-

Wszystko o żywieniu

cjom żołądek psa zostaje odciążony i podczas trawienia powstaje mniej gazów. Jest to korzystne szczególnie dla starszych lub chorych czworonogów. Rano w misce powinno znaleźć się przynajmniej małe śniadanie, a późnym popołudniem lub wczesnym wieczorem główne danie. Zwłaszcza psy z głęboką klatką piersiową lepiej przyswajają mniejsze posiłki, ponieważ podział dziennej racji ogranicza ryzyko wystąpienia niebezpiecznego skrętu żołądka (strona 122). Dodatkowo czworonogi, które rano zjadły śniadanie, nie odczuwają przez cały dzień wilczego głodu.

82. **Karmienie szczeniąt: Czy szczenięta większych ras potrzebują innej karmy niż szczenięta małych ras?**

Tak. Wszystkie szczenięta potrzebują zrównoważonego i dostosowanego do indywidualnych potrzeb żywienia, by móc optymalnie rosnąć. Szczególnie krytyczny jest okres od trzeciego do szóstego miesiąca życia. Po zakończeniu

Psie dzieci w pierwszych tygodniach życia są świetnie odżywione mlekiem matki, które zapewnia im także ochronę przed chorobami.

Około piątego tygodnia zaczynamy podawać karmę dla szczeniąt, żeby malcy prawidłowo się rozwijali i byli zdrowi.

szóstego miesiąca duże szczenięta osiągają około 60% ostatecznej masy, a małe psy około 80%. Im więcej kalorii zawiera karma, tym szybciej rośnie szczenię. Jeśli psie dziecko dostaje karmę zbyt kaloryczną lub w zbyt dużych ilościach, nie odkłada tłuszczu, lecz często „wystrzela" w górę i wygląda wtedy raczej chudo, a nie zgodnie z oczekiwaniami – pulchniutko. U psów, które w wieku dorosłym są dość duże, zbyt szybki wzrost negatywnie wpływa na stawy i strukturę szkieletu, co prowadzi do trwałych uszkodzeń. Dlatego karma szczenięcia dużej rasy powinna być mniej kaloryczna niż psów drobniejszych ras.

83. **Karmienie szczeniąt:** **Czy powinienem dodatkowo podawać szczenięciu wapń na wzrost kości?**

W wypadku stosowania wysokiej jakości karmy dla szczeniąt, która uwzględnia ostateczną wielkość psa (czyli odpowiedniej dla małych i dużych ras), nie jest to konieczne. Jeśli dodasz do niej wapń, może dojść do przedawkowania tego minerału. W rezultacie mogą wystąpić zaburzenia w rozwoju szkieletu. Nadmiar wapnia utrudnia przyswajanie innych ważnych minerałów, w wyniku czego dochodzi do zachwiania równowagi hormonalnej, co zaburza tworzenie chrząstek i rozwój szkieletu. Szkielet nie może dostosować się do tempa wzrostu i doznaje trwałych uszkodzeń. Gdy u psów w okresie dorastania dochodzi do przedawkowania wapnia, może to spowodować, że czworonóg przez całe życie będzie cierpiał na bolesne schorzenia stawów.

84. **Karmy dietetyczne:** **Rodzice mojego psa chorowali na serce. Czy zapobiegawczo powinienem podawać mu dietetyczną karmę?**

Nie, odradzam takie rozwiązanie. Dietetyczna karma, którą opracowano na wypadek określonych dolegliwości, jest przystosowana do potrzeb chorego psa. Jeśli karmisz nią zdrowego czworonoga, oznacza to nieprawidłowe żywienie, które może wywoływać różne schorzenia. Podawaj psu normalną, wysokiej jakości karmę, dostosowaną do jego potrzeb. Pracownicy sklepów zoologicznych lub weterynarz doradzą ci, jaką wybrać. Zapobiegawczo powinieneś co pół roku udawać się z psem do weterynarza, by odpowiednio wcześnie wykryć ewentualną chorobę serca i móc rozpocząć leczenie. Prawdopodobieństwo, że pies zachoruje na serce jest, co prawda, wyższe niż u psów które miały zdrowych rodziców, jednak nie oznacza, że pies na pewno będzie chory.

85. **Karmy kompleksowe: Mój pies dostaje karmę kompleksową. Czy muszę dodatkowo podawać mu tabletki witaminowe?**

Nie, zdrowemu psu wystarczy wysokiej jakości kompleksowa karma (strona 67), by zapewnić mu zrównoważoną dietę. Skład karmy jest bardzo ważny dla zdrowia zwierzęcia i oblicza się go na podstawie skomplikowanej formuły. Jeśli podajesz psu środki uzupełniające dietę, zaburzasz równowagę pokarmową, co może doprowadzić do nadmiaru pewnych składników i zaszkodzić zdrowiu czworonoga. Lepiej regularnie dawaj mu trochę owoców, to nie szkodzi (strona 78).

WSKAZÓWKA

Unikanie niestrawności

Aby uniknąć problemów z trawieniem, nigdy nie podawaj psu karmy bezpośrednio z lodówki, lecz ogrzej ją do temperatury pokojowej.
Przed długą jazdą samochodem czworonóg powinien pozostawać na czczo, dzięki temu będzie lepiej się czuł. Kilka kawałków suchej karmy od czasu do czasu odegna wilczy głód.
Karm psa zawsze o tej samej porze, rano małe śniadanie, a wczesnym wieczorem główny posiłek. Dzięki temu trawienie będzie regularne.

Miejsce karmienia

86. **Kości:** **Czy psom można dawać kości do ogryzania?**

Kości zdecydowanie odradzam! Ich odłamki mogą uszkodzić jelito, większe kawałki osadzają się w odbycie, a wapień może uczynić kał tak twardym (biały kostny kał), że dochodzi do zaburzeń wypróżniania bądź nawet niedrożności jelit. Kości drobiu wyjątkowo często powodują wewnętrzne urazy, ponieważ łatwo pękają. Lepiej podawaj psu gryzaki ze sklepu zoologicznego, np. penis wołowy, uszy wieprzowe lub wołowe, suszone żwacze lub kości ze skóry wołowej – te nie budzą zastrzeżeń.

87. **Marchew:** **Mój labrador bardzo lubi surową marchew. Czy może mu ona zaszkodzić?**

Nie, marchew to zdrowy i niskokaloryczny przysmak dla psa, świetnie nadający się np. jako nagroda w szkoleniu. W ten sposób zaoszczędzisz na typowych, zwykle bardzo energetycznych smakołykach i zadbasz o szczupłą sylwetkę labradora – psy tej rasy mają skłonność do nadwagi. Marchew zawiera dużo witaminy A, co pozytywnie wpływa na wzrok. Ponieważ witamina A jest rozpuszczalna w tłuszczach, organizm psa może ją przyswoić tylko wtedy, gdy jest podawana z olejem. Możesz na przykład od czasu do czasu udoskonalać psią karmę, dodając kilka marchewek i łyżeczkę oleju z ostu. Zapewni to również lśniącą sierść.

88. **Miejsce karmienia:** **Gdzie najlepiej karmić mojego podenco?**

Idealne jest spokojne miejsce, niezbyt blisko stołu jadalnego. Twojemu czworonogowi nie powinny przeszkadzać ciągle otwierane drzwi, gwar lub głośne dźwięki. Zupełnie na uboczu, np. w piwnicy, również nie byłoby dobrze, bo wtedy zwierzęta czują się odrzucone. Pies nie powinien być także karmiony tam, gdzie zwykle przebywają goście. Niektóre zwierzęta czują się wtedy zmuszone bronić swojego obszaru karmienia przed „intruzami". Dystans do stołu jadalnego jest konieczny, żeby czworonóg nie kojarzył twoich posiłków ze swoimi, nie bronił stołu ani nie żebrał.

89. **Mięsożercy:** **Psy należą do mięsożerców. Czy mojego teriera tybetańskiego powinienem karmić wyłącznie mięsem?**

Nie, w żadnym wypadku. Termin „mięsożerca" rzeczywiście jest nieco mylący. Mięsożercy nie żywią się wyłącznie mięsem, lecz upolowaną zwierzyną – ze wszystkimi dodatkami, roślinną treścią żołądka ofiary, a okazyjnie również korzonkami i jagodami. W ten sposób ich organizm zostaje zaopatrzony we wszystkie potrzebne składniki. Gdyby pies żywił się tylko mięsem, cierpiałby na różne choroby, na przykład zaburzenia rozwoju zębów i kości i w rezultacie poważne uszkodzenia szkieletu. Również dobra sucha karma zawiera tylko od 15 do 25% mięsa, to zupełnie wystarcza.

90. **Mleko:** **Czy mogę dawać psu mleko?**

Nie, mleko nie powinno należeć do jadłospisu. Co prawda, pies dobrze przyswaja jego nieduże ilości, ale niewiele dorosłych osobników może strawić zawarty w mleku cukier (laktozę). Skutkiem tego bywają silne wzdęcia i biegunka. Świeża, letnia woda pokrywa zapotrzebowanie psa na płyny i w zupełności wystarczy.

91. **Nadwaga:** **Z czego wynika to, że mimo optymalnego odżywiania mój pies jest za gruby?**

Przyczyny nadwagi bywają różne. Najprostsze wytłumaczenie: pies dożywia się gdzie indziej, na przykład kocią karmą,

Nadwaga

u sąsiadów, przy kompoście albo dostaje za dużo przysmaków. Nadwaga może również wynikać z tego, że ma mniej ruchu, niż potrzebuje, by spalić przyswojone kalorie. Oznaczałoby to, że musisz z nim częściej spacerować lub uprawiać sport. Możesz także spytać weterynarza, czy dla twojego psa nie jest wskazana mniej kaloryczna karma. Często porcje zalecane na opakowaniach są zbyt wysokie, więc spokojnie można ograniczyć posiłki o 10%. Może też chodzić o niedoczynność tarczycy – wówczas z powodu zaburzonej przemiany materii organizm psa pobiera więcej tłuszczu. Innym objawem niedoczynności tarczycy jest wypadanie sierści.

92. **Nadwaga: Mój pies musi dużo schudnąć. Jak najlepiej się za to zabrać?**

Twój grubasek musi się więcej ruszać. Spytaj weterynarza, jakie sporty nadają się dla niego, a wcześniej poproś o zbadanie jego stawów, serca i krwiobiegu. Ważne jest to, by stopniowo zwiększać wymagania i nie przeciążyć psa fizycznie.
Dodatkowo należy zmienić dietę. U weterynarza dostaniesz specjalną niskokaloryczną karmę dla psów z dużą nadwagą. Kuracja odchudzająca powinna zostać przeprowadzona pod nadzorem weterynarza, z regularnymi

Nadwaga ogranicza jakość i długość życia. Pilnuj, by pies zachował smukłą sylwetkę.

kontrolami wagi psa. Aby wysiłki nie poszły na marne, musisz pilnować, by pies nie dożywiał się gdzie indziej, na przykład podkradając jedzenie lub korzystając z misek pozostałych domowych zwierząt. Z jadłospisu należy skreślić treściwe dodatki. Zamiast zwykłych przysmaków możesz podawać kawałki suchej karmy oraz owoce i warzywa, np. surowe marchewki, kalarepkę lub smaczne ryżowe keksy, które mają niewiele kalorii.

93. Nawyki żywieniowe: Mój pies zawsze bardzo łapczywie połyka pokarm. Czy mogę to zmienić?

Jeśli pies je za szybko, możesz kazać mu zapracować na karmę, to powinno go spowolnić. Można na przykład połączyć karmienie ze szkoleniem i za każde właściwie wykonane polecenie dawać psu kawałek suchej karmy. Inny sposób na pohamowanie łapczywości psa to zabawy w karmienie. Możesz napełnić suchą karmą piłkę (dostępne w sklepach zoologicznych). Pies musi toczyć ją tam i z powrotem, żeby wypadały okruchy. Psom z ambicjami łowieckimi można ułożyć ślad z karmy i ćwiczyć w ten sposób tropienie. Alternatywą jest namoczenie kawałków karmy w letniej wodzie, wtedy jedzenie potrwa dłużej.

94. Niecierpliwość: Mój pies już na godzinę przed karmieniem jest bardzo podenerwowany i szczeka tak długo, aż dam mu miskę. Czy to normalne?

Wiele czworonogów stale ma apetyt i nie może się doczekać, kiedy wreszcie dostanie coś do jedzenia. Być może, karma nie odpowiada potrzebom psa, dlatego nieustannie odczuwa on głód. Najlepiej porozmawiaj z weterynarzem o odżywianiu swojego czworonoga i w miarę potrzeby wprowadź zmiany. Karm psa dwa razy dziennie, żeby nie odczuwał tak silnego głodu. Dodatkowo wskazany jest program szkoleniowy. Nie ustępuj, gdy chce dostać karmę. Pamiętaj: ty jesteś szefem i nadajesz ton – nie twój pies! Dawaj mu miskę tylko wtedy, gdy zachowuje się spokojnie. Sprawdź, czy możesz go skłonić do wykonania polecenia „siad". Dostanie miskę tylko wtedy, gdy odpowiednio wykona polecenie i przez kilka minut będzie zachowywać się spokojnie i grzecznie. W chwili, gdy ponownie energicznie zażąda miski, ćwiczenie powtarzamy.

95. **Opakowanie karmy: Jakie informacje umieszczone na opakowaniu są ważne?**

Obowiązkowe są informacje o rodzaju karmy, a zatem czy jest ona kompleksowa czy uzupełniająca. Ponadto muszą być podane: zawartość wody (poza suchą karmą), składniki, substancje dodatkowe, waga oraz dane dotyczące trwałości. Na opakowaniu musi być również wymieniona nazwa producenta lub dystrybutora wraz z adresem oraz oznaczenie serii produkcyjnej.

Ilość surowych protein oznacza zawartość białka w karmie. Surowe włókno to substancje trudno- lub nieprzyswajalne, balastowe. Na popiół surowy składają się minerały. Nie są to jednak tylko ważne minerały, ale często także „wypełniacze", takie jak ziemia lub piasek. W wypadku substancji dodatkowych musi być podana np. ilość witaminy A, D i E oraz miedzi. Dalej powinny być wymienione nazwy przeciwutleniaczy, środków konserwujących i koloryzujących. Jeśli użyto środków aromatyzujących, wystarczy ogólna wzmianka na ten temat. Kolejność składników odpowiada ich procentowej ilości. Należy zawsze pamiętać o tym, że skład odnosi się do całkowitej masy produktu i dlatego mokra karma różni się od suchej, nawet jeśli mają identyczną masę.

Wszystko o żywieniu

96. Otoczenie: Czy otoczenie może wpływać na potrzeby żywieniowe psa?

Owszem. Szczególnie temperatura otoczenia ma duży wpływ na zapotrzebowanie na pokarm. Jeśli pies przez cały rok przebywa na dworze, zimno sprawia, że wymaga więcej energii, by utrzymać odpowiednią temperaturę ciała: potrzebuje zatem więcej karmy. Również zachowanie to istotny czynnik. Nerwowe lub często podenerwowane psy mają nasiloną przemianę materii i potrzebują nieco więcej karmy niż spokojne i pogodne.

97. Owoce: Czy psy mogą jeść owoce?

Psy mogą dostawać niewielkie ilości owoców. Odpowiednie są zwłaszcza kawałki jabłek i gruszek. Jabłka zawierają dużo pektyn, starte i dodane do karmy pomagają w problemach żołądkowo-jelitowych, ponieważ regulują trawienie. Owoce pestkowe, np. śliwki, można podawać psu wyjątkowo, ponieważ pobudzają trawienie i działają przeczyszczająco – pestki koniecznie należy usunąć. Psy chętnie jedzą także banany. Owoce te zawierają dużo potasu i w porozumieniu z weterynarzem można je dodawać rozgniecione do karmy, gdy pies ma biegunkę. Banany nadają się również na smaczne przekąski, należy jednak uwzględnić ich wysoką kaloryczność. Wiele

WSKAZÓWKA

Upodobania smakowe

Karmy dla psów mogą mieć różny smak, na przykład wołowiny, jagnięciny, kurczaka lub łososia. Jeśli na opakowaniu napisane jest, jaki smak ma karma, nie oznacza to, że jej część mięsna składa się tylko z tego produktu (zwracaj uwagę na skład). Jest dopuszczalne i powszechnie praktykowane dodawanie do karmy innych produktów mięsnych i białek roślinnych. Powinni pamiętać o tym właściciele psów mających alergię na określony rodzaj białka.

Przechowywanie

psów ucieszy się także z kawałka melona, kiwi, paru malin lub jeżyn.

98. **Przechowywanie: Czy karmę muszę przechowywać hermetycznie zamkniętą?**

Tak, to ważne. Karma powinna być przechowywana w możliwie ciemnym, chłodnym miejscu i w hermetycznym pojemniku. W wilgotnej karmie przy wysokiej temperaturze rozwijają się bakterie, które ją psują i mogą wywołać problemy trawienne u psa. Światło, ciepło i kontakt z powietrzem niszczy ważne

WŁAŚCIWA KARMA DLA PSA	
Karma kompleksowa/ kompletny pokarm	Dzięki niej zdrowy pies ma zapewnioną zrównoważoną dietę, a środki uzupełniające są zbędne. Jest oferowana w postaci suchej, półmokrej lub mokrej.
Karma uzupełniająca	W celu zapewnienia psu zrównoważonej diety musi zostać wymieszana z innymi składnikami. Jest karma uzupełniająca bogata w węglowodany (np. płatki), z wysoką zawartością protein (np. mrożone mięso) i karma mineralna lub witaminowa (zwykle w postaci tabletek lub proszków).
Przysmaki (karma dodatkowa)	To specjały dla psa podawane np. jako nagroda lub do gryzienia, nie powinno się ich dodawać do zwykłej karmy, lecz stosować w miarę potrzeb.
Zawartość wody	W mokrej karmie wynosi przeciętnie 75%, w półmokrej od 15 do 30%, a w suchej z reguły od 7 do 10%.

składniki, np. witaminy. One z czasem i tak zanikają, ale gdy karma nie jest przechowywana w optymalnych warunkach, następuje to szybciej, a karma staje się dla psa bezwartościowa. Opakowania karmy powinny być przechowywane na przykład w pojemnikach z tworzywa sztucznego, żeby myszy i inne gryzonie nie mogły się dostać do pokarmu. W ten sposób do karmy nie trafią także roztocza, a tłuszcz nie zjełczeje. Nie podawaj psu karmy, której termin przydatności do spożycia już minął.

99. Przeciwutleniacze: Na opakowaniu karmy widnieje termin „przeciwutleniacze". Co to jest?

To substancje, które stabilizują tłuszcze i kwasy tłuszczowe w karmie i tym samym ją utrwalają. Zapobiegają jełczeniu tłuszczów. Nieświeże tłuszcze nie tylko ograniczają przyswajanie karmy, ale mogą także spowodować problemy zdrowotne, ponieważ zdarza się, że zawierają substancje trujące. W wysokiej jakości karmie zwykle stosuje się naturalne przeciwutleniacze, np. bioflawonoidy i witaminę E (tokoferol) oraz C. Mają one pozytywny wpływ na organizm psa, ponieważ spowalniają rozkład komórek.

100. Przysmaki: Jakie przysmaki mogę dawać w nagrodę mojemu psu?

Jeśli ćwiczysz z psem nowe komendy, powinny to być bardzo lubiane i smaczne kąski, np. małe kawałki sera lub indyka. Są szczególnie cenione przez czworonogi i wyjątkowo wzmacniają ich motywację. Kawałki powinny być tak małe, by pies szybko je połknął, nie przeżuwając za długo. Na przysmaki nadają się także paluszki rybne lub paski mięsa ze sklepu zoologicznego. Można je łatwo podzielić na mniejsze części i dobrze poporcjować. Kawałki suchej karmy są mniej wskazane, ponieważ pies zwykle za długo je przeżuwa.

Rodzaje karmy

101. **Resztki jedzenia: Czy psy mogą dostawać resztki jedzenia?**

Zasadniczo nie. Jeśli od czasu do czasu domieszasz do karmy nieco makaronu, ziemniaków, ryżu lub marchewki, nie jest to szkodliwe. Inne resztki jedzenia są jednak za tłuste i z reguły zbyt mocno przyprawione. Nieodpowiednie żywienie psa mogłoby prowadzić do poważnych problemów z trawieniem.

102. **Rodzaje karmy: Dlaczego produkuje się osobną karmę dla szczeniąt, dorosłych psów, psich seniorów oraz małych i dużych ras?**

Psy w różnym wieku mają różne potrzeby żywieniowe. Szczenięta do prawidłowego wzrostu potrzebują odpowiednich substancji odżywczych (szczególnie witamin i minerałów). U dorosłych psów taka karma może prowadzić do nadmiaru pewnych składników i problemów zdrowotnych. Starsze psy mają wolniejszą przemianę materii i potrzebują mniej energii niż czworonogi w kwiecie wieku. Gdyby dostawały tę samą karmę, miałyby nadwagę. Małe psy muszą mieć więcej energii do przemiany materii niż ich więksi koledzy (strona 70). W wypadku karmy dla szczeniąt ważne jest również to, czy pies będzie później duży czy mały, aby zapewnić mu optymalny i nie za szybki wzrost (strona 88). Karma dla dorosłych psów

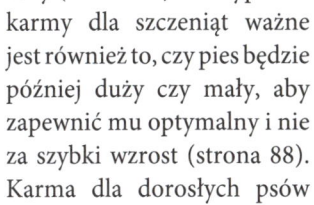

Okazja czyni złodzieja. Jedzenie zawsze powinno stać poza zasięgiem psa. Zgań go, jeśli przyłapiesz go na kradzieży!

musi być dostosowana również do ich stopnia aktywności. Psy, które codziennie uprawiają sport, potrzebują innego pokarmu niż "lenie kanapowe" lub umiarkowanie aktywne czworonogi. Zasięgnij rady weterynarza, w sklepie zoologicznym lub u hodowcy, która karma jest odpowiednia dla twojego psa.

103. Rodzaje pożywienia: Czy lepiej podawać psu karmę z puszki czy suchą?

Dla wielu osób to kwestia przyzwyczajenia, jednak pies będzie dobrze odżywiony zarówno dzięki pełnowartościowej karmie z puszki, jak i dobrej jakości suchej. Wiele psów woli jedzenie z puszki, być może dlatego, że zawiera ono cukier. Karma z puszki ma wiele zalet: psy chętnie ją jedzą, zamkniętą można długo przechowywać, łatwo ją porcjować, a rzadko pijące psy zaopatruje dodatkowo w płyny. Wadą jest stosunkowo duża ilość znajdujących się w niej "wypełniaczy", na przykład włókien roślinnych. Z tego względu pies potrzebuje więcej karmy, co nie tylko powoduje wzrost kosztów, ale także oznacza niekiedy gorsze przyswajanie. Poza tym zwiększa się ilość stolca, a tym samym odpadów. Zaletami suchej karmy są: niska cena, lepsze przyswajanie i mniejsza ilość odchodów. Tego rodzaju karma zapewnia oszczędność miejsca przy przechowywaniu, otwarta nie psuje się tak szybko i jest bardzo praktyczna, szczególnie w podróży. Zapobiega również powstawaniu kamienia nazębnego i świetnie nadaje się do zabaw. Wysokiej jakości sucha karma nie ma znaczących wad. Doradzam jej stosowanie.

104. Rozpieszczanie: Mój pies nie je zwykłej karmy, tylko czeka, aż dostanie przysmak. Co mogę na to poradzić?

Twój pies to mały smakosz i najwyraźniej takie zachowanie już wielokrotnie uchodziło mu płazem. Z jego punktu widzenia to działanie jest zrozumiałe: dlaczego ma się zadowalać zwykłą karmą, skoro może dostać smakołyk? Oczywiście nie należy pozwalać mu na takie zachcianki. Po pierwsze, dlatego, że same przysmaki nie zapewniają zrównoważonej diety, a po drugie, jako szef nie powinieneś godzić się na żądania psa. Po prostu na kilka tygodni odbierz psu wszystkie przysmaki i podawaj mu tylko normalną karmę. Jeśli ją nieco podgrzejesz (strona 85), będzie smakować intensywniej i może prędzej skusi twojego smakosza. Po 20 minutach powinieneś zabrać miskę, niezależnie od tego, ile twój pupil zjadł. W końcu głód zwycięży i pies zacznie jeść. Może to jednak potrwać kilka dni, w tym czasie musisz zachować konsekwencję. Dopóki pies jest sprawny i wesoły, nie powinieneś się martwić tym, że czegoś mu brakuje. Proszę, stłum w sobie wszelkie współczucie dla „biednego", głodnego towarzysza – to tylko zachęciłoby go do dalszego domagania się przysmaków.

105. Sierść: Czy niewłaściwe odżywianie może być przyczyną matowej sierści?

Jak najbardziej. Jednostajna i niepełnowartościowa dieta może prowadzić do niedoboru niezbędnych kwasów tłuszczowych, witamin, pierwiastków śladowych i substancji mineralnych, przez co sierść traci połysk. Często dodatkowe dawki olejów bogatych w niezbędne kwasy tłuszczowe zapewniają piękną sierść. Zawsze należy jednak sprawdzić skład pożywienia i w razie potrzeby zmienić dietę, by zaopatrywać psi organizm we wszystkie potrzebne substancje odżywcze. Weterynarz na pewno doradzi ci w tej kwestii.

106. Składniki: Z czego może składać się karma dla psów?

Odpowiedzialni i renomowani producenci karm stosują tylko te surowce, które nadawałyby się również do spożycia przez

> ## WSKAZÓWKA
>
> **Kontrola wagi**
> Klatka piersiowa może dostarczyć ważnych informacji o do stanie odżywienia. Jeśli żebra są wyraźnie widoczne, pies jest za chudy. Jeśli są ledwie widoczne albo wcale, lecz łatwo je wyczuć, waga jest odpowiednia. Jeżeli żebra możemy wymacać tylko z trudem lub w ogóle ich nie wyczuwamy, najwyższy czas zrzucić parę kilogramów. Pies ma poważną nadwagę. W zależności od rasy mogą wystąpić drobne różnice.

ludzi. Zakłady takie pozwalają również na kontrole i chętnie informują, z jakich produktów korzystają. Lista wszystkich surowców, z których można wytwarzać karmę dla czworonogów, jest bardzo długa. Nie mamy miejsca na to, by przytaczać ją w całości, dlatego podamy tylko kilka przykładów. Na białkową część karmy można zastosować mięso wszystkich przeznaczonych zwykle do uboju ssaków oraz mączkę mięsną i kostną. Aby zapobiec przenoszeniu się chorób, mięso przy obróbce musi zostać odpowiednio podgrzane. Drożdże piwne, otręby kukurydziane i mączka sojowa to częste źródła białka. Źródłem węglowodanów mogą być np. jęczmień, ryż, pszenica, nasiona lnu, suszone wodorosty, kukurydza, owies i serwatka w proszku. Do wzbogacenia karmy tłuszczem stosuje się między innymi różne oleje roślinne i tłuszcze zwierzęce. Substancje włókniste mogą składać się np. z rzepy, celulozy, łupin orzechów ziemnych lub kleiku owsianego.

107. **Stan odżywienia: Po czym poznam, czy pies jest dobrze odżywiony?**

Jeśli chcesz to dokładnie sprawdzić, psa musi zbadać weterynarz, przeprowadzając również analizę krwi, kału i moczu. Jeśli chcesz zrobić to na „potrzeby domowe", wystarczy zwrócić uwagę na następujące kwestie:

Sucha karma

➤ Pies jest wesoły i lubi się ruszać.
➤ Jego waga jest w normie. Zważ psa i porównaj wynik ze wskaźnikami dla danej rasy, względnie wielkości i budowy psa (Wskazówka, strona 84).
➤ Wypróżnia się raz do trzech razy dziennie. Stolec nie powinien przesadnie pachnieć i być zbyt jasny lub ciemny, lecz dobrze uformowany.
➤ Pies rzadko ma wzdęcia.
➤ Jego sierść jest lśniąca i typowa dla rasy, skóra się nie łuszczy.

108. Sucha karma: Czy mogę dawać suchą karmę szczenięciu?

Tak, to możliwe. Jest wiele rodzajów suchej karmy przeznaczonych specjalnie dla szczeniąt. Psim dzieciom mokra karma (z puszek), nie jest niezbędna, ponieważ mogą przeżuwać i trawić również suche kawałki. Poza tym przeżuwanie krokietów wzmacnia mięśnie szczęki. Jeśli chcesz, możesz również namoczyć suchą karmę w ciepłej wodzie (patrz pytanie 109).

109. Sucha karma: Czy suchą karmę należy wcześniej namaczać w wodzie?

Nie, nie jest to konieczne. Jedną z jej zalet jest właśnie konieczność przeżucia. Zapobiega to powstawaniu kamienia nazębnego ze zmineralizowanych odkładów. Sucha karma jest również bardzo praktyczna w podróży. Jeśli jednak pies ma problemy z przyswajaniem pokarmu i nie może już dobrze gryźć, jak to czasami bywa u starszych czworonogów, można ułatwić mu jedzenie, namaczając krokiety. Również niejadki, czyli psy o małym apetycie, łatwiej przekonają się do suchej karmy, jeśli wcześniej zalejesz ją ciepłą wodą. Podgrzana karma pachnie intensywniej, dzięki czemu pies chętniej ją je. Karmę można również krótko podgrzać na sucho w mikrofali. W żadnym

Wszystko o żywieniu

wypadku nie zalewaj suchej karmy wrzącą wodą, bo powoduje to utratę ważnych substancji odżywczych i witamin!

110. **Surowe mięso:** **Czy psy potrzebują surowego mięsa?**

Nie, nie potrzebują. Wręcz przeciwnie, karmienie nim psa może doprowadzić do chorób, na przykład surowa wieprzowina może zawierać wirus choroby Aujeszkiego (zwanej również wścieklizną rzekomą, ponieważ przypomina wściekliznę), a surowy drób salmonellę. Przez podgrzewanie wirusy zostają zniszczone, a mięso staje się łatwiej strawne.

111. **Wegetarianie:** **Jestem wegetarianinem i chciałbym odżywiać bezmięsnie mojego psa. Czy to możliwe?**

Psy należą do mięsożerców, a zatem jedzą mięso. Wegetariańska dieta nie jest dla nich odpowiednia. W przeciwieństwie do kotów, których w ogóle nie można karmić bezmięsnie, u psa jest to możliwe, jeśli przez odpowiedni dobór białek i dodatków do karmy zagwarantujesz mu dostateczną ilość substancji odżywczych, witamin, składników mineralnych i pierwiastków śladowych. Jest to jednak bardzo trudne i wymaga fachowej wiedzy o fizjologii psa. W przypadku nieodpowiedniego żywienia zachodzi ryzyko wystąpienia niedoborów określonych substancji i wynikających z nich chorób. Choć sami możemy stosować dietę wegetariańską, nie należy narzucać psu takiego stylu odżywiania, który jest niewskazany dla jego gatunku. Nie jest on wcale zdrowszy dla czworonoga, w którego naturze nie leży bezmięsne odżywianie.

112. **Woda:** **Ile wody dziennie wypija pies?**

Na kilogram masy ciała pies wypija przeciętnie 55 ml wody dziennie. W wypadku ważącego 5 kg psa jest to 275 ml, a ważącego 25 kg – 1375 ml. Ilość płynów może się jednak wahać o mniej więcej 20%. Zależy to od wielu czynników. Ważną rolę odgrywa na przykład klimat i temperatura pomieszczenia. Jeśli pies dużo dyszy, traci poprzez parowanie więcej płynów, które musi uzupełniać, pijąc. Przyczyną większego pragnienia może być również rodzaj karmy. Psy, które otrzymują mokrą karmę, przyjmują część potrzebnych płynów z pokarmem. Jeśli jedzą suchą karmę, zapotrzebowanie na wodę jest większe. Skład karmy także może kształtować zapotrzebowanie na wodę. Właściciele psów powinni regularnie kontrolować to, ile pije ich czworonóg, mierząc ilość wody. W ten sposób łatwo zaobserwować, czy zapotrzebowanie nagle silnie spada lub rośnie. Obie sytuacje mogą świadczyć o chorobie. Zwiększone pragnienie może wskazywać na przykład na cukrzycę, a u suki na zapalenie macicy.

113. **Woda z kałuży: Mój pies ma zawsze w domu miskę ze świeżą wodą, mimo to pije wodę z kałuż, gdy tylko może. Czy to w porządku?**

Wielu psom woda z kałuży wyjątkowo smakuje, zapewne dlatego, że zawiera mniej wapnia i przez to jest bardziej miękka. Jednak pływa w niej mnóstwo zarazków i pasożytów, które mogą szkodzić psu. Istnieje wyjątkowo duże ryzyko tego, że pies złapie giardie. To jednokomórkowce, które powodują problemy z trawieniem. Nie zawsze są poważne, a infekcje często objawiają się jedynie silnymi wzdęciami i nieprzyjemnie pachnącym kałem. Giardie mogą jednak spowodować silne biegunki. Niezależnie od przebiegu zakażenia, trawienie, a tym samym przyswajanie składników odżywczych, ulega zaburzeniu. Istnieją środki odrobaczające, które pozwalają pozbyć się pasożytów. Łyk wody ze świeżej kałuży nie zaszkodzi psu, jednak ponieważ zwierzę nie rozróżnia „dobrych" kałuż od „złych", lepiej zdecydowanie zabronić mu z nich pić.

Wszystko o żywieniu

114. **Wzrost:** Czy przez karmienie mogę wpłynąć na to, jak duży będzie mój pies?

Nie, to niemożliwe. Wzrost, jaki osiąga pies, jest zapisany w genach. Jeśli nie karmisz szczenięcia zgodnie z jego potrzebami, dochodzi wyłącznie do niedoboru lub nadmiaru substancji odżywczych, witamin, minerałów i pierwiastków śladowych – obie sytuacje są szkodliwe dla czworonoga (strona 67).

115. **Zachowanie:** Czy sposób odżywiania może wpłynąć na zachowanie psa?

Tak, to możliwe. Tylko optymalnie odżywiony pies zachowuje się zgodnie z naturalnymi skłonnościami. Jeśli ma nadwagę, zwykle mniej się rusza i często nie angażuje się w wydarzenia wokół. Jeśli jest za chudy i nie otrzymuje niezbędnych kalorii, ogranicza to jego możliwości. Jeśli pies ciągle jest głodny, często prowadzi to do konfliktów z innymi zwierzętami. Jeśli czworonóg jest karmiony niepełnowartościowym białkiem, także może dojść do wzrostu agresji. W wypadku nadaktywnych czworonogów należy dokładnie przyjrzeć się karmie – może jest zbyt kaloryczna i dodatkowo „napędza" psa.

116. **Zapotrzebowanie minimalne:** W książce znalazłem termin „zapotrzebowanie minimalne". Co on oznacza?

Dotyczy zawartości energetycznej karmy, której potrzebuje pies, by utrzymać stałą wagę (masę ciała) – nie tyć ani nie chudnąć. Dzięki regularnemu ważeniu właściciel może sprawdzić, czy waga psa się nie zmienia i czy minimalne zapotrzebowanie czworonoga na energię zostaje pokryte. Zwykle tak jest, o ile nie zmienia się ani zużycie energii przez zwierzę, np. przez ruch, ani ilość i jakość karmy i jej kaloryczność

Zepsuta karma

117. **Zapotrzebowanie na energię: Dlaczego małe psy potrzebują więcej energii na kilogram masy ciała niż duże?**

Małe czworonogi w porównaniu z dużymi mają proporcjonalnie większą powierzchnię ciała. Z tego powodu szczenięta tracą więcej ciepła i muszą zużywać więcej energii, by utrzymać stałą temperaturę ciała. Przeciętnie aktywne szczenię o wadze 2,5 kg zużywa dziennie 1040 kJ (250 kalorii), a równie aktywny pies ważący 60 kg potrzebuje codziennie około 10 000 kJ (2400 kalorii).

118. **Zepsuta karma: Niedawno otworzyłem puszkę, której zawartość była zepsuta. Na co muszę zwracać uwagę, by już się to nie powtórzyło?**

Całkowitą pewność zyskasz dopiero po otwarciu puszki, większość producentów bez problemu przyjmuje jednak zwroty zepsutego towaru. Przyczyną psucia się karmy mogą być błędy w produkcji, pakowaniu, w sposobie transportu lub składowania. Puszki nie mogą być przerdzewiałe, również wybrzuszenia blachy stanowią sygnał alarmowy – wówczas zawartość zwykle jest zepsuta. Jeśli karma pakowana jest w worki lub butelki, przesłanką do tego, że coś jest nie w porządku z zawartością, są plamy tłuszczu,

> *Wiele psów nie może się doczekać, aż coś pojawi się w misce. To ty powinieneś jednak decydować, kiedy pies jest karmiony.*

dziury lub rysy na opakowaniu. Należy sprawdzić termin przydatności do spożycia, widniejący na każdym opakowaniu karmy.

119. **Zmiana karmy: Czy warto często zmieniać rodzaj karmy?**

Nie, odradzam takie postępowanie. Jeśli pies dobrze przyswaja i chętnie je dotychczasową karmę, nie ma powodu zmieniać produktu. Mogłoby to prowadzić do problemów z trawieniem, a czworonóg przyzwyczajałby się do proszenia o coś lepszego, gdy tylko ma ochotę. Nie musisz obawiać się niedoboru substancji odżywczych, jeśli stosujesz wysokiej jakości pełnowartościową karmę.

120. **Zmiana odżywiania: Na co należy zwracać uwagę przy zmianie odżywiania?**

Przede wszystkim ważne jest, by nie zmienić karmy nagle, z dnia na dzień. U większości psów wywoła to biegunkę i wzdęcia, co nie jest przyjemne ani dla zwierzęcia, ani dla jego właściciela. Nową karmę należy wprowadzać stopniowo, mniej więcej przez pięć dni, by przyzwyczaić układ trawienny psa do nowego pokarmu. Pierwszego dnia od 80 do 85% porcji powinno się składać z dotychczasowej karmy, a reszta z nowej. W następnych dniach codziennie możesz zmniejszać ilość dotychczasowej karmy o 20%, aż w misce zostanie już tylko nowa. Jeśli jednak u psa wystąpią biegunka lub silne wzdęcia, lepiej przedłużyć okres zmiany pożywienia.

121. **Zwyrodnienie stawów: Mój pies ma zwyrodnienie stawów. Czy właściwe odżywianie może ograniczyć rozwój choroby?**

Tak. Dzięki właściwej karmie możesz zdziałać wiele dobrego dla psa chorego na zwyrodnienie stawów. Czworonóg koniecznie powinien zachowywać szczupłą sylwetkę. Każdy gram nadwagi dodatkowo obciąża stawy, może przyśpieszyć proces ich degeneracji i nasilić dolegliwości. Możesz dodatkowo podawać psu wyciąg z nowozelandzkich małży *Perna canaliculus*. Stymuluje on budowę chrząstek i przeciwdziała zwyrodnieniu stawów. Są też karmy wzbogacane wyciągiem z małży. Karmy i dodatki nie mogą jednak cofnąć zwyrodnienia.

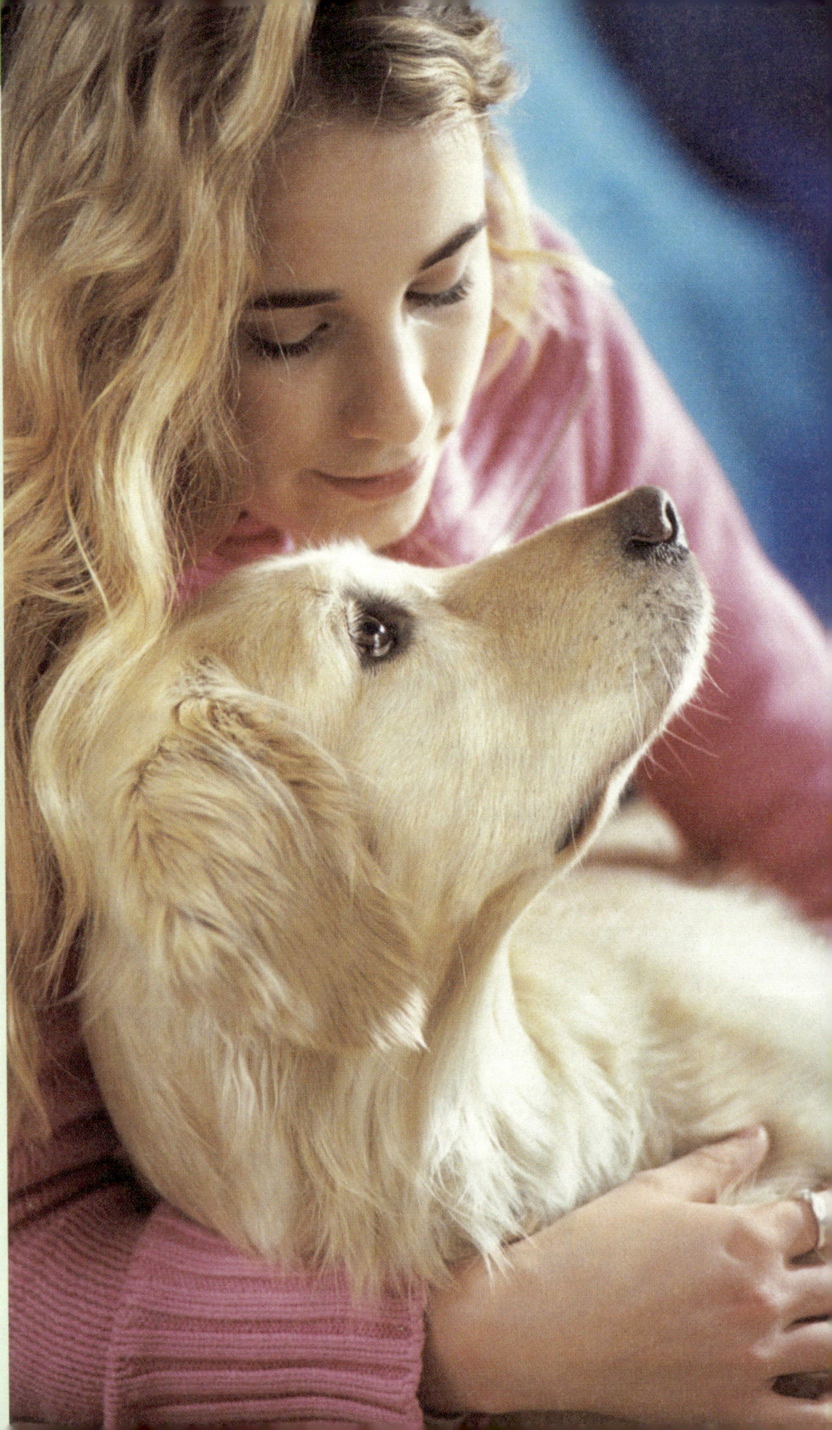

Zdrowie i pielęgnacja

Możesz zrobić wiele, aby twój czworonóg aż do podeszłego wieku zachował zdrowie i ładny wygląd. Na kolejnych stronach znajdziesz odpowiedzi na najczęściej zadawane pytania o pielęgnację, zapobieganie chorobom i opiekę medyczną.

Zdrowie i pielęgnacja

122. Biegunka: Dlaczego biegunka jest tak niebezpieczna dla psów?

Biegunka jest niebezpieczna zwłaszcza dla szczeniąt, psów młodych i należących do małych ras. Z powodu przyśpieszonej przemiany materii ciało bardzo gwałtownie traci wodę i może dojść do odwodnienia, które nieleczone prowadzi do zatrzymania krążenia, szoku i śmierci, ponieważ ustają ważne funkcje organizmu.

123. Biegunka: Nasz collie często przez cały dzień ma biegunkę. Co może być jej przyczyną?

Waszego psa koniecznie powinien zbadać weterynarz. Jeżeli zwierzę po prostu nie toleruje danej karmy, pomoże zmiana odżywiania (strona 90). Przyczyną biegunki może być także choroba, na przykład atak giardii (woda z kałuży, strona 87), kokcydów lub zespół jelitowego przerostu bakteryjnego. Jeśli badanie niczego nie wykaże, biegunka może mieć tło nerwowe. Wrażliwe psy, które łatwo ulegają stresowi, czasami reagują w ten sposób na zdenerwowanie. Bodźców stresogennych jest wiele. Każdy pies reaguje na inne, może to być na przykład przebywająca w sąsiedztwie suka mająca cieczkę, męcząca wizyta, spór z innym psem, zmiana miejsca lub przyzwyczajeń. Zapobiegawczo należy podawać psu lekkostrawny pokarm. Na biegunkę zwykle pomagają namoczone w wodzie pigułki

WSKAZÓWKA

Właściwa reakcja na biegunkę
Przez jeden dzień nie karm psa, a następnie zastosuj lekkostrawną dietę, złożoną na przykład w 1/3 z gotowanego ryżu i w 2/3 z chudego twarogu. Zadbaj o to, by pies dużo pił (wodę, czarną herbatę lub rumianek ze szczyptą soli). Jeśli po 24 godzinach biegunka nie ustąpi, należy udać się do weterynarza. Pies wymaga natychmiastowej wizyty u lekarza, gdy biegunka jest bardzo silna lub krwawa, pogarsza się ogólne samopoczucie zwierzęcia lub występują wymioty.

z marchwi (dostępne w sklepach zoologicznych) lub starte jabłko. Należy też zapisać się do dobrej szkoły dla psów, by przez właściwe szkolenie zapewnić zwierzęciu poczucie bezpieczeństwa.

124. **Borelioza:** **Czy warto zaszczepić psa przeciw boreliozie?**

Prawdopodobieństwo, że kleszcz przeniesie zarazki boreliozy, zależy od rejonu. Ponadto są różne rodzaje zarazków, a szczepienie nie chroni przed wszystkimi. Dlatego powinieneś poradzić się weterynarza i rozważyć z nim wszystkie za i przeciw. Szczepienie zawsze stanowi ingerencję w układ odpornościowy i nie należy tego lekceważyć. Jednakże zarażenie boreliozą może mieć poważne skutki, od dolegliwości stawów po choroby serca. Przed szczepieniem zawsze warto zbadać krew, by sprawdzić, czy w organizmie psa są antyciała, które sprawiają, że zabieg jest niepotrzebny.

125. **Brodawki:** **Moja suka labradora ma trzy brodawki na pysku i ciele. Czy to niebezpieczne dla czworonoga?**

Z reguły nie. Często chodzi o niezłośliwe, wywołane przez wirus brodawczaki (*Papilloma*). Należy je usunąć tylko wtedy, gdy często krwawią i dochodzi do zapaleń. Również inne zgrubienia na ciele zwykle są niegroźne, jednak ponieważ niektóre z nich mogą przerodzić się w zwyrodnienia, psa powinien zbadać weterynarz. Dowiedz się, czy konieczne jest leczenie, czy też na razie wystarczy obserwować rozrost guzków.

126. **Choroby serca:** **U mojego siedmioletniego beagle'a stwierdzono niewydolność serca. Czy to znaczy, że nie powinien już dokazywać?**

Zwłaszcza przy zaawansowanej chorobie duży wysiłek może być niebezpieczny i spowodować utratę przytomności lub zapaść. Niewydolność serca, na którą cierpi twój beagle, nie jest rzadkością wśród psów i można ją opanować za pomocą odpowiednich leków. Zwykle jej przyczyną jest defekt zastawek sercowych. Powoduje to również charakterystyczny odruchowy kaszel (strona 106).

Powinieneś pilnować, by twój czworonóg miał przerwy w zabawie. Większość psów zna jednak swoje ograniczenia fizyczne i sama odpoczywa w miarę potrzeby. Ogólnie rzecz biorąc, nie wymagaj od psa wyjątkowej sprawności. Nie urządzaj mu długich wycieczek, a raczej często zabieraj na krótsze spacery. Sygnałem, że pies musi odpocząć, jest dyszenie, kaszel po wysiłku i sine zabarwienie języka. O tym, czy pozwolisz psu dokazywać, czy nie, musisz zdecydować sam. To wybór między może nieco dłuższym, ale nudniejszym życiem a ciekawym życiem i potencjalnie wczesną śmiercią – do której jednak wcale nie musi dojść, nawet jeśli pies nadal codziennie biega i bawi się z tobą i innymi czworonogami. Siedem lat nie jest dla beagle'a zaawansowanym wiekiem – czy resztę swoich dni ma przeżyć z nałożonymi ograniczeniami? U jednego z moich afgańczyków w podobnym wieku również stwierdzono niewydolność serca. Z biegiem lat trzeba było wielokrotnie zwiększać dawki leków, na co jednak zawsze bardzo dobrze reagował. Pozwalaliśmy mu nadal na ulubione gonitwy i dożył tak 13 lat.

127. **Ciąża: Jak mogę stwierdzić, czy moja suka jest w ciąży?**

Nie istnieje test ciążowy dla suk działający tak, jak test dla kobiet. Po cieczce wynik testu na podstawie analizy moczu lub krwi byłby pozytywny nawet u niepokrytej suki. Dzieje się tak ze względu na ciążę urojoną (Warto wiedzieć, strona 97). Badanie ultrasonograficzne wykonane trzy tygodnie po prawdopodobnym zapłodnieniu pozwala stwierdzić, czy suka rzeczywiście jest w ciąży. Przy pewnym wyczuciu i w sprzyjających okolicznościach około 27 dnia ciąży można wyczuć płód lub płody. Badanie rentgenowskie można przeprowadzić około szóstego tygodnia. Również zmiany zachowania u suki często stanowią objaw ciąży. Niektóre przyszłe matki stają się bardziej wrażliwe, czułe i przymilne, a inne drażliwe. Objawy te nie są jednak jednoznaczne, ponieważ mogą wystąpić również w przypadku ciąży urojonej.

128. **Ciąża urojona: Moja suczka przechodzi intensywną ciążę urojoną. Jak mogę jej pomóc?**

Powinieneś odwracać uwagę suki, zapewniając jej różne zajęcia i ruch. Schowaj wszystkie zabawki, żeby suka nie zaczęła traktować ich jak dzieci. W żadnym wypadku nie możesz naciskać na sutki, to tylko pobudza wytwarzanie mleka. Wskazane są raczej chłodzące okłady i maści. Jeśli suka wytwarza bardzo dużo mleka, weterynarz może zalecić terapię hormonalną. Zasadniczo jednak stosowanie hormonów jest kontrowersyjne, oznacza bowiem poważną ingerencję w gospodarkę hormonalną suki i w niektórych wypadkach może sprzyjać zapaleniu macicy (ropomaciczu). Ponieważ twoja suka tym razem przechodzi ciążę urojoną dość intensywnie, zjawisko to prawdopodobnie powtórzy się po następnych cieczkach. Dlatego powinieneś poradzić się weterynarza, czy nie jest wskazana kastracja.

WARTO WIEDZIEĆ

Ciąża urojona
Po cieczce (strona 98) gospodarka hormonalna każdej suki zmienia się, symulując ciążę. Owa pozorna ciąża przebiega z różną intensywnością i zwykle mija niezauważalnie dla właściciela. Niektóre suki wykazują jednak całą gamę zachowań typowych dla prawdziwej ciąży, na przykład wahania nastroju, wytwarzanie mleka, budowanie gniazda, a potem bronienie zabawek uważanych za potomstwo.

Zdrowie i pielęgnacja

129. Cieczka: Kiedy suka jest gotowa do zajścia w ciążę?

Większość suk ma cieczkę dwa razy w roku. Zaczyna się ona od obrzmienia pochwy i krwawej wydzieliny. Czas trwania cieczki zależy od suki, przeciętnie jest to jedenaście dni do jajeczkowania (Warto wiedzieć, strona 122). Kiedy wydzielina staje się jaśniejsza, suka jest przez trzy do ośmiu dni gotowa do zajścia w ciążę. Większość hodowców pozwala w tym czasie dwukrotnie pokryć sukę, zwykle 10. i 12. dnia lub 11. i 13. dnia, licząc od pierwszego dnia cieczki. Suki, gdy są gotowe do zajścia w ciążę, odwracają się do psa zadem i odsuwają ogon. Poza tym okresem zwykle odrzucają napastliwych adoratorów. Optymalną porę na krycie może ustalić weterynarz, badając wydzielinę. Kto nie chce psiego potomstwa, powinien dla bezpieczeństwa od 3 do 35 dnia cieczki trzymać sukę z dala od niewykastrowanych psów.

130. Demencja: Czy psy mogą zachorować na chorobę Alzheimera?

Stare psy rzeczywiście dotyka czasem schorzenie przypominające chorobę Alzheimera, określane jako demencja starcza lub zaburzenie funkcji kognitywnych. Początki choroby są łagodne i często uznawane za normalne oznaki starzenia: pies czasami wydaje się zdezorientowany, niekiedy szczeka bez powodu, nie zawsze zachowuje czystość, myli dzień z nocą, jest łakomy, jakby zapomniał, że zjadł już posiłek, nie pamięta, w którą stronę otwierają się drzwi. Niektóre psy stają się bardziej agresywne, inne spokojniejsze, a jeszcze inne na pewien czas się izolują. Początkowo zmiany zachowania są rzadkie i krótkotrwałe. Jeśli choroba się pogłębia, stają się częstsze i silniejsze, a w końcowym stadium pies może zyskać zupełnie inną osobowość. Na rozwój schorzenia mogą mieć wpływ zaburzenia krążenia, stres i zmiana otoczenia lub rytmu dnia. Początkowo drobne zmiany zachowania psa nie rzucają się w oczy

Dysplazja stawu biodrowego (HD)

i czasem wydają się zabawne. Im bardziej są zaawansowane, tym stają się bardziej uciążliwe, a wiele psów po prostu sobie z nimi nie radzi. Przy głęboko rozwiniętej demencji weterynarz zwykle doradza uśpienie zwierzęcia. Ta decyzja jest trudna sama w sobie, jednak dla właściciela psa cierpiącego na silną demencję jeszcze trudniejsza. Nierzadko zwierzę jest zdrowe fizycznie, jedynie okresy głębokiej dezorientacji, występujące na zmianę z okresami jasności umysłu, powodują u niego i u człowieka falę zmiennych uczuć. Mimo to psy często nadal potrafią cieszyć się życiem. Zdecydowanie nie wszystkie cierpią na starość na demencję. Aby powstrzymać w pewnym stopniu ten proces, należy przez cały czas rozwijać psa umysłowo, dbać o jego sprawność fizyczną i zwłaszcza gdy jest stary, zachować dotychczasową rutynę i chronić go przed stresem. Jeśli wystąpią pierwsze zmiany zachowania, pomocne bywają karmy zawierające wolne rodniki i specjalne leki, choroby nie można jednak wyleczyć. Psa, który cierpi na zaawansowaną demencję, nie należy już spuszczać ze smyczy.

131. Dysplazja stawu biodrowego (HD): Jakie są przyczyny dysplazji stawu biodrowego?

W dysplazji stawu biodrowego głowa kości udowej nie leży poprawnie w panewce kosci biodrowej, co powoduje ścieranie (zużycie) chrząstki. Początkowo nie występują żadne dolegliwości. Jeśli jednak chrząstka jest bardzo uszkodzona, pies odczuwa ból i kuleje. Bardzo duże psy stosunkowo często cierpią na dysplazję stawów biodrowych. Po pierwsze, choroba jest dziedziczna, a po drugie, ważną rolę w etiologii schorzenia odgrywają hodowla i warunki, w jakich żyje pies. Nawet jeśli ma on skłonność do dysplazji, często dzięki odpowiedniemu karmieniu i kontrolowanemu ruchowi może przez całe życie pozostać wolny od dolegliwości (patrz także Warto wiedzieć, strona 102).

Zdrowie i pielęgnacja

DOMOWA APTECZKA DLA PSA

Nie zastąpi weterynarza, ale pozwoli ci zapewnić psu pierwszą pomoc w razie wielu chorób lub urazów. Jakie leki powinny

ZAOKRĄGLONA PĘSETA
Używając jej, można bezpiecznie usuwać obce ciała, na przykład spomiędzy opuszków łap lub z ucha zewnętrznego.

ZAOKRĄGLONE NOŻYCZKI
Przydają się do usuwania włosów spomiędzy palców albo do skrócenia sierści wokół rany w wypadku urazu. Wtedy warto użyć również jednorazowej maszynki do golenia.

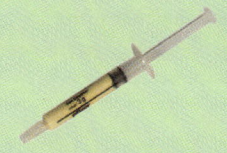

PLASTIKOWE STRZYKAWKI
Powinieneś mieć zestaw strzykawek wielkości od 2 do 20 ml, na przykład by podawać leki i przemywać psu oczy.

TERMOMETR
Najlepiej wybierz cyfrowy z dużym wskaźnikiem. Powinien szybko podawać wynik, mierzenie temperatury jest dla psów bardzo nieprzyjemne.

BUTY DLA PSÓW
Wodoodporne buty chronią zranione łapy psa. Zakłada się je także po to, by zwierzę nie zlizywało z łap naniesionej maści.

OKŁADY ŻELOWE
Pozwalają schłodzić obrzmienia, naciągnięcia lub miejsca po ukąszeniach owadów. W podróży można stosować okłady, które stają się zimne po naciśnięciu – nie trzeba ich wkładać do lodówki.

Domowa apteczka dla psa

znajdować się w apteczce twojego psa, dowiesz się od weterynarza. **Co pół roku sprawdzaj termin przydatności leków.**

MAŚĆ NA RANY
Dzięki niej możesz po oczyszczeniu opatrzyć małe rany. Używaj maści leczniczych dostępnych w aptekach.

SZCZYPCE DO USUWANIA KLESZCZY
Dostępne są różne modele, na przykład w formie pęsety lub z pętelką na końcu. Sprawdź, który będzie wygodny i łatwy w użyciu.

LEKI
Mogą to być środki na biegunkę i alergię, krople na ciśnienie, maść i krople do oczu, środki homeopatyczne i esencje Bacha.

JEDNORAZOWE RĘKAWICZKI
Podczas opatrywania ran uchronią ciebie i czworonoga przed infekcjami. W rękawiczkach możesz nakładać na skórę psa maści zawierające silnie działające substancje.

OPATRUNKI
Należą do nich sterylne okłady różnej wielkości, muślinowe opaski, trójkątne chusty, plastry i bawełniana wata, służąca jako miękkie wypełnienie.

KAGANIEC
Zawsze pamiętaj także o własnym bezpieczeństwie, zranione psy często reagują w nieprzewidywalny sposób i pod wpływem stresu lub bólu mogą ugryźć znajome osoby.

Zdrowie i pielęgnacja

WARTO WIEDZIEĆ

Zapobieganie dysplazji stawów biodrowych

Związek Kynologiczny nałożył na hodowców psów niektórych ras obowiązek wykonania prześwietlenia stawów biodrowych zwierzęcia przed dopuszczeniem go do rozrodu. Wynik prześwietlenia decyduje o tym, czy pies może zostać dopuszczony do hodowli, a jeśli tak, jaki stopień dysplazji może mieć jego partner. U większości ras obowiązuje następująca klasyfikacja dysplazji:
A – normalne stawy biodrowe, wolne od dysplazji, B – prawie normalne stawy biodrowe, wolne od dysplazji, C – lekka dysplazja, D- średnia dysplazja, E – ciężka dysplazja.

132. **Gruczoły okołoodbytowe:** Nasz pies pachnie nieprzyjemnie przy odbycie i liże się po nim. Czy wskazane jest usunięcie gruczołów okołoodbytowych?

Nie, ta trudna operacja jest przeprowadzana tylko przy ciężkim schorzeniu gruczołów okołoodbytowych, na przykład nowotworze, na zalecenie weterynarza. Pilnuj, by gruczoły się nie zapychały i nie dochodziło do zapaleń, co może wywoływać nieprzyjemny zapach. Gruczoły z reguły same się opróżniają, gdy pies wydala stolec. Zaobserwuj po prostu, jaki rodzaj karmy powoduje twardy stolec. Jeśli gruczoły odbytu rzeczywiście są zapchane, musisz je regularnie oczyszczać.

WARTO WIEDZIEĆ

Gruczoły okołoodbytowe

Znajdują się w śluzówce odbytu, po obu stronach otworu odbytniczego, i wytwarzają wydzielinę wydalaną razem ze stolcem. Przy miękkim stolcu lub u starszych psów otwory te mogą się zapychać i należy je wtedy oczyszczać, by zapobiec zapaleniom. Sposób oczyszczania powinien pokazać ci weterynarz. O zapchaniu gruczołów świadczą: częste lizanie odbytu, saneczkowanie (pies trze pupą o ziemię), nagłe podskakiwanie, jakby coś psa uszczypnęło, i obrzmienie odbytu.

Kamień nazębny

133. **Jądra: U naszego rocznego psa wyczuwam w mosznie tylko jedno jądro. Czy to źle?**

Najwyraźniej po narodzeniu z jamy brzusznej zeszło mu do moszny tylko jedno jądro. Zazwyczaj proces zstępowania jąder zostaje zakończony u psów w wieku mniej więcej 12 tygodni. Jeśli jedno lub oba jądra zostają w jamie brzusznej lub pachwinie, nazywa się to wnętrostwem. Zasadniczo pies nie ma z tego powodu problemów i nawet z jednym jądrem jest zdolny do rozmnażania się. Nie może jednak zostać dopuszczony do hodowli. Według wzorców ras, jedno jądro to wada dyskwalifikująca, ponieważ wnętrostwo jest uwarunkowane genetycznie. Jądra, które nie zeszły do moszny, mogą nowotworzyć, dlatego weterynarze zalecają ich wczesne usunięcie operacyjne.

134. **Jedzenie odchodów: Moje szczenię na spacerach je odchody. Czy to źle?**

Okazyjne jedzenie odchodów (koprofagia) nie zaszkodzi psu, to raczej kwestia higieny. U dorosłych psów zachowanie to może mieć wiele przyczyn, np. niedobór określonych substancji odżywczych (rzadko przy dobrej kompleksowej karmie), nuda i brak uwagi ze strony właściciela, atak pasożytów żołądkowo-jelitowych albo niedoczynność trzustki. Po wykluczeniu chorób pomóc może terapia zajęciowa lub podawanie psu żwaczy wołowych. Niektórzy właściciele czworonogów posypują odchody pieprzem, żeby zepsuć psu „apetyt". Tę metodę należy jednak wcześniej omówić z weterynarzem.

135. **Kamień nazębny: Jak mogę zapobiegać powstawaniu kamienia nazębnego u mojego cockera?**

Najważniejsze to nie pozwolić, aby warstwa nazębna stwardniała i uległa mineralizacji, ponieważ tak właśnie powstaje

Zdrowie i pielęgnacja

kamień. W tym celu dawaj spanielowi dużo rzeczy do gryzienia, na przykład suchą karmę, gryzaki, specjalne paski do czyszczenia zębów, kawałki liny i inne zabawki. Tarcie podczas gryzienia powoduje usunięcie odkładów. Dodatkowo powinieneś dwa razy w tygodniu czyścić psu zęby. Używaj w tym celu specjalnej pasty, są nawet takie o smaku kurczaka.

136. **Kamień nazębny:** **Czy mogę sam usuwać psu kamień nazębny?**

Zazwyczaj zajmuje się tym weterynarz. Zabieg przeprowadza się pod narkozą. Zęby po oczyszczeniu zostają dokładnie wypolerowane, co chroni je przed nowym kamieniem. Jeśli odpowiednio wcześnie przyzwyczaisz psa do tego, by podczas zabiegu zachowywał się grzecznie, i zastosujesz specjalne dentystyczne narzędzie przypominające skrobaczkę, możesz w pewnym zakresie usuwać kamień samodzielnie. Postępuj jednak ostrożnie i uważaj, by nie zranić czworonoga. Ważne jest, by zawsze prowadzić narzędzie od dziąsła do końca zębów. Następnie możesz wypolerować zęby kawałkiem muślinu, stosując specjalną pastę ze sklepu zoologicznego. Co prawda, nie usuniesz kamienia tak dokładnie, jak weterynarz, ale ta profilaktyka zaoszczędzi twojemu cockerowi wszystkich lub przynajmniej części zabiegów pod narkozą.

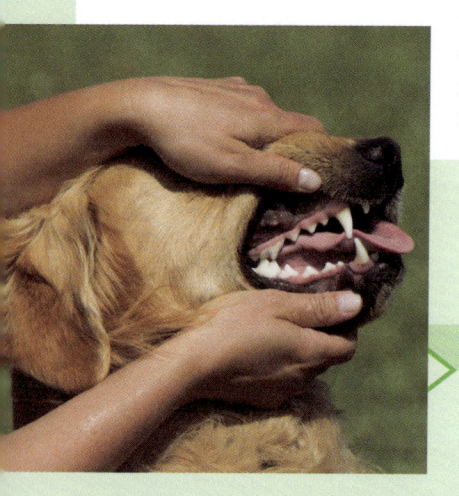

> *Kontrolowanie zgryzu ćwicz już ze szczenięciem, wtedy dorosły pies bez problemu będzie na to pozwalał.*

Kastracja

137. Kastracja: W jakim wieku należy wykastrować psa?

Jeśli nie ma medycznych wskazań do wcześniejszej kastracji, większość weterynarzy zaleca wykonanie zabiegu u psów w wieku około dwunastu miesięcy – za każdym razem ocenia się jednak indywidualny przypadek. W tym okresie pies z reguły osiągnął już dojrzałość płciową. Hormony płciowe mają znaczny wpływ na zachowanie czworonoga i przyczyniają się do wykształcenia stabilnej osobowości – pomijając nieliczne wyjątki, na przykład psy o nasilonej agresji o podłożu seksualnym (strony 106, 136). Należy zostawić psu czas na normalny rozwój. W Stanach Zjednoczonych praktykuje się obecnie wczesną kastrację, co oznacza, że zabieg jest przeprowadzany już u szczeniąt, jednak większość naszych weterynarzy opowiada się przeciwko tej metodzie.

138. Kastracja: Czy kastracja może zapobiegać chorobom?

Istnieje kilka chorób, które po kastracji nie występują wcale lub ze znacznie mniejszym prawdopodobieństwem. Ponieważ suka nie ma cieczki, nie dochodzi do ciąży urojonej (strona 97), wykluczone jest także ryzyko zapalenia macicy (ropomacicza), o ile podczas zabiegu usunięto macicę. Jeśli suka zostanie wykastrowana przed pierwszą cieczką (strona 98), niemal na pewno nie zachoruje na nowotwór sutka. Jeśli ma już cieczkę za sobą, ryzyko wystąpienia nowotworu jest mniejsze, a po drugiej cieczce takie samo, jak u niewykastrowanej suki.
Usunięcie jąder u psów oznacza brak ryzyka nowotworu jąder. Zapobiega również niektórym schorzeniom prostaty, a także nowotworom gruczołów okołoodbytowych. Mimo to powinieneś dobrze rozważyć wszystkie za i przeciw. Zabieg jest, co prawda, rutynowy, ale zawsze wiąże się z pewnym ryzykiem, na przykład w związku z narkozą.

Zdrowie i pielęgnacja

139. Kastracja: Jakie skutki uboczne może mieć kastracja?

Zmiana hormonalna może wywołać u psa różne skutki. Zwykle psy po operacji tyją, ponieważ przemiana materii przebiega w inny sposób i organizm wymaga mniej kalorii. Poza tym wiele czworonogów silniej odczuwa głód, a niektóre robią się ospałe. Zwykle wystarczy wtedy ograniczyć ilości karmy lub przestawić psa na mniej kaloryczną i zapewnić mu odpowiednio dużo ruchu. U ras długowłosych i o jedwabistej sierści, takich jak jamnik długowłosy, cocker spaniel i golden retriever, po zabiegu sierść może stać się gęstsza i bardziej wełnista. Niekiedy efekt ten można w pewnym stopniu ograniczyć, podając psu po konsultacji z weterynarzem dodatki do karmy, na przykład niezbędne kwasy tłuszczowe i biotynę, oraz środki homeopatyczne, gwarancji jednak nie ma. Niektóre suki większych ras mogą po kastracji nie trzymać moczu, w takim wypadku pomagają leki.

140. Kaszel: Nasz pies kaszle tak, jakby coś połknął. Czy się przeziębił?

Psa powinien zbadać lekarz. Przyczyną kaszlu rzeczywiście może być przeziębienie albo w przełyku psa znajduje się ciało obce. Jeśli te przyczyny zostaną wykluczone, należy poszukać innych, zwłaszcza jeśli jednocześnie pogarsza się ogólny stan zdrowia czworonoga. Należy wziąć pod uwagę niewydolność serca (strona 95–96), której typową oznaką jest odruchowy kaszel.

141. Kąpiele: Czy to prawda, że szczeniąt nie można kąpać?

Nie, to nieprawda. Prysznic przy użyciu łagodnego szamponu dla psów nie zaszkodzi maluchowi. Szczenię powinno się jednak kąpać tylko wtedy, gdy jest bardzo brudne lub brzydko pachnie. Zwykle wystarczy prysznic bez szamponu. W ten sposób

Kleszcze K

Czy twój pies także lubi ochłodzić się latem w odświeżającej kąpieli? Przygotuj mu w tym celu specjalny basen.

wcześnie przyzwyczaisz je do całej procedury. Szczególnie ważne jest dokładne wytarcie szczenięcia, aby się nie przeziębiło. Mojego jamnika musiałam wykąpać już trzy dni po przyjęciu do domu, ponieważ stanął pod naszym dużym psem, gdy ten znaczył krzak. Kąpiel nie zaszkodziła malcowi.

142. **Kąpiele: Jak często powinienem kąpać psa?**

Psa należy kąpać tylko wtedy, kiedy jest brudny. Nie musisz kąpać go co miesiąc lub co tydzień, to szkodzi psiej skórze. Zwykle można poprzestać na pryszincu bez środków pielęgnujących. Jeśli pies naprawdę brzydko pachnie, ponieważ wytarzał się w krowich plackach lub innych „miło" pachnących rzeczach, koniecznie użyj specjalnego szamponu dla psów, który zapobiega wysuszeniu skóry.

143. **Kleszcze: Czy to prawda, że przed usunięciem kleszcza należy go posmarować olejem lub alkoholem?**

Nie, w żadnym wypadku nie wolno smarować kleszcza nawet często zalecanym jako „sprawdzony domowy środek" klejem! To stresuje insekty, które dopiero wtedy wstrzykują w skórę zawartość jelit wraz z ewentualnymi zarazkami – właśnie w ten sposób pies może się zarazić niebezpieczną boreliozą. Od

Zdrowie i pielęgnacja

> **WSKAZÓWKA**
>
> **Niebezpieczna borelioza**
> W naszym rejonie kleszcze mogą przenosić zarazki boreliozy. Kilka tygodni lub miesięcy po ugryzieniu u psa występują zapalne choroby stawów, serca i/lub układu nerwowego, którym zwykle towarzyszy gorączka. Psy można zapobiegawczo zaszczepić. Ważna jest profilaktyka, na przykład stosowanie preparatów miejscowych. Insekty ukrywają się głównie w wysokich trawach, zaroślach, w lesie i pobliżu wody.

wiosny do jesieni po każdym spacerze dokładnie sprawdzaj, czy pies nie ma kleszczy. Łatwo to zrobić, czesząc psa grzebieniem na pchły lub pocierając sierść jasną ścierką z mikrowłóknami (kleszcze przyczepiają się do nich, więc łatwo je rozpoznać).

Jeśli kleszcz „zarzucił już kotwicę", powinien zostać usunięty w ciągu 20 godzin od ukąszenia, ponieważ tyle potrzebuje ślina, by przedostać się ze ślinianek w odwłoku kleszcza do ciała psa. Nie usuwaj kleszcza paznokciem, bo spowodujesz zbyt silny nacisk, lecz najlepiej za pomocą specjalnych szczypczyków dostępnych w sklepach zoologicznych. Przy wyciąganiu kleszcza ważne jest, by wywierać jak najmniejszy nacisk i nie zmiażdżyć go, aby nie wstrzyknął śliny do krwiobiegu. W tym celu ustaw narzędzie między skórą psa a głową kleszcza i wyciągnij krwiopijcę – lekkie obracanie szczypczyków ułatwia zadanie, ale nie jest konieczne. Ważne, by usunąć całego kleszcza wraz z głową. Jeśli głowa utkwi w skórze, z reguły nie jest to bardzo niebezpieczne, ponieważ nie zachodzi już ryzyko zarażenia boreliozą. Jeżeli jednak w miejscu ugryzienia pojawi się zapalenie, psa powinien koniecznie zbadać lekarz.

144. **Lizanie: Mój pies został zoperowany i wciąż liże ranę. Jak mogę temu zapobiec?**

Załóż psu ochronny kołnierz (mocuje się do obroży, kołnierz dostaniesz u weterynarza), żeby nie mógł dosięgnąć rany. Zwykle w ciągu dwóch, trzech dni, pies się do niego przyzwyczai. Ewentualnie możesz założyć psu dziecięcą koszulkę, górę od piżamy lub jeśli rana znajduje się w dolnej części brzucha albo na odbycie, majtki lub małe rajstopy. W majtkach wytnij dziurę na ogon i przymocuj je skrzyżowanymi szelkami. Większość psów lepiej znosi takie ubranko niż kołnierz lub kryzę. Ważne: ubranie powinno być wykonane z cienkiej bawełny. Niektóre psy potrafią jednak wykorzystać chwilę nieuwagi, by się „rozebrać", dlatego ważne jest, by czworonóg pozostawał pod nadzorem. Niektórzy pacjenci powstrzymują się przed lizaniem po posmarowaniu okolic rany gorzką substancją, którą dostaniesz u weterynarza.

145. **Lizanie: Mój seter jak opętany liże przednią łapę, która jest już całkiem czerwona. Co może być tego powodem?**

Weterynarz powinien sprawdzić, czy powodem lizania nie jest na przykład obce ciało lub infekcja. Jeśli nie stwierdzono takiej przyczyny, chodzi przypuszczalnie o atopowe zapalenie skóry. Bodźcem do tego typu zachowania często jest nuda lub stres – pies znajduje sobie w ten sposób zajęcie. Notoryczne lizanie może prowadzić do zgrubienia skóry, miejsce może się zainfekować i wtedy jeszcze bardziej swędzi. Niezależnie od przyczyn należy utrudnić psu lizanie, na przykład przez założenie kołnierza. Leczenie atopii zwykle jest bardzo mozolne i czasami pomaga tylko operacja. Oprócz opieki weterynarza ważny jest także program szkoleniowy przeprowadzany z trenerem, który pomaga psu zapanować nad psychiką.

146. **Mikroczip: Mam wrażenie, że mikroczip mojego psa znajduje się dziś w innym miejscu niż wczoraj. Czy to możliwe?**

Tak, to możliwe. Mikroczip zwykle jest wszczepiany przez weterynarza w lewą stronę szyi, jednak kiedy pies ma bardzo

Zdrowie i pielęgnacja

„luźną" skórę, czip może wędrować, na przykład do obszaru piersiowego. Pewna weterynarz opowiadała mi o rottweilerze, którego czip dotarł aż do stawu łokciowego. Również u mojego afgańczyka czip znajduje się dziś na piersi i jest dobrze wyczuwalny. Niektórzy właściciele psów obawiają się, że mikroczip może z krwią trafić do serca – ale to jest wykluczone.

147. Mleczne zęby: Po czym poznać, że naszemu sześciomiesięcznemu labradorowi wypadły już wszystkie mleczne zęby?

Uzębienie szczenięcia składa się z 28, a dorosłego psa z 42 zębów; po prostu je policzcie. Zdarza się jednak, że dorosłe psy nie mają kompletnego uzębienia. U niektórych ras jest to dosyć częste zjawisko. Wypadanie zębów mlecznych zaczyna się w wieku około czterech miesięcy i musi zostać zakończone najpóźniej w siódmym miesiącu, u małych ras z reguły nieco wcześniej niż u dużych. Zwykle mleczne zęby wypadają, zanim wyrżną się nowe. W tym czasie dawajcie waszemu labradorowi dużo zabawek do gryzienia, ponieważ jest mu to bardzo potrzebne. Jeśli tego nie zrobicie, ofiarą jego zębów padną wasze meble i buty. Zęby, które wypadły, rzadko się znajduje, ponieważ szczenię zwykle je połyka. Od piątego miesiąca życia szczenięcia powinieneś co tydzień dokładnie sprawdzać jego uzębienie i obserwować, czy obok jednego lub kilku mlecznych zębów widać już zęby stałe. Jeśli zęby mleczne nie chcą wypaść, powinieneś udać się z psem do weterynarza. Może być konieczne wyrwanie ich pod narkozą, aby uniknąć późniejszych wad zgryzu. Mleczaka należy szybko usunąć, zwłaszcz gdy jest to kieł. Zdecydowanie odradzam wyłamywanie mlecznych zębów monetą lub wyrwanie ich w inny sposób. Zbyt duże jest ryzyko, że ząb się złamie, a pozostały fragment trudno będzie usunąć. Ważne: aby zapobiegać uszkodzeniom zgryzu i zębów, do 18 miesiąca życia nie powinniście pozwalać labradorowi aportować twardych przedmiotów. Lepsze będą do tego specjalne zabawki typu dummy ze sklepów zoologicznych.

148. Nietrzymanie moczu: Co można na to poradzić?

Zależy to od przyczyny nietrzymania moczu, którą musi ustalić weterynarz. Infekcje dróg moczowych z reguły leczy się antybiotykami. Schorzenia nerek wymagają intensywnej opieki weterynaryjnej. Zaburzenia hormonalne często można łatwo wyleczyć preparatami hormonalnymi. Jeśli nietrzymanie moczu wystąpi nagle, pies powinien jak najszybciej zostać zbadany przez weterynarza. W każdym wypadku powinieneś zapewnić mu możliwość załatwienia się na dworze.

149. Nietrzymanie moczu: Jaka jest różnica między nietrzymaniem moczu a niezachowywaniem czystości?

Pies nietrzymający moczu nie ma kontroli nad jego oddawaniem. Przyczyną tego są problemy zdrowotne, na przykład infekcja dróg moczowych lub pęcherza, schorzenie nerek lub zaburzenia hormonalne. Brak czystości u psa nie ma przyczyn fizycznych, po prostu zwierzę nie zostało odpowiednio nauczone. Jeszcze inaczej wygląda to u psów, które załatwiają się na przykład pod wpływem silnego stresu wywołanego lękiem przed rozstaniem lub by okazać uległość. Czworonogi te potrafią utrzymać mocz, ale nie kontrolują prawidłowo tego odruchu.

150. Nos: Czy to prawda, że pies jest zdrowy, gdy ma wilgotny i chłodny nos?

Nie. Nos jest wystawiony na wiele czynników zewnętrznych i nie stanowi wyraźnej przesłanki dotyczącej samopoczucia psa. Jego temperatura zasadniczo zależy od tego, jak bardzo jest wilgotny (co wiąże się z wydzielinami, lizaniem i parowaniem). I tak na przykład przeziębiony pies może mieć wilgotny i chłodny nos, ponieważ ma katar, a woda paruje i chłodzi nos. Jeśli chcemy ocenić stan zdrowia czworonoga, obserwujmy raczej

> ## WSKAZÓWKA
>
> **Temperatura ciała**
> Najlepiej mierzyć ją termometrem cyfrowym. W tym celu nakładamy na czubek termometru wazelinę i unosząc ogon psa, ostrożnie wprowadzamy termometr do odbytu. Normalna temperatura u psa wynosi od 38 do 39°C. Szczenięta, psy młode i należące do małych ras zwykle mają temperaturę w górnej granicy, starsze i większe czworonogi – w dolnej. Wieczorem temperatura jest wyższa niż rano. Przy wszelkich odchyleniach o ponad 0,4°C należy udać się do weterynarza.

jego ogólne samopoczucie, zachowanie, wyraz oczu i badajmy temperaturę ciała (wskazówka powyżej).

151. **Nowotwór: Moja czternastoletnia suka mieszańca ma zgrubienie na sutkach. Czy to rak i czy trzeba go operować?**

W wypadku suki w zaawansowanym wieku może chodzić o nowotwór, ale może to być również zwykłe zgrubienie. Przyczynę zmian powinien ustalić weterynarz, który doradzi ci również, jak dalej postępować z twoją staruszką. Często rzeczywiście najlepszym wyjściem jest operacja.

152. **Obcinanie pazurów: Jak często powinienem skracać psu pazury?**

W znacznym stopniu zależy to od tego, gdzie chodzisz z psem na spacer. Jeśli często spacerujesz po asfaltowych ścieżkach, pazury ścierają się bardziej niż na drogach leśnych i polnych. Kontroluj długość pazurów raz na tydzień. Pedicure jest konieczny tylko wtedy, gdy czubek pazura wystaje poza powierzchnię opuszków i w ten sposób zakłóca naturalne ustawienie łapy, łapa jest więc uniesiona, a palce rozczapierzone (strona 131). Najlepiej, by sposób skracania pazurów pokazał ci weterynarz.

Oczy

153. **Obroża owadobójcza:** Czy ma sens zakładanie psu obroży owadobójczej?

Odradzam to rozwiązanie. Obroże takie stale wydzielają środki chemiczne, więc zwłaszcza gdy w domu są dzieci, które mają bliski kontakt z psem, jest to ryzykowne. U moich czworonogów wolę stosować miejscowe preparaty przeciw pchłom i kleszczom, które można dostać u weterynarza. Skrapia się nimi psi kark. Zaczynają działać po dwóch dniach i zapewniają dość pewną ochronę, która w zależności od preparatu i rodzaju pasożytów utrzymuje się od czterech do dwunastu tygodni. Gdy po kilku godzinach preparat wyschnie, substancja nie jest już wydzielana do otoczenia.

154. **Oczy:** Mój dziesięcioletni foksterier ma mętne soczewki. Czy ślepnie?

W większości wypadków chodzi o zmętnienie soczewki związane z wiekiem, spowodowane zaćmą (kataraktą). Odkłady na soczewce prowadzą

1 *Zbyt długie pazury najlepiej skracać specjalnymi cążkami. Uważaj, by nie uszkodzić naczyń krwionośnych.*

2 *Pedicure podczas zabawy: w trakcie balansowania na pniach drzew pazury ścierają się w naturalny sposób.*

Zdrowie i pielęgnacja

do mlecznego zmętnienia, które zwielokrotnia odbicie światła. Na ile wzrok twojego foksa jest ograniczony, może stwierdzić tylko weterynarz po dokładnym badaniu. Jeśli przyczyną zmętnienia jest spowodowane wiekiem stwardnienie soczewki, pies co prawda z bliska będzie widzieć gorzej, ale widzenie dali zostanie niezmienione. W miarę możliwości nie przestawiaj już mebli i mów do niego, zanim go pogłaszczesz, inaczej może się przestraszyć. Jednak przyczynę schorzeń oczu, czy chodzi o zaczerwienienie, wydzielinę, swędzenie czy zmętnienie soczewki, powinien ustalić weterynarz.

155. **Opatrunek na łapę: Nasz pies ma na łapie małe skaleczenie. Czy powinienem zrobić mu opatrunek?**

Tylko jeśli przeszedłeś kurs pierwszej pomocy dla psów! Zakładanie opatrunku na łapę jest skomplikowane. Należy dokładnie wyłożyć watą przerwy między opuszkami palców, żeby nie zostały ściśnięte ani zawiązane, a stawy nie ocierały się o siebie. Kto nie ma doświadczenia, powinien zostawić założenie opatrunku weterynarzowi. W ramach pierwszej pomocy możesz założyć psu specjalny but ochronny, na przykład z neoprenu (dostępne w sklepach zoologicznych).

156. **Pchły: Mój pies ciągle się drapie. Czy ma pchły i co mogę na to poradzić?**

Wyczesz psa grzebieniem na pchły, na przykład na krzyżu i u nasady ogona. Postukaj grzebieniem na białym papierowym ręczniku. Gdy znajdziesz na nim czarnobrązowe punkciki, zwilż je. Jeśli zabarwią się na czerwonawy brąz, są to odchody pcheł. Same pchły trudniej zauważyć, najłatwiej znaleźć je u psów z jasną sierścią. U weterynarza dostaniesz skuteczne środki na pchły, na przykład preparaty, którymi skrapia się kark, oraz spreje. Tylko nieliczne pchły trzymają się psa,

Podawanie leków

większość ukrywa się na przykład w jego legowisku lub w szczelinach podłogi.

157. **Podawanie leków: Mój akita wciąż wypluwa tabletki odrobaczające. Co powinienem zrobić?**

Dla wielu właścicieli psów podawanie środków odrobaczających jest stresującą procedurą, ponieważ mają ten sam problem co ty. W takim

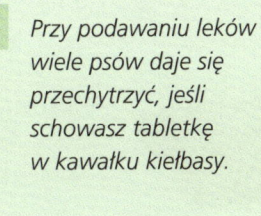

1 *Przy podawaniu leków wiele psów daje się przechytrzyć, jeśli schowasz tabletkę w kawałku kiełbasy.*

2 *Jeżeli to nie poskutkuje, musisz położyć psu tabletkę na języku. Głaskanie szyi pobudza przełykanie.*

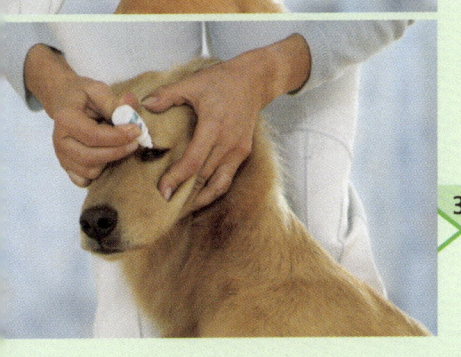

3 *Podawaj psu krople do oczu, ostrożnie ciągnąc powieki do góry i do dołu.*

Zdrowie i pielęgnacja

PRZYBORY DO PIELĘGNACJI

Czy to nie piękny widok, gdy twój pies ma lśniącą sierść i wspaniale się prezentuje? Regularna pielęgnacja, w zależności od potrzeb codzienna lub cotygodniowa, ma na to znaczny wpływ.

SZCZOTKA Z ZAOKRĄGLONYMI ZĘBAMI
Delikatna szczotka do średniej lub długiej sierści. Można nią doprowadzić do porządku zarówno delikatne, jak i skręcone włosy.

SZCZOTKA Z NATURALNEGO WŁOSIA
Delikatna pielęgnacja miękkiej i jedwabistej sierści. Szczotki z naturalnego włosia wywierają mniejszy nacisk na skórę, łagodnie masują i zapobiegają brzydkiemu łamaniu się włosów.

GUMOWA SZCZOTKA LUB RĘKAWICA
Świetne do krótkiej lub nieco dłuższej sierści. Obumarłe włosy zostają usunięte, a szczotkowanie pobudza ukrwienie.

ZGRZEBŁO
Zgrzebła dostępne są w różnych rodzajach przystosowanych do gęstej krótkiej lub długiej sierści. Pozwalają ostrożnie usuwać obumarłe włosy.

GRZEBIEŃ
Dłuższą sierść trzeba najpierw zawsze wyczesać rzadkim, a następnie gęstym grzebieniem.

NOŻYK TRYMERSKI (TRYMER)
Bezboleśnie usuwa z sierści obumarłe włosy, przydaje się na przykład u terierów i jamników szorstkowłosych. Należy wybrać trymer odpowiedni do rodzaju sierści.

Pielęgnacja

O rodzaju potrzebnych szczotek, grzebieni i innych przyborów decyduje szata twego czworonoga. Poniżej przedstawiamy najważniejsze artykuły do pielęgnacji.

FILCAK
Pozwala uniknąć wycinania upartych sfilcowanych kawałków sierści, a psu oszczędza bólu przy rozplątywaniu kołtunów.

GRZEBIEŃ Z OBROTOWYMI KOŃCÓWKAMI
Można nim łatwo i delikatnie usunąć lekkie sfilcowania. Przydaje się również do pielęgnacji niesfornej sierści.

NOŻYCZKI Z ZAOKRĄGLONYMI CZUBKAMI
Zaokrąglone czubki zapobiegają urazom. Idealne na przykład do wycinania włosów na łapach lub sfilcowanych kawałków sierści.

DEGAŻÓWKI
Zapewniają naturalny wygląd i pozwalają przerzedzić lub wyciąć włosy bez zostawiania brzydkich dziur w sierści – sierść należy przycinać stopniowo.

MIĘKKA SZCZOTKA METALOWA
Idealna do usuwania podszerstka lub kędzierzawej sierści. Gumowa poduszeczka powinna być elastyczna, a wywinięte metalowe pręciki niezbyt sztywne.

SKÓRZANA SZMATKA
Idealna do krótkiej sierści. Dwa lub trzy razy w tygodniu przeciągamy nią sierść, dzięki temu łój skórny równomiernie się rozprowadza, a włosy zyskują piękny połysk.

Zdrowie i pielęgnacja

PLAN PIELĘGNACJI

Codziennie	➤ Krótki rzut oka na uszy. Czy są czyste i różowe? Czy nie pachną nieprzyjemnie? ➤ Wycieranie wydzieliny z oczu, w razie potrzeby letnią wodą. Ważne: nie stosować rumianku, może podrażnić oczy. ➤ Podawanie gryzaków dla oczyszczenia zębów. ➤ Po każdym spacerze sprawdzenie, czy między opuszkami łap nie znajdują się obce ciała lub grudki ziemi.
Dwa razy na tydzień	➤ Czyszczenie zębów specjalną pastą. ➤ Kontrolowanie fałd skóry (na przykład u mopsów i innych pofałdowanych psów), w miarę potrzeby oczyszczanie miękką szmatką.
Co tydzień	➤ Czyszczenie uszu specjalnymi preparatami. ➤ Kontrola spojówek – czy nie są zaczerwienione. ➤ Kontrola długości pazurów. ➤ Rzut oka na narządy płciowe: czy są czyste i nie pachną nieprzyjemnie?
Co miesiąc	➤ Dokładne sprawdzenie całego ciała psa: czy nie występują zmiany, na przykład guzy, obrzmienia, zaczerwienienia i wrażliwość na dotyk. ➤ Skracanie długich włosów między palcami. ➤ Usuwanie zaokrągloną pęsetą długich włosów w zewnętrznym przewodzie słuchowym.
Co roku	➤ Szczepienie psa i dokładne badanie u weterynarza.
W razie potrzeby	➤ Szczotkowanie, codziennie lub rzadziej, zgodnie z typem owłosienia psa. ➤ Strzyżenie. ➤ Trymowanie lub usuwanie podszerstka. ➤ Obcinanie pazurów. ➤ Wyciskanie gruczołów okołoodbytowych. ➤ Kuracja odrobaczająca według zaleceń weterynarza.

Potomstwo

wypadku zawodzi również sztuczka z ukrywaniem tabletki w kawałku kiełbasy. Spróbuj z kawałkiem bułki posmarowanej pasztetówką. Zanim podasz psu bułkę z tabletką, pozwól mu zjeść kilka kawałków, może przy trzecim kęsie będzie tak łapczywy, że po prostu połknie pigułkę. Jeśli to nie pomoże, musisz podać mu tabletkę bezpośrednio do pyska. W tym celu otwórz psu pysk, połóż tabletkę możliwie daleko na języku i przytrzymaj pysk. Pogłaszcz psa po gardle, to pobudza odruch połykania. Wypuść psa dopiero wtedy, gdy dobrze połknie tabletkę.

158. **Popęd płciowy: Nasz jack russel wariuje na punkcie każdej napotkanej suki. Wysuwa wtedy cały penis. Czy to normalne?**

Młode psy odkrywają swoją seksualność, więc zasadniczo jest to zachowanie związane z wiekiem. Jeśli po pewnym czasie nie mija, pies prawdopodobnie jest nadaktywny seksualnie. Powinniście razem z weterynarzem ustalić, czy wskazana jest kastracja. Gdy pies zachowuje się w ten sposób na widok każdej suki, uniemożliwia mu to normalne kontakty z innymi przedstawicielami swojego gatunku, szczególnie przeciwnej płci. Taki stan pobudzenia może być także szkodliwy dla zdrowia: czasami obrzmiały penis nie może się schować i dochodzi do ucisku prącia. Wtedy trzeba natychmiast udać się do weterynarza, ponieważ zagrożone jest życie psa.

159. **Potomstwo: Czy to prawda, że suka nie zachoruje na raka sutka i jest szczęśliwsza, gdy przynajmniej raz miała młode?**

Nie, ale ten pogląd uparcie się utrzymuje. Prawdopodobieństwo zachorowania na raka nie zależy od tego, czy suka wydała na świat młode. Suki nie cierpią też z powodu niespełnionych pragnień posiadania potomstwa. Poza tym ciąża i poród zawsze niosą ze sobą ryzyko niebezpiecznych powikłań.

Zdrowie i pielęgnacja

160. **Robaki:** **Czy pies może mieć robaki nawet wtedy, jeśli nie widać ich w odchodach?**

Tak, to możliwe. Jeśli pies cierpi na atak tasiemca, możesz rozpoznać w odchodach jego segmenty, które wyglądają jak małe ziarna ryżu i przez które pasożyt się rozmnaża. Jaja lub larwy obleńców (na przykład nicieni) prawie nie widać gołym okiem, gdy są wydalane z kałem. Dorosłe obleńce wydalane są tylko wtedy, gdy infekcja jest bardzo ostra. To, czy pies ma robaki, może stwierdzić weterynarz, badając próbki kału przez kilka dni. Dowiedz się, jak często powinieneś odrobaczać psa. Jeśli w domu są dzieci, z reguły jest to zalecane co trzy miesiące, w innym razie co sześć miesięcy lub po wykryciu robaków w stolcu.

161. **Rośliny:** **Jakie rośliny są trujące dla psów?**

Wiele roślin jest trujących dla psów i może wywołać poważne choroby. Dlatego pilnuj, by twój czworonóg nie bawił się nieznanymi roślinami, na przykład nie ogryzał gałęzi. Sprawdź każdą roślinę w domu i ogrodzie. W domu trujące mogą być na przykład jaśmin, azalia, bluszcz, a na zewnątrz złotokap, klematis, bluszcz, rododendron, naparstnica, pędy pomidorów, oleander, cis, wilcza jagoda, cebula, laurowiśnia i konwalia. Informacje o trujących roślinach znajdziesz w Internecie na stronie www.adopcje.org/article22-1-Rosliny_trujace.html.

162. **Schody:** **Które psy nie powinny chodzić po schodach?**

Zasadniczo chodzenia po schodach powinny unikać szczenięta, młode psy, czworonogi o długim grzbiecie (na przykład jamnik lub basset) oraz cierpiące na schorzenia stawów i grzbietu (na przykład dysplazję stawu biodrowego, łokciowego, spondylozę lub dyskopatię). Niewskazane są także częste i wysokie skoki. U młodych czworonogów niestwardniałe w pełni kości mogą

Szczenięta zawsze należy nosić po schodach.

ucierpieć na skutek obciążenia. W przypadku psów dorosłych istnieje ryzyko rozwoju schorzeń stawów i grzbietu. Najniebezpieczniejsze przy chodzeniu lub skakaniu po schodach jest lądowanie na podłodze, gdy stawy i kręgi uderzają o siebie. Dlatego od psów o długim grzbiecie nie można też wymagać sztuczek polegających na chodzeniu na tylnich łapach.

163. **Siwe włosy: W jakim wieku psy siwieją?**

Zależy to od psa. U niektórych już w wieku czterech lat pojawiają się pierwsze siwe włosy na pysku, u innych dopiero po ośmiu latach lub później. Wskazówką może być wygląd rodziców psa w dojrzalszym wieku: jeśli wcześnie osiwieli, prawdopodobnie z ich potomstwem również tak będzie. U psów o ciemnej sierści siwe włosy oczywiście bardziej rzucają się w oczy niż u czworonogów z jasną sierścią. Również młode psy mogą mieć pojedyncze siwe włosy, świadczy to o zaburzeniach pigmentu, co jednak jest nieszkodliwe. Z tego samego powodu siwe włosy często rosną na zabliźnionej tkance.

To, w jakim wieku psu siwieje pysk, zależy od danego czworonoga.

Zdrowie i pielęgnacja

WARTO WIEDZIEĆ

Skręt żołądka – natychmiast do weterynarza!
Żołądek skręca się z powodu osłabienia mięśni, dotyczy to zwykle starszych psów. Skręt żołądka wpływa ujemnie na pozostałe narządy, na przykład serce i płuca, ponieważ ogranicza lub zatrzymuje dopływ krwi, a do krwiobiegu dostają się trujące produkty przemiany materii. W rezultacie dochodzi do szoku i zapaści wszystkich narządów. Bez szybkiej stabilizacji krążenia i operacji pies umiera. Pierwszymi objawami skrętu są próby wywołania wymiotów, skomlenie i niepokój.

---

164. Skręt żołądka: **Co mogę zrobić, by nie dopuścić do skrętu żołądka u mojego owczarka?**

Wysokie, szczupłe psy z głęboką i wąską klatką piersiową są często narażone na skręt żołądka (Warto wiedzieć, powyżej); niestety twój owczarek należy do grupy ryzyka. By zapobiec skrętowi żołądka, nie możesz karmić go tylko raz dziennie, musisz dzielić porcję na dwa lub trzy posiłki. Pilnuj, by pies nie jadł zbyt pospiesznie (strona 76). Nerwowe i bojaźliwe psy dostają skrętu żołądka częściej niż zachowujące się bardziej swobodnie. Jeśli twój owczarek należy do pierwszej kategorii, wskazany byłby również trening zachowania, żeby stał się pewniejszy siebie i bardziej zrelaksowany. Po posiłkach zaleca się dwu- lub trzygodzinny odpoczynek.

WARTO WIEDZIEĆ

Cykl płciowy suki
Proestrus (okres przedrujowy) trwa zwykle od 7 do 13 dni. Jego objawami są obrzmiały srom i krwawa wydzielina. Oestrus (okres rui) trwa od 3 do 8 dni, wydzielina jest wtedy jasna i śluzowata. W tym czasie następuje jajeczkowanie i suka jest gotowa do krycia. Późniejszy metestrus (okres porujowy) trwa od 9 do 12 tygodni. Wtedy suka może przechodzić ciążę urojoną (strona 97). Kolejnych 8 do 20 tygodni stanowi okres spoczynku płciowego, czyli anestrus. W poszczególnych wypadkach możliwe są znaczne różnice we wskazaniach czasu.

Strzyżenie

165. **Sterylizacja: Na czym polega różnica między sterylizacją a kastracją?**

Wbrew obiegowym opiniom, to, czy przeprowadza się kastrację czy sterylizację, nie ma związku z płcią psa, chodzi bowiem o dwie zupełnie różne operacje.
Podczas kastracji całkowicie usuwa się gruczoły płciowe (strona 105), u psa jądra, a u suki jajniki i zwykle także macicę. U psa powoduje to zmianę zachowania umotywowanego seksualnie (Popęd płciowy, strona 119), u suki nie występuje już cieczka ani ciąża urojona. Obecnie u psów rzadko przeprowadza się sterylizację. Zabieg ten polega na podwiązaniu nasieniowodów psa i jajowodów suki. Ponieważ po operacji nadal wytwarzane są hormony płciowe, nie zmienia to zachowania zwierząt. Sterylizacja nie służy ani zapobieganiu chorobom, ani ich leczeniu, lecz nie zaburza porządku społecznego w grupie psów tak bardzo, jak kastracja.

166. **Strzyżenie: Czy ma sens strzyżenie latem mojego ośmioletniego bobtaila?**

Masz rację, że zadajesz sobie to pytanie, ponieważ sierść pełni zasadniczo funkcję ochronną. Jej zadaniem jest wyrównywanie temperatury ciała, to znaczy ogrzewanie zimą, a latem ochrona przed upałem. W naturalnym cyklu sierść w zależności od pory roku jest grubsza lub cieńsza. Jednak tylko nieliczne długowłose psy zachowały pierwotne owłosienie. Bujna sierść u wielu ras uchodzi za ideał urody, dlatego też hodowano psy o coraz gęstszej i dłuższej sierści. Właśnie latem wielu „kłębkom wełny" jest bardzo trudno regulować temperaturę ciała. Zwiększa to ryzyko zapaści lub udaru słonecznego. Z tego powodu starszym psom lub tym ze schorzeniami serca i układu krwionośnego warto latem strzyc sierść. Kto nie chce pozbawiać zwierzęcia tej ozdoby, może sierść przerzedzić, wtedy nadal wygląda ona dobrze, ale dopuszcza powietrze do skóry. Jeśli

Zdrowie i pielęgnacja

WARTO WIEDZIEĆ

Zalecany plan szczepień
6.–7. tydzień – nosówka, parwowiroza.
10.–12. tydzień – nosówka, parwowiroza, leptospiroza, wirusowe zapalenie wątroby (WZW), kaszel kenelowy.
16. tydzień – nosówka, parwowiroza, leptospiroza, wirusowe zapalenie wątroby, koronowiroza, kaszel kenelowy.
Zwykle zaleca się podawanie szczepionki przypominającej co roku.
W Polsce obowiązkowe jest też szczepienie przeciwko wściekliźnie, które zwykle wykonuje się przy ostatniej dawce szczepień w 16. tygodniu życia psa, lub co zaleca część weterynarzy, nieco później, by nie obciążać nadmiernie układu odpornościowego.
W zależności od stopnia zagrożenia dostępne są również szczepionki przeciwko boreliozie.
W sprawie szczepień zasięgnij rady weterynarza.

strzyżesz psa sam, obetnij mu sierść na centymetr do dwóch. W przeciwnym wypadku zachodzi niebezpieczeństwo poparzenia słonecznego. Psom o jasnej skórze trzeba latem na gołe miejsca nakładać krem chroniący przed słońcem, w górach lub nad morzem o współczynniku 30. Na spacery najlepiej wychodzić wczesnym rankiem lub wieczorem.

167. **Szczepienie: Na co zwracać uwagę przy szczepieniu psa?**

Aby szczepionka zadziałała, pies powinien być w pełni zdrowy i wolny od pasożytów. Około tygodnia przed szczepieniem powinieneś go odrobaczyć, żeby jego układ odpornościowy mógł zająć się szczepionką i żeby nie „dekoncentrowały" go pasożyty. Do tygodnia po szczepieniu pies powinien unikać nadmiernego wysiłku fizycznego.

Trymowanie

168. **Śnieg: Nasz bearded collie zimą zawsze ma na łapach duże kawałki śniegu i nie może wtedy biegać. Co na to poradzić?**

To typowy problem długowłosych psów. Szczególnie zimą należy regularnie przycinać zaokrąglonymi nożyczkami włosy na łapach i w przerwach między palcami i opuszkami. Dodatkowo przed spacerem można natrzeć łapy wazeliną, żeby śnieg nie przylepiał się do sierści. Sprawdzają się również wodoodporne buty dla psów dostępne w sklepach zoologicznych. Poza tym dzięki wazelinie lub butom psim łapom nie szkodzi sól, którą posypywane są ulice.

169. **Trymowanie: Jaka jest różnica między trymowaniem a strzyżeniem?**

W wypadku trymowania usuwa się z sierści obumarłe włosy, by ponownie nadać jej formę. Można to zrobić palcami (wyskubywanie) lub spe-

1 *Airedale terrier i jego szorstkowłosi koledzy są trymowani specjalnym nożykiem usuwającym martwe włosy.*

2 *Pudle i wiele innych czworonogów trzeba regularnie strzyc, żeby sierść odzyskała piękną formę.*

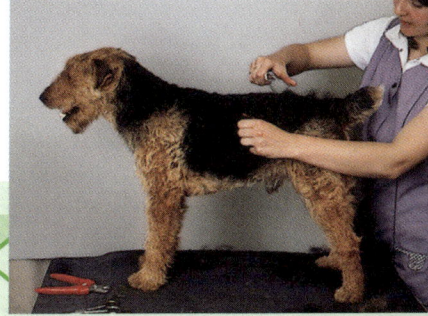

cjalnym nożykiem do trymowania. Wyciągamy włosy w kierunku wzrostu, co przy odpowiednim wykonaniu nie przysparza psu bólu. Trymuje się przede wszystkim psy z szorstkim włosem, na przykład teriery szorstkowłose, sznaucery lub jamniki szorstkowłose. Pudel to klasyczny przykład psa, którego strzyżemy. Jeśli ostrzyżemy psa rasy, której wskazane jest trymowanie, takiej jak foksterier, sierść wkrótce straci kolor.

170. **Ubezpieczenie zdrowotne: Mamy dwuletniego dalmatyńczyka. Czy warto załatwiać mu ubezpieczenie zdrowotne?**

To zadanie rachunkowe. Jeśli wasz dalmatyńczyk pozostanie – miejmy nadzieję – zdrowy, dopłacicie, jeśli jednak zachoruje, możecie zaoszczędzić mnóstwo pieniędzy. W Polsce ubezpieczenie zdrowotne dla psów oferuje firma PZU. Musicie się zastanowić, czego oczekujecie od ubezpieczenia. Czy ma pokrywać również koszty zabiegów profilaktycznych, na przykład szczepień i odrobaczań? Czy ważne są tylko konieczne operacje i leczenie na wypadek choroby? A może chcecie zwrotu kosztów leczenia również po wypadkach drogowych?

Składka na ubezpieczenie może zależeć od rasy, a wypłacane kwoty od wieku psa. Niektóre choroby nie podlegają ubezpieczeniu. Zwykle ubezpieczenie nie pokrywa wszystkich kosztów weterynaryjnych, tylko do określonej kwoty rocznie lub dwukrotnej wysokości podstawowego honorarium za wizytę.

Kto chce zatem zawrzeć umowę ubezpieczenia medycznego dla psa, musi najpierw dokładnie przestudiować drobne dopiski na dokumentach i dopiero wtedy podjąć decyzję. Dobra alternatywa dla ubezpieczenia: załóż „książeczkę oszczędnościową dla psa" i miesięcznie wpłacaj na nią na przykład 30 lub 50 złotych. Dalsze informacje znajdziesz na stronie internetowej www.gu.com.pl. Informacje na temat opłat weterynaryjnych znajdziesz na przykład na stronie forum.dogs.pl.

OBJAWY CHORÓB

OBJAW	SYMPTOMY/MOŻLIWE PRZYCZYNY/ DALSZE POSTĘPOWANIE
Nagła apatia, niechęć do ruchu i zabawy.	Poważny objaw różnych chorób. Trzeba szybko udać się do lekarza.
Wrażliwość na na dotyk, ból lub uraz	Małe skaleczenia można opatrzyć samodzielnie. Większe rany lub nieznana przyczyna bólu wymagają wizyty u lekarza.
Biegunka	Zepsuta, nieprzyswajana karma, infekcja, schorzenie wewnętrzne. Konieczny jest dzień postu. Przy braku poprawy szybko do weterynarza (Wskazówka, strona 122).
Wzmożone pragnienie	Jeśli nie jest spowodowane upałem lub karmą, wskazuje na infekcję, schorzenie nerek lub wątroby, cukrzycę albo ropomacicze u suki. Skontrolować u weterynarza.
Wymioty	Rzadkie są normalne. Przez dwie godziny nie nie karmić psa. Jeśli występują częściej i/lub towarzyszy im biegunka lub złe samopoczucie, należy szybko udać się do weterynarza.
Nagie placki w sierści	Pasożyty, infekcja, alergia, niedoczynność tarczycy. Skontrolować u weterynarza.
Kaszel	Suche powietrze, schorzenie dróg oddechowych, obcy obiekt w gardle, choroba serca. Skontrolować u weterynarza.
Potrząsanie głową	Pasożyty lub obce ciała w uchu, zapalenie ucha środkowego. Konieczne badanie u weterynarza.
Zatwardzenie	Jeśli po dwóch dniach pies nie oddaje stolca i/lub wymiotuje bądź źle się czuje, należy szybko udać się do weterynarza.

Zdrowie i pielęgnacja

171. **Ukąszenia owadów: Dlaczego ukąszenia owadów są dla psów tak niebezpieczne?**

Ugryzienia owadów nie są dla psa bardziej niebezpieczne niż dla ludzi lub innych zwierząt. Samo ugryzienie jest nieszkodliwe, o ile pies nie ma alergii i nie został ugryziony na obszarze pyska lub przełyku. W obu wymienionych wypadkach psa od razu powinien zbadać weterynarz. Alergia może prowadzić do groźnego dla życia wstrząsu anafilaktycznego, a ukąszenie na pysku lub przełyku – do trudności z oddychaniem i uduszenia. Wiele psów chwyta pyskiem owady, które kąsają, co sprawia, że śmierć przez uduszenie wcale nie jest taka rzadka. Dlatego powinieneś zabronić psu gonienia i łapania wszelkich owadów – nie potrafi on odróżnić nieszkodliwych moli lub much od niebezpiecznych os, pszczół i trzmieli.

172. **Urlop: Chcemy zabrać ze sobą psa na urlop do Hiszpanii. Czy to prawda, że wiąże się to z ryzykiem zdrowotnym?**

Tak, na południu występują nieznane u nas choroby. Należą do nich ehrlichioza, której zarazki przenoszone są przez kleszcze i która powoduje między innymi gorączkę, brak apetytu i utratę wagi. Bardziej znana jest leiszmanioza, której nosicielami są moskity. Istnieją dwie odmiany choroby, jedna atakuje przede wszystkim skórę, druga narządy wewnętrzne, na przykład serce, nerki, wątrobę i śledzionę. Ugryzienie kleszcza może wywołać babeszjozę, powodującą problemy wątrobowe. Natomiast dirofilariozę przenoszą komary. Znajdujące się w ciele komara nicienie o długości do 30 cm osadzają się w sercu i mogą wywołać gorączkę, duszności, anemię i żółtaczkę. W domu wasz pies byłby bezpieczniejszy, ale jeśli chce być cały czas z wami, najważniejsza jest ochrona przed komarami i kleszczami. W tym celu potrzebne będą skuteczne preparaty, które można kupić u weterynarza, na przykład specjalne ochronne opaski lub środki miejscowe. Zapobiegawczo rano i o zmierzchu nie wypuszczajcie psa na dwór i trzymajcie go z dala od krzaków i wysokiej trawy.

173. Usypianie: Czy pies odczuwa ból, gdy jest usypiany?

Nie, z reguły nie. Pomijając wbicie igły i występujące przy niektórych środkach pieczenie, proces ten jest dla psa bezbolesny. Zwykle stosuje się duże dawki barbituranów, substancji używanych do narkozy. W ten sposób pies szybko traci przytomność, a jego serce wkrótce przestaje bić.

Niektórzy weterynarze podają wcześniej psu znieczulenie powodujące zwiotczenie mięśni, co uspokaja psa i sprawia, że nie odczuwa on pieczenia. Wszyscy obecni przy tym zabiegu powinni spróbować – choć jest to trudne – nie niepokoić psa i nie wywoływać w nim lęku swoim zachowaniem. W ostatnich chwilach niech towarzyszy i pomaga mu znana osoba, to kwestia honoru i ostatnia przyjacielska posługa dla wiernego, wieloletniego towarzysza.

174. Uszy: Nasz wyżeł szorstkowłosy ciągle potrząsa głową i ją przekrzywia. Uszy są jednak czyste. Co może być tego przyczyną?

Objawy te należy traktować poważnie, a ich przyczynę powinien ustalić weterynarz. Pies może mieć w uchu ciało obce, na przykład nasiono trawy, cierpieć na zapalenie ucha środkowego lub inną infekcję. W każdej z tych sytuacji zwierzę odczuwa ból i powinno zostać szybko poddane leczeniu.

175. Wiek: Czy mój dwunastoletni mieszaniec wymaga szczególnej pielęgnacji?

Starsze psy nie powinny być wystawione na duże obciążenia, jednak potrzebują wyzwań fizycznych i umysłowych, aby nie

Zdrowie i pielęgnacja

tracić za szybko sprawności. Dlatego w kwestii ruchu należy znaleźć złoty środek. Twojemu psu nie zaleca się już takich wyczynów, jak długie wycieczki rowerowe. Zamiast tego często wychodź z nim na spacery, dostosowując ich długość i tempo do jego możliwości. Podczas uprawiania sportu i zabawy senior powinien móc na chwilę się położyć, gdy tylko odczuwa taką potrzebę. Wciąż ważne są łatwe ćwiczenia szkoleniowe, pozwalające mu zachować sprawny

1
Zawsze czyść tylko ucho zewnętrzne. Jeśli ucho wewnętrzne jest brudne lub wydziela się z niego nieprzyjemny zapach, udaj się do weterynarza.

2
Wydzielinę z oczu należy ostrożnie usuwać wilgotną chusteczką bez nitek, pocierając w kierunku nosa.

3
Po każdym spacerze sprawdź, czy między palcami nie znajdują się obce ciała, na przykład grudki ziemi.

umysł. Jeśli chodzi o odżywianie, wskazana jest lekka dieta, która nie obciąża przewodu pokarmowego. Najlepiej podawać psu małe porcje kilka razy dziennie. Pilnuj, by twój pupil utrzymał szczupłą sylwetkę, nadwaga obciąża narządy i stawy. Zapewnij mu ciepłe i przytulne miejsca do wypoczynku i spania, starsze psy mają trudności z utrzymaniem odpowiedniej temperatury ciała i szybko marzną. Powinieneś wybaczać mu drobne dziwactwa, które mogą się pojawić u psów w starszym wieku. Dwa razy w roku udawaj się z psem weterynarza, by odpowiednio wcześnie wykryć ewentualne schorzenia.

176. **Wilcze pazury:** **Czy powinienem usunąć mojemu psu wilcze pazury?**

Wilczymi pazurami lub ostrogami nazywa się piąte pazury na tylnych łapach – mają je tylko nieliczne psy. Na przednich łapach nazywa się je pazurami kciuka. Przy chodzeniu nie dotykają podłoża i nie ścierają się. Zachodzi ryzyko, że zaokrąglą się i zaczną wrastać w ciało albo pies zaczepi się o nie i zrani. Możesz temu zapobiegać, dbając o to, by pazury były krótkie (strona 118). Usunięcie wilczych pazurów jest konieczne tylko wtedy, gdy pies często się o nie rani.

177. **Wścieklizna:** **Mieszkamy w okręgu wolnym od wścieklizny. Czy mimo to musimy zaszczepić psa?**

Tak, w Polsce jest obowiązkowe coroczne szczepienie przeciwko wściekliźnie. Zaświadczenie o szczepieniu przyda się też, gdy będziesz chciał jeździć z psem środkami komunikacji publicznej lub podróżować.
Nawet jeśli wydaje nam się, że nie ma zagrożenia wścieklizną, psa należy zaszczepić (strona 124). To, że budzące niegdyś lęk choroby, takie jak nosówka i parwowiroza, dziś nie są już groźne, zawdzięczamy wyłącznie powszechnym szczepieniom.

Zdrowie i pielęgnacja

W wyniku otwarcia europejskich granic wścieklizna znowu występuje częściej. To dowodzi tego, że przy zaniedbaniu szczepień epidemie mogą ponownie zacząć się rozprzestrzeniać. Regularne zastrzyki chronią zatem nie tylko waszego czworonoga, ale także jego pobratymców.

178. **Wymioty:** Czy musimy udać się do weterynarza, gdy pies ma wymioty?

Sporadyczne wymioty są zupełnie normalne. Psy lubią ulżyć sobie w ten sposób, gdy zjadły za dużo lub coś niestrawnego – zasadniczo jest to bardzo zdrowy odruch. Jeśli jednak wasz pies wymiotuje kilka razy dziennie, a wymioty są na przykład pieniste i żółte lub zawierają krew, towarzyszy im biegunka lub pogarsza się ogólny stan zdrowia psa, należy jak najszybciej zabrać go do weterynarza. Przyczyną takiego stanu zdrowia może być między innymi infekcja, na przykład zakażenie rotawirusem, dolegliwości żołądkowo-jelitowe, obce ciała w przewodzie pokarmowym, skręt jelit lub schorzenie nerek.

179. **Wzdęcia:** Czy to normalne, że mój rhodesian rigdeback wciąż ma wzdęcia?

Okazyjne wzdęcia są normalne, jeśli jednak występują stale, twój pies prawdopodobnie nie przyswaja karmy. Powinieneś zasięgnąć rady w sklepie zoologicznym i zmienić dietę czworonoga (strona 84). Dodatkowo warto przeprowadzić odrobaczanie (strona 118). Jeśli wciąż ma częste wzdęcia, należy udać się do weterynarza, by zbadał ich przyczynę.

180. **Zabawki:** Czy powinienem w jakiś szczególny sposób czyścić zabawki naszego psa?

Używane zabawki powinieneś czyścić co tydzień lub dwa. Zwłaszcza zabawki z materiału mogą być prawdziwymi siedliskami zarazków i prowadzić do ciągłych zakażeń na obszarze pyska. Zabawki z tkaniny najlepiej jest uprać w pralce, w temperaturze przynajmniej 60°C. Pozostałe przedmioty, takie jak piszczące zwierzątka, gumowe piłki i kółka, należy zalać wrzątkiem i osuszyć na słońcu.

181. **Zapobieganie ciąży: Mamy samca sznaucera i sukę spaniela. Jak możemy skutecznie zapobiegać zajściu suki w ciążę?**

Istnieje wiele możliwości zapobiegania ciąży. O ile nie możecie rozdzielić psów w czasie cieczki suki (co dla oddalonego zwierzęcia, zwykle psa, jest bardzo stresujące), pozostają tylko zabiegi operacyjne lub kuracje hormonalne. Wielu weterynarzy odradza bardzo obciążające dla suki hormonalne zapobieganie cieczce, ponieważ nie jest to trwałe rozwiązanie problemu i sprzyja groźnemu zapaleniu macicy. Pozostaje kastracja (strona 105), którą większość weterynarzy uznaje za najlepsze rozwiązanie. Ponieważ zabieg jest mniej ryzykowny u samców, lepiej poddać mu czworonoga płci męskiej.

182. **Zatrucie: Po czym poznać, czy pies ma zatrucie?**

Zależy to od rodzaju zatrucia. Objawy są bardzo różne i mogą świadczyć także o innych schorzeniach. Sygnały alarmowe to na przykład niepokój, drgawki, bezwład, poszerzenie lub zwężenie źrenic, apatia, ślinienie się, biegunka, duszność, blade śluzówki lub zaburzenia rytmu serca. Jeśli pies nagle wykazuje silne reakcje fizyczne lub zmiany zachowania, szybko powinieneś udać się z nim do lekarza, ponieważ niewykluczone jest zatrucie.

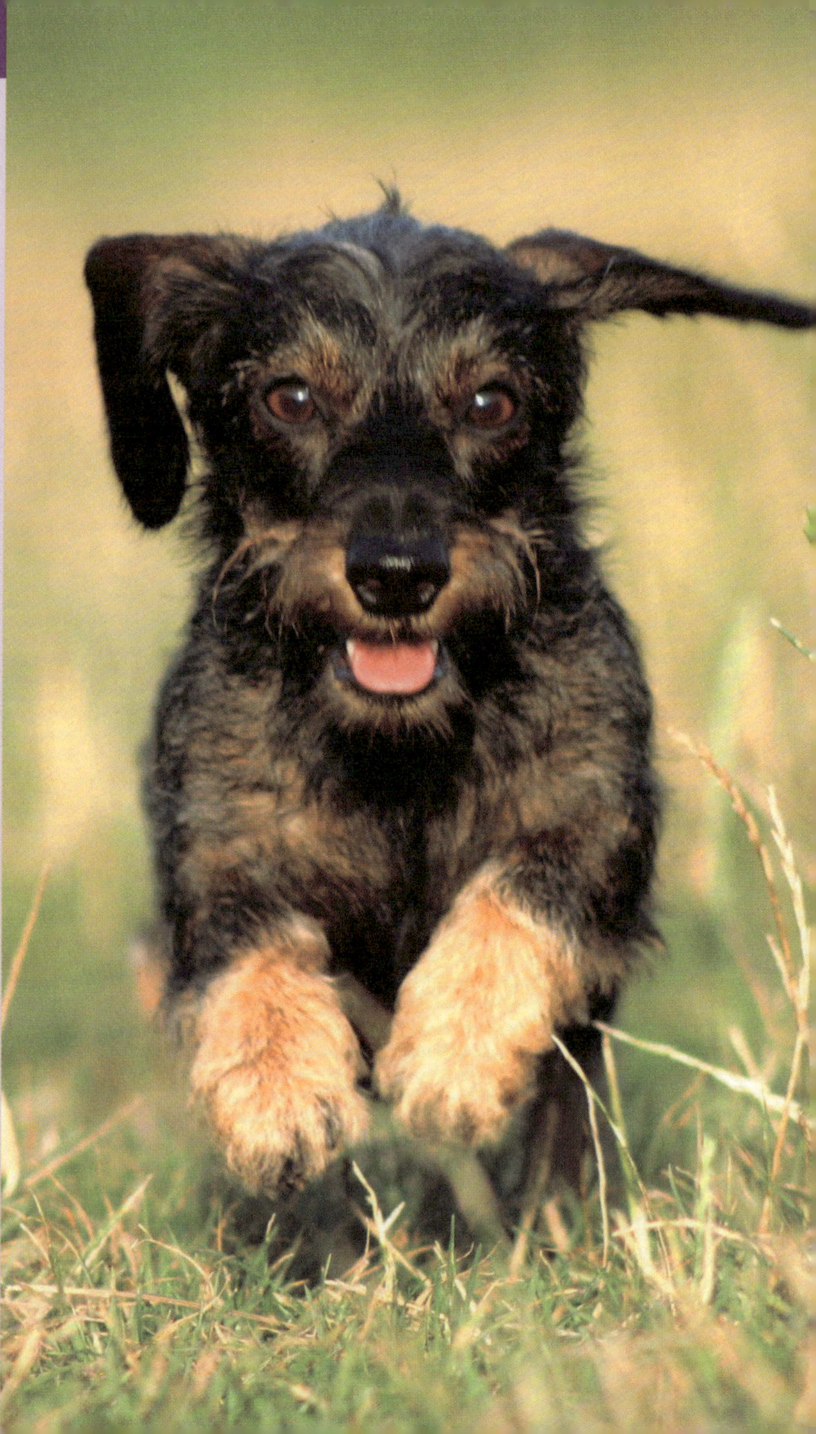

Zachowanie, zmysły i mowa ciała

Zrozumienie czworonożnego towarzysza i poznanie jego potrzeb to klucz do szczęśliwych ludzko-psich relacji. W tym rozdziale znajdziesz odpowiedzi na pytania o zachowanie, komunikację i świat psich zmysłów.

183. **Agresja: Czy agresywny pies zawsze jest zły?**

Nie. Psy nie myślą w kategoriach „dobry" i „zły". Powody tego, że pies zachowuje się agresywnie, są bardzo różne. Może to być na przykład ochrona i bronienie swojego terytorium oraz ludzi, psów lub innych zwierząt należących do kręgu społecznego psa, reakcja na dominujące zachowanie ludzi lub czworonogów, obrona karmy, zabawek, ulubionych miejsc do leżenia, zdobywanie pokarmu, na przykład na polowaniu lub w konkurencji z innymi psami, a także lęk przed bólem związanym z karą, niewłaściwym traktowaniem bądź nieumiejętnym postępowaniem dzieci. Agresja należy do naturalnych psich zachowań, tak jak u suki, która broni swoich młodych. Może również zostać nasilona przez świadome działania, niedbałość lub nieumiejętne wychowanie. Skłonność do agresji czasami wzmacnia się także w procesie hodowli (dotyczy to nie konkretnych ras, lecz określonych linii hodowlanych). Psy nie zachowują się agresywnie, bo są „złe", tylko wyrażają w ten sposób naturalne skłonności. Problem pojawia się wtedy, kiedy zwierzę nie zachowuje się odpowiednio do sytuacji, a jego reakcja jest zaburzona.

184. **Agresja: Czy agresja oznacza, że pies gryzie?**

Już samo spojrzenie lub uniesienie warg może być wyrazem agresji. Agresja nie oznacza zatem, że pies zawsze gryzie. Agresywne zachowanie to dla psów forma komunikacji. Ponieważ nie porozumiewają się słowami, muszą wyrażać się w inny sposób. Jeśli na przykład pies A chce odebrać kość psu B, pies B nie może powiedzieć: „Ostrożnie, chłopcze, to moja kość. Odejdź, inaczej pożałujesz". Gdy nie wystarczy ostrzegawcze spojrzenie, prawdopodobnie uniesie wargi i zawarczy. Dzięki temu groźnemu zachowaniu pies A ma szansę odejść i uniknąć konfliktu. Okazanie agresji sprawia zatem, że obu zaoszczędzona zostaje walka o upragnioną kość. W wielu wypadkach agresywne zachowanie służy unikaniu poważnych konfliktów. Stopniowanie gróźb umożliwia obu stronom ocenę przeciwnika i porównanie jego potencjału do walki ze swoim. W zależności od wagi zasobu (w tym wypadku kości), stopnia zdecydowania i oceny własnej oraz cudzej gotowości do walki pies rezygnuje z eskalacji lub nie.

185. **Atak:** **Czy powinienem zawsze stawiać na swoim, gdy mój doberman nie wykonuje polecenia, a wręcz mnie atakuje?**

Zasadniczo właściciel powinien obstawać przy wykonaniu raz wydanego polecenia. Ma to jednak sens tylko wtedy, gdy pies nauczył się danej komendy i potrafi odpowiednio ją wykonać. Gdy doberman atakuje, tylko nieliczne osoby są w stanie się obronić. Jeśli pies wyjdzie z tej konfrontacji jako zwycięzca, gwałtownie maleje szansa wywarcia na niego wpływu. Radzę szybko udać się do doświadczonego trenera psów i zamówić pakiet indywidualnych zajęć. Dobry trener powie ci, o jakiego rodzaju agresję chodzi, dominującą czy lękową (strona 136), a następnie przygotuje dla was odpowiedni plan szkolenia. Do tego czasu lepiej unikaj konfrontacji ze swoim dobermanem.

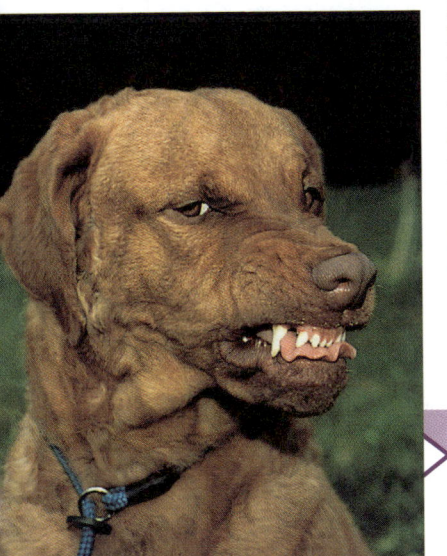

Unoszenie warg to wyraz groźby, który daje przeciwnikowi możliwość wycofania się.

Zachowanie, zmysły i mowa ciała

186. Barwy: Czy psy widzą kolory?

Tak, ale inaczej niż człowiek. Dawniej sądzono, że psy widzą świat czarno-biały, jednak potrafią także postrzegać kolory, choć spektrum barw i ich intensywność są w porównaniu z ludzkim widzeniem ograniczone. Zgodnie z badaniami przeprowadzonymi w Stanach Zjednoczonych, nasze czworonogi nie rozróżniają koloru żółtozielonego, żółtego, pomarańczowego i czerwonego, co można porównać z daltonizmem. Przyczyną jest to, że w psim oku znajduje się mniej czopków niż u człowieka, a właśnie czopki są odpowiedzialne za widzenie kolorów. Ma to sens: dla mięsożerców rozpoznawanie i rozróżnianie kolorów nie jest tak ważne, jak na przykład dla zwierzęcia, które odżywia się głównie owocami. Psy mają jednak więcej pręcików odpowiadających za widzenie czarno-białe w słabym oświetleniu (strona 168) i potrafią znacznie lepiej od człowieka rejestrować ruch.

187. Czkawka: Nasz pies czasami po jedzeniu czka. Co to oznacza?

Prawdopodobnie wasz czworonóg ma po prostu czkawkę – również psy mogą jej dostać. Chodzi o skurcze przepony, zwykle wywołane przez jakiś bodziec, na przy-

Psy odbierają świat inaczej niż ludzie i dlatego często reagują w niezrozumiały dla nas sposób.

kład pośpieszne jedzenie lub picie (zwłaszcza bardzo zimnej wody), za dużą porcję karmy. Jeśli wasz pies ma czkawkę tylko czasami i trwa ona krótko, nie przejmujcie się tym. Jeśli jednak czkawka występuje częściej, powinniście podawać mu mniejsze porcje, pilnować, by woda miała temperaturę pokojową, a pies nie jadł zbyt szybko (strona 76), i ustawiać miskę na stojaku lub taborecie, żeby nie musiał za bardzo się pochylać, ponieważ wtedy połyka powietrze.

188. Dążenie do dominacji: Czy każdy pies chce zostać przywódcą stada?

Nie. Nie każdy pies czeka na pierwszą okazję, by zająć wyższą pozycję w hierarchii. Wiele żyje szczęśliwie i cieszy się swobodami w ramach jasno ustalonych zasad zachowania. Niektóre psy mają jednak wyjątkowo silną osobowość, częściej próbują przekraczać granice i potrzebują bardzo zdecydowanego, obdarzonego silną wolą przywódcy. Nawet prawdziwie niezależne duchy chętnie za takim podążą, dopóki nie będzie okazywać słabości. Do większości problemów w relacjach między człowiekiem a psem dochodzi dlatego, że właściciele za mało wiedzą o swoich zwierzęcych towarzyszach i popełniają błędy w wychowaniu lub nie są wystarczająco konsekwentni. W rezultacie pies jest zdezorientowany, traci respekt dla dwunożnego przywódcy stada i czuje się zmuszony przywrócić porządek, więc próbuje przejąć dowodzenie.

> **WSKAZÓWKA**
>
> **Faza ustalania hierarchii**
> Trwa od 13. do 16. tygodnia życia psa. Szczenię kwestionuje wiele z tego, czego się już nauczyło. Może na przykład nie uznawać autorytetu ludzi lub wykazywać nagły lęk przed znanymi rzeczami. Właściciel musi wyznaczyć czworonogowi wyraźne granice, a jednocześnie dać mu poczucie bezpieczeństwa.

Zachowanie, zmysły i mowa ciała

189. Dojrzałość płciowa: W jakim wieku psy osiągają dojrzałość płciową?

Psy dojrzewają płciowo zwykle w okresie od szóstego do dziewiątego miesiąca życia, w zależności od rasy i skłonności może to jednak nastąpić nieco wcześniej lub później. Zasadniczo im większy pies, tym później osiąga dojrzałość płciową. O dojrzałości płciowej psa świadczy to, że podczas siusiania unosi nogę i bardziej interesuje się płcią przeciwną, suka po raz pierwszy ma cieczkę (strona 98).

190. Dominacja: Czy mój bearded collie jest dominujący, skoro wymija mnie w drzwiach i przechodzi pierwszy?

Wokół pojęcia dominacji toczą się gorące dyskusje. Zachowanie twojego psa powinieneś zawsze oceniać w szerszym kontekście. Do zachowań dominujących należą na przykład okazywanie pewności siebie, ograniczanie możliwości ruchu drugiej strony (na przykład stawanie na drodze), ignorowanie, dawanie sygnału do rozpoczęcia działania (na przykład zabawy), zabieranie dla siebie ważnych zasobów (m.in. karmy, gryzaków lub zabawek) albo leżenie na ulubionym miejscu (na kanapie lub w łóżku). Zachowanie twojego beardie można uznać za dominujące, jeśli często zagradza ci drogę, przepycha się lub w inny sposób próbuje podważyć twoją pozycję, na przykład

WARTO WIEDZIEĆ

Dominacja

Żaden pies nie jest dominujący sam z siebie. Czworonóg, który zachowuje się w dominujący sposób, zawsze potrzebuje przeciwnika, wobec którego przyjmuje taką postawę. Jeśli dominujące zachowanie jest zawsze akceptowane, a druga strona zachowuje się ulegle, ustala się hierarchia. Jeżeli przywództwo zostanie zakwestionowane, może dojść do konfliktu.

warczy na ciebie, gdy chcesz mu zabrać karmę lub gryzak. W tym wypadku zachowuje się zuchwale, ponieważ do tej pory uchodziło mu to płazem. Może jednak po prostu w tak nieopanowany sposób cieszyć się na czekający go spacer. Nawet jeśli zachowanie to nie jest dominujące, powinieneś nauczyć psa, by siedział za drzwiami i czekał, aż pozwolisz mu wyjść. W ten sposób również w nieprzewidzianych warunkach zachowasz kontrolę, a twój beardie nie wbiegnie na przykład pod przejeżdżający samochód.

191. **Dyszenie: Dlaczego psy dyszą?**

Psy zwykle dyszą, by wyrównać temperaturę ciała. Parowanie śliny podczas dyszenia daje ochłodę. Wiele psów dyszy jednak również wtedy, gdy coś je boli, są wyczerpane, chore, zestresowane lub napięte, boją się albo są niepewne. Jeśli spokojny pies dyszy przy normalnej temperaturze otoczenia, zawsze stanowi to sygnał, że coś jest nie w porządku i należy dokładniej obserwować zwierzę.

192. **Etapy rozwoju: Jaka jest różnica między fazą wpajania skojarzeń a fazą uspołeczniania?**

Terminy te odnoszą się do etapów rozwoju szczenięcia, które zdefiniował behawiorysta Eberhard Trumler. Faza wpajania skojarzeń trwa od 4. tygodnia do końca 7. tygodnia życia szczenięcia. Okres ten określa się również jako fazę wrażliwą bądź krytyczną. Szczenię poznaje wtedy swoje otoczenie. Łatwo się uczy, a doświadczenia, które zbiera, wyznaczają tory jego późniejszego życia. Bawiąc się z rodzeństwem i z matką, uczy się na przykład zachowań komunikujących i ich użycia, kontroli nad ciałem, ważnych środków wyrazu oraz przystosowywania się do różnych sytuacji. Jeśli szczenię nie ma kontaktu z ludźmi, później nie będzie umiało przyzwyczaić się do nich.

Zachowanie, zmysły i mowa ciała

Faza uspołeczniania (socjalizacji) trwa, według Trumlera, od 8. do 12. tygodnia życia szczenięcia (niektórzy specjaliści nazywają tak okres od 3. do 12., a nawet 16. tygodnia życia). Zwykle od 9. tygodnia szczenię przebywa pod opieką nowej rodziny i poznaje ważne zasady życia społecznego, na przykład w stosunku do ludzi oraz psów i innych zwierząt. Ważne jest, by poznało wiele sytuacji, w których znajdzie się w późniejszym życiu. W tym okresie należy wprowadzić pierwsze polecenia i – co bardzo istotne – zbudować bliską więź z czworonogiem. Nie wolno jednak traktować czasu wejścia w daną fazę sztywno. Może on być różny u poszczególnych ras i psów, w zależności ich od dojrzałości fizycznej i psychicznej. Rozwój zawsze jest płynnym procesem.

193. Gryzienie: Czy to prawda, że psy, które szczekają, nie gryzą?

Ta stara mądrość prawdopodobnie dotyczy psów, które dawniej pilnowały stad lub zagród. Najważniejsze w ich pracy było to, by głośno hałasować, gdy zbliżał się złodziej lub drapieżnik. Szczekanie przeszkadzało napastnikom w realizacji ich zamiarów i zwykle odchodzili z pustymi rękami. Psy te nie musiały gryźć, ponieważ osiągały cel samym szczekaniem. Zgodnie z policyjnymi danymi, również dziś rzadziej dochodzi do włamań do domów i mieszkań, których pilnują psy. Nie można jednak mieć pewności, że szczekający pies nie ugryzie: jeśli nie zdoła osiągnąć swego celu siłą głosu, jest w stanie użyć zębów. Szczekanie może zwiastować atak.

194. Inteligencja: Czy niektóre rasy są mądrzejsze niż inne?

Są rasy, które łatwiej poddają się szkoleniu, szybciej uczą się poleceń i chętniej współpracują z człowiekiem niż inne. W badaniu przeprowadzonym przez Stanleya Corena porównano inteligencję pracy i posłuszeństwa różnych ras. Pierwsze miejsce zajął border collie, a ostatnie chart afgański. Nie oznacza to jednak, że afgańczyk jest głupi. Inteligencja nie stanowi stałej cechy, ocenia się ją na podstawie wielu czynników. Czy stróżujący pies jest inteligentniejszy, ponieważ działa zgodnie z poleceniami człowieka i w związku z tym łatwiej uczy się komend, tak jak border collie? Czy raczej inteligentny jest pies, który dawniej na polowaniach musiał przez wiele kilometrów samodzielnie tropić zwierzynę, podejmować decyzje i działać niezależnie, jak afgańczyk? Rasy można porównywać ze sobą tylko do pewnego stopnia. Lepszą miarą inteligencji jest to, czy pies potrafi do odpowiednich celów wykorzystać swoje wrodzone predyspozycje i dostosowywać się do sytuacji. Ważną rolę odgrywają nie tylko geny, ale także zebrane doświadczenia i wzmacnianie przez człowieka pewnych zachowań.

195. **Kastracja: Czy to prawda, że po kastracji zmienia się charakter psa?**

Żaden pies nie traci w wyniku kastracji zdolności łowieckich lub przywiązania do właściciela. Jednak ponieważ zabieg ogranicza wytwarzanie hormonów seksualnych, zmienia się przede wszystkim zachowanie motywowane popędem płciowym (strona 105–106). Psy po kastracji często są bardziej zrelaksowane, ponieważ nie odczuwają presji, by się rozmnażać. Nie

WARTO WIEDZIEĆ

Świat psich zmysłów

Nasze czworonogi żyją w zupełnie innym świecie niż my. Postrzegają otoczenie w odmienny sposób i dzięki niewiarygodnym zmysłom węchu i słuchu mogą dostrzegać to, co dla nas pozostaje ukryte. Nie dziw się, jeśli pies nagle wykazuje wielkie podekscytowanie, choć ty nie widzisz ku temu powodu. Być może, zwietrzył zwierzynę, zapach suki lub trop rywala.

Zachowanie, zmysły i mowa ciała

interesują się już tak wyraźnie płcią przeciwną, włóczęgi przestają chadzać własnymi drogami, a kontakty z innymi samcami zwykle przebiegają bez tarć – w końcu nie trzeba już odgrywać macho. Im później pies zostanie wykastrowany, tym większe prawdopodobieństwo, że zachowa elementy wcześniejszego zachowania. Pies, który przez lata zachowywał się wobec innych jak prostak, nie stanie się nagle potulny jak baranek. Jego zachowanie się zrytualizowało. Wykastrowane psy często nie są traktowane przez pozostałe jak „mężczyźni", co budzi w nich niepewność i może prowadzić do konfliktów. U suk różnice w zachowaniu nie są tak wyraźne. Ustępują u nich zmiany nastroju, które wcześniej towarzyszyły cieczce lub ciąży urojonej. Czasami obserwuje się wyłącznie lekką ospałość, inne suki stają się bardziej pewne siebie, a niektóre weselsze. U agresywnej suki kastracja może nasilić skłonność do agresji. To, że niektóre psy po kastracji stają się bardziej leniwe, w wielu wypadkach wiąże się z przybraniem na wadze, spowodowanym zmienioną przemianą materii. Pomóc może wtedy tylko ruch i dieta.

196. Kastracja: Mój briard jest agresywny. Czy kastracja mu pomoże?

Zanim zdecydujesz się na kastrację, powinieneś razem z doświadczonym trenerem psów i weterynarzem ustalić przyczyny agresji. W niektórych wypadkach agresywne zachowanie można ograniczyć przez indywidualne szkolenie. Jeśli jednak agresja występuje w kontaktach z innymi psami, zabieg może pomóc, ponieważ pies zazwyczaj odczuwa wtedy uwarunkowane hormonalnie napięcie. Natomiast gdy agresję wywołują lęki i niepewność, zachowanie psa po kastracji prawdopodobnie się pogorszy. Dla pewności możesz wcześniej przeprowadzić próbę. W tym celu weterynarz poda psu hormony symulujące kastrację. Wówczas poznasz skłonności czworonoga do zmian zachowania, zanim podejmiesz ostateczną decyzję.

Kłamanie

197. Kastracja: Nasze dwa psy często się spierają, dlatego doradzono nam kastrację. Czy powinniśmy wykastrować oba?

Nie, to prawdopodobnie nie poprawiłoby sytuacji. Częste konflikty między dwoma psami w jednym domu zwykle wynikają z nieustalonej hierarchii. Kastracja niższego rangą psa może wyjaśnić zależności i złagodzić tlący się nieustannie konflikt (strona 105). Spróbujcie stwierdzić, który z czworonogów zajmuje wyższą pozycję i zachowuje się wobec drugiego dominująco (strona 139). Jest to czasami bardzo trudne i możliwe tylko przy pomocy dobrego trenera. Wykastrowany powinien zostać tylko pies niższy rangą, aby powiększyć różnicę w hierarchii między oboma czworonogami. Oprócz medycznego zabiegu ważne jest, żebyście zaakceptowali hierarchię psów i wspierali zwierzę postawione wyżej, na przykład faworyzowali je w różnych sytuacjach.

198. Kłamanie: Czy psy rzeczywiście potrafią kłamać?

Psy nie kierują się kategoriami dobra i zła. Jednak są mistrzami w adaptacji i zyskiwaniu przewagi. Aby osiągnąć swój cel, stosują wszelkie manewry pozorujące, na przykład gdy grożą, jeżą sierść, by wydać się większe. Ten gest nie jest wyuczony, lecz należy do naturalnych zachowań komunikujących. Istnieją jednak psy, które nauczyły się oszukiwać inne czworonogi. Oto kilka przykładów: cocker spaniel spokojnie ogryza kość, a jego kolega rasy west highland terrier czeka na okazję, by się do niej dobrać. Nagle terier podbiega do drzwi na taras i podniecony szczeka, jakby coś zobaczył. Gdy cocker podchodzi na taras, terier szybko wraca i zabiera kość. Afgańczyk udaje przez cały dzień brak zainteresowania bułką leżącą na kuchennym stole. W chwili, gdy rozlega się dzwonek do drzwi i jego pani pośpiesznie wychodzi z pomieszczenia, błyskawicznie wykorzystuje okazję do kradzieży. Bywają także kiepscy „kłamcy": jamnik

Zachowanie, zmysły i mowa ciała

skaleczył się w łapę i w czasie gojenia się rany był bardzo rozpieszczany. Gdy tylko grozi mu nagana albo chce coś dostać, zaczyna kuleć, choć jest już zupełnie zdrowy. Maska spada, ponieważ czasami utyka na złą nogę. Żaden z tych psów nie jest podstępny, lecz jedynie rozwinął strategie zachowania umożliwiające łatwe osiągnięcie celu.

199. Kontakt fizyczny: Czy ważne jest, by mój pies miał ze mną kontakt fizyczny?

W relacjach między psami kontakt fizyczny ogrywa ważną rolę, służy tworzeniu i umacnianiu więzi. Jeśli masz dwa psy, zaobserwujesz, że jeden drugiemu liże na powitanie pysk albo że chętnie leżą obok siebie. Wzajemne lizanie uszu jest oznaką wielkiego przywiązania. Pielęgnacja ciała oprócz higieny wzmacnia również więź. Nie musisz pozwalać na to, by pies cię lizał. Powinieneś jednak zapewnić mu tak ważny dla niego kontakt fizyczny – zakładając, że nie masz problemu z hierarchią i pies uznaje cię za szefa. Odpowiednie jest kładzenie się blisko siebie, głaskanie i zabawy.

Kontakt fizyczny jest dla psów bardzo ważny, a lizanie kącików warg stanowi przyjazny i uległy gest.

Koty **K**

200. **Kontakty bez smyczy: Czy to prawda, że wszystkie psy się akceptują, jeśli nie są na smyczy?**

Nie! Ten mit uparcie się utrzymuje. To prawda, że psie spotkania zwykle przebiegają gładko, jeśli zwierzęta mogą się swobodnie poznać i nie są ograniczone smyczą. Wykorzystują wtedy wszystkie elementy typowego dla ich gatunku powitania, na przykład wzajemne obwąchiwanie i okrążanie, i schodzą sobie z drogi, jeśli się sobie nie spodobają. Jednak są psy, które nie potrafią kontaktować się z innymi, nie opanowały psiego języka i dlatego wywołują konflikty. Nie ma gwarancji, że psy biegające bez smyczy będą umiały się porozumieć. Człowiek na drugim końcu smyczy wywiera jednak wpływ na ich zachowanie.

201. **Koty: Dlaczego koty i psy często się nie rozumieją?**

Psy i koty stosują różną mowę ciała, co prowadzi do nieporozumień. Kiedy pies merda ogonem, oznacza to zwykle radosne podekscytowanie lub uspokajanie przeciwnika. Jeśli jednak kot uderza ogonem tam i z powrotem, jest to oznaką napięcia i często sygnałem: „Dotąd i ani kroku dalej!". Aby dwa odmienne gatunki przełamały „bariery językowe", powinny mieć ze sobą kontakt,

Pies i kot mogą być dobrymi przyjaciółmi. Również starsze psy potrafią się przyzwyczaić do kocich kolegów.

Zachowanie, zmysły i mowa ciała

najlepiej już w dzieciństwie. Jednak również później często jest możliwe, by pies i kot się do siebie przyzwyczaiły (strona 185).

202. Listonosz: Dlaczego mój pies zawsze tak wrogo reaguje na listonosza?

Listonosz wkracza na terytorium rodziny – w oczach psa jest zatem intruzem, którego należy odpędzić. Szczekanie, gdy listonosz wrzuca listy, szybko prowadzi do sukcesu: listonosz zostaje „przegnany". Pies wyciąga zatem wniosek, że takie zachowanie pomaga mu osiągnąć cel i przy następnej wizycie listonosza jeszcze bardziej hałasuje. Jest to wyjątkowo trudna sytuacja, gdy zwierzę swobodnie biega po ogrodzie, a skrzynka na listy znajduje się na drzwiach – lepszym miejscem byłby zewnętrzny płot. Jednak dobrze wychowany i uspołeczniony pies nie stwarza problemów. Dlatego tak ważne jest, by już w wieku szczenięcym poznał listonosza w przyjemnych okolicznościach.

Moja rada: zaproś po prostu listonosza do domu, porozmawiaj z nim i zapoznaj z psem. W ten sposób upewnisz zwierzę, że listonosz to mile widziany gość. W kolejnych tygodniach co jakiś czas w obecności psa rozmawiaj z listonoszem.

204. Lizanie: Dlaczego mój pies ciągle liże penis?

To zupełnie normalne zachowanie, służące utrzymaniu higieny. W psim napletku wytwarza się żółtawa wydzielina, którą czasami widać w postaci kropli na końcu penisa. U młodych psów może czasami dojść do jej nadmiernej produkcji, co zwykle nie stanowi problemu. Psy zlizują tę wydzielinę, by zachować czystość. Jeżeli jednak twój pies ciągle oczyszcza narządy płciowe, weterynarz powinien stwierdzić, czy nie doszło do infekcji.

Merdanie ogonem

205. **Lizanie: Dlaczego mój jamnik zawsze liże mnie po twarzy?**

Twój pies chce w ten sposób zademonstrować uległość i oddanie. Szczenięta liżą matce kąciki pyska, żeby zwymiotowała dla nich pokarm (obecnie nie wszystkie suki to robią). To szczenięce zachowanie przerodziło się u dorosłych psów w gest uległości, okazywany szczególnie przy powitaniach. Twój jamnik zachowuje się zatem w bardzo pozytywny sposób. Uznaje cię za swojego szefa. Jeśli ze względów higienicznych nie chcesz, by pies lizał cię po twarzy, możesz na przykład podać mu dłoń, którą szybciej umyjesz.

206. **Merdanie ogonem: Czy pies zawsze jest przyjaźnie nastawiony, gdy merda ogonem?**

Psy merdają ogonem w wielu różnych sytuacjach. Najczęściej gest ten oznacza zachęcanie do zabawy. Jednak również pewny siebie, zrelaksowany pies może merdać ogonem, a także stosować merdanie jako sygnał uspokajający. Zwierzę merda ogonem, na przykład zabiegając o sukę lub atakując (wtedy ogon porusza się wręcz niczym pejcz). Merdanie to często wyraz podniecenia i napięcia, dlatego nigdy nie powinno wystarczać do oceny nastroju i zamiarów psa, lecz zawsze należy brać pod uwagę mowę całego ciała w odniesieniu do danej sytuacji (tabela, strona 170).

> *Ze względów higienicznych dzieci nie powinny pozwalać na to, by ich czworonożni towarzysze lizali je po twarzy.*

Zachowanie, zmysły i mowa ciała

207. Mowa ciała: Czy każdy element mowy ciała, na przykład ustawienie uszu, zawsze ma to samo znaczenie?

Nie, poszczególne elementy mowy ciała trzeba zawsze oceniać w kontekście zachowania komunikującego i określonej sytuacji. Kierowanie się tylko ustawieniem uszu czy ogona albo pokazywaniem zębów może prowadzić do pomyłek. Wiele psów, już choćby ze względu na rasę, nie dysponuje takimi samymi możliwościami wyrazu. Są na przykład psy z ogonem zawiniętym bądź skróconym naturalnie lub w wyniku kopiowania, inne zwykle trzymają ogon między nogami. Psy z opadającymi uszami nie mogą komunikować się tak samo, jak psy z uszami stojącymi, a niektóre czworonogi z powodu kształtu czaszki lub rodzaju owłosienia mają bardzo ograniczoną mimikę pyska. Jednak nawet czworonogi, które dysponują wszystkimi środkami wyrazu, zawsze stosują je w określonych połączeniach. Jeśli na przykład zwierzę unosi wargi, zwykle jest to oznaka groźby (tabela, strona 170). Jednak to, czy kieruje się strachem, czy pewnością siebie, można stwierdzić dopiero po ocenie całego zachowania, uwzględniając na przykład ustawienie uszu i ogona, postawę ciała oraz sytuację.

208. Obwąchiwanie: Dlaczego psy obwąchują się od tyłu?

Psy dowiadują się dużo o sobie przez zapach. Gruczoły płciowe przekazują istotne informacje, bardzo ważne są także gruczoły okołoodbytowe (strona 102), które wytwarzają wydzielinę. Ta mieszanka składa się na indywidualny zapach czworonoga. Na pierwszy rzut oka dziwne dla nas wzajemne obwąchiwanie się w okolicach odbytu, tak samo jak mowa ciała, służy do tego, by ocenić drugiego psa i móc odpowiednio się zachować.

209. **Ochrona szczeniąt: Mamy szczenię jacka russell terriera i chcemy zapoznać je z innymi psami. Czy to prawda, że dorosłe psy chronią szczenięta, więc nic mu się nie stanie?**

Nie, nie możecie na tym polegać. Psie dzieci znajdują się tylko pod opieką matki, która broni je przed atakami – na tym polega ochrona szczeniąt. Nie dotyczy ona jednak wszystkich psów. Większość będzie prawdopodobnie dobrze nastawiona do waszego teriera i okaże mu wiele cierpliwości. Zupełnie naturalne i bezpieczne są takie zachowania dorosłych psów w stosunku do szczeniąt, jak warczenie lub delikatne ugryzienie w pysk, gdy malec przekroczy granice, czasami nawet nieco mocniej, jeśli zignoruje pierwsze sygnały ostrzegawcze. Znajdzie się jednak kilka niedostatecznie zsocjalizowanych psów, które poczują się nagabywane przez małego i zdecydowanie dadzą temu wyraz, może nawet gwałtownie. Przed zapoznaniem zwierząt najlepiej porozmawiajcie z innymi właścicielami i obserwujcie dokładnie przebieg spotkania czworonogów, ponieważ wasze szczenię powinno zebrać tylko pozytywne doświadczenia z dobrze wychowanymi psami, żeby później nie miało żadnych problemów w kontaktach z przedstawicielami swojego gatunku.

210. **Parzenie: Dlaczego parzenie psów trwa tak długo?**

Podczas parzenia penis psa nabrzmiewa u nasady, co uniemożliwia szybkie wycofanie go z pochwy suki. Po wytryśnięciu nasienia oba psy zwykle obracają się tak, że dotykają się zadami. Nie wyjaśniono, czy ta pozycja jest po prostu wygodniejsza, czy też ma zapewniać lepszą możliwość obrony. Psa i suki nie można wtedy rozdzielić, nie ryzykując poważnych urazów narządów płciowych. Gdy psy znajdują się w tej pozycji, nie pozostaje ci nic innego, jak zaczekać, aż się od siebie oderwą – niekiedy trwa to pół godziny, a nawet godzinę. Suka gotowa do zapłodnienia może spółkować z wieloma psami, zaś szczenięta

Zachowanie, zmysły i mowa ciała

z jednego miotu mogą mieć różnych ojców. Długie parzenie zwiększa prawdopodobieństwo, że nasienie psa zapłodni jajeczka suki i samiec przekaże swoje geny.

211. Pływanie: Czy każdy pies potrafi pływać?

Tak, zasadniczo każdy pies ma tę umiejętność, jednak są czworonogi lubiące wodę i jej unikające. To, czy pies dobrze czuje

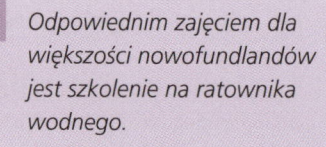

1 *Odpowiednim zajęciem dla większości nowofundlandów jest szkolenie na ratownika wodnego.*

2 *Dawniej w Anglii otterhound był wykorzystywany do polowania na wydry. Nie przeraża go nawet zimna woda.*

3 *Psy rasy golden retriever lubią wodę i wykorzystują prawie każdą okazję do kąpieli.*

się w mokrym żywiole, zależy od różnych czynników, na przykład od tego, czy jako szczenię miał okazję pluskać się w wodzie i odkryć swój talent pływacki. Psy niektórych ras pływają wyjątkowo chętnie. Zaliczają się do nich niemal wszystkie pierwotnie przeznaczone do pracy w wodzie. Na przykład nowofundlandy mają nawet między palcami płaty skóry przypominające nieco błony pławne i umożliwiające psu sprawne poruszanie się w wodzie. Podczas pływania psy nie powinny mieć obroży, bo mogą nią o coś łatwo zaczepić i utonąć. Jeśli pies boi się wody, nie należy go do niej wrzucać na siłę.

212. Porozumienie: Czy są problemy z porozumieniem między różnymi rasami?

W psiej komunikacji oprócz zapachów najważniejsze są zachowania komunikujące (tabela, strona 170). Psy niektórych ras w wyniku planowej hodowlę i związanej z nią często zmiany wyglądu mają ograniczone pewne sposoby wyrazu lub są ich całkowicie pozbawione. Zwisające uszy, płaskie pyski, zawinięte ogony, kikuty ogonowe, zwisające wargi i obfita, zakrywająca ciało i pysk sierść rzeczywiście mogą utrudniać komunikację między różnymi rasami, prowadzić do niepewności i konfliktów. Jeśli szczenię pozna tylko swoją rasę, może dojść do ogromnych nieporozumień, gdy spotka psa, który nie pasuje do schematu. Dlatego tak ważne jest, by szczenięta miały kontakt z wieloma różnymi psami, co pozwala zapobiec większości problemów.

213. Pot: Czy psy mogą się pocić?

Tak, ale wydzielają pot tylko przez opuszki na łapach, nie przez resztę skóry. Z tego powodu jest im znacznie trudniej niż ludziom wyrównywać temperaturę ciała, co może być niebezpieczne szczególnie latem, w upalne dni.

Zachowanie, zmysły i mowa ciała

214. Powieki: Dlaczego psy mają trzecią powiekę?

Powieka ta, którą można czasem zobaczyć, gdy pies śpi, pełni dodatkową funkcję ochronną. Kiedy pies biega po zaroślach, chroni oko przed urazami.

215. Przeczucia: Czy to możliwe, że psy mają szósty zmysł?

To pytanie również wśród ekspertów wciąż wywołuje gorące dyskusje. Czy pies potrafi wyczuć, gdy jego pani przebywająca pięć kilometrów dalej ma problemy? Czy pies wie, kiedy jego pan rusza w drogę do domu? Czy psy potrafią przewidzieć trzęsienie ziemi?

Przynajmniej na to ostatnie pytanie można już oficjalnie odpowiedzieć twierdząco, jednak nie chodzi tu wyłącznie o psy. W Chinach zachowanie zwierząt jest nawet uwzględniane w systemach ostrzegania przed trzęsieniami ziemi. Nie ustalono jeszcze, skąd bierze się u nich

1 *Chwytanie za pysk: Kciukiem i palcem wskazującym przyciśnij wargę psa do górnych zębów. Pies otworzy wtedy pysk.*

2 *Teraz możesz odebrać mu przedmiot. Czy to szczenię, czy dorosły pies – musi cię posłuchać.*

Przywódca stada

ta umiejętność. Według jednej z hipotez, wyczuwają napięcia elektryczne w ziemi, a według innej – są wrażliwe na elektroaerozole (aerozole to najmniejsze cząsteczki materiałów stałych i płynnych, unoszące się na przykład we mgle lub dymie). Dzięki temu zwierzęta potrafią odpowiednio wcześnie zareagować na zbliżające się trzęsienie ziemi.

Na inne pytania nie ma zadowalającej odpowiedzi. Naukowiec Rupert Sheldrake zgłębiał ten temat i w badaniach osiągnął zdumiewające wyniki, które w jego ocenie potwierdzają szósty zmysł niektórych psów. Badania te uchodzą jednak za kontrowersyjne.

216. **Przywódca stada: Zawsze mówi się, że człowiek powinien być dla psa przywódcą stada. Czy pies postrzega mnie jako przedstawiciela tego samego gatunku?**

Nie, pies potrafi dobrze odróżniać czworonogi od ludzi. Określenie „przywódca stada" jest mylące, ponieważ z biologicznego punktu widzenia stado składa się tylko z przedstawicieli jednego gatunku. Natomiast ty, twoja rodzina i pies tworzycie więź społeczną. W jej ramach to ty ustalasz zasady obowiązujące psa i dlatego dla uproszczenia często stosuje się termin „przywódca stada". Jeśli ktoś ma kilka psów, tworzą one własną hierarchię, a człowiek – tak przynajmniej powinno być – nadaje ton.

> **WSKAZÓWKA**
>
> **Uszanować hierarchię**
>
> Ludzie często starają się traktować wszystkie psy tak samo, by żadnego nie zaniedbywać. Jednak gdy dwa psu lub większa ich liczba ustali między sobą hierarchię, właściciel musi ją zaakceptować, nawet jeśli czasem jest to trudne. Nie może interweniować i dopieszczać niższego rangą, „biednego" psa, aby go pocieszyć, ani krzyczeć na „złego" psa, ponieważ jest niesprawiedliwy. To prowadzi jedynie do konfliktów między zwierzętami.

Zachowanie, zmysły i mowa ciała

217. Przywódca stada: Jak powinienem się zachowywać, żeby pies traktował mnie jak przywódcę stada?

Zachowuj się po prostu tak, jak dobry szef w firmie. Bądź pewny siebie i wykazuj się kompetencją, rozwiązuj wszystkie problemy i nie działaj gorączkowo. Jako dobry szef nie musisz nieustannie kontrolować psa, krzyczeć na niego lub wręcz karać go, żeby cię słuchał. Pies robi to dobrowolnie, ponieważ przez odpowiednie zachowanie dajesz mu poczucie bezpieczeństwa, a on ci ufa. Obstawaj przy kwestiach, które są dla ciebie ważne, na przykład żeby pies przychodził na zawołanie, nie żebrał przy stole, kładł się na swoje posłanie, gdy tego wymagasz, albo wykonywał każde wydane polecenie. Konsekwentnie domagaj się od psa posłuszeństwa i egzekwuj je, stosując odpowiedni ton głosu i mowę ciała, ale nie bicie. Jeśli pies jest niesforny, trzeba mu wyznaczyć wyraźne granice, które rozumie (strona 208). Dopóki jest posłuszny i uznaje twoją pozycję, dopóty możesz pozwalać mu na swobody i przywileje, na przykład leżenie na sofie. Dobry przywódca stada jest autorytetem, ale nie tyranem.

218. Psy ze schroniska: Czy psy ze schroniska zawsze wykazują zaburzenia zachowania?

Nie, w żadnym razie. Jednak każdy pies w schronisku (pomijając szczenięta) zebrał z poprzednim właścicielem doświadczenia, które mogą być zarówno pozytywne, jak i negatywne. Wiele czworonogów trafia do schroniska, ponieważ ich państwo się rozwodzą, przeprowadzają albo w ich sytuacji trzymanie psa nie jest dłużej możliwe, na przykład ze względu na chorobę. Psy te często są dobrze wychowane i będą świetnymi towarzyszami dla początkujących właścicieli. Oczywiście wiele czworonogów trafia do schroniska, bo ich właściciele byli przeciążeni, mieli za mało czasu albo po prostu zwierzę im się znudziło. Takie psy często uchodzą za nieułożone i mające problemy wychowawcze. Zwykle powodem jest to, że poprzedni

Reakcja z przeniesienia

właściciele lekkomyślnie zdecydowali się na psa i nie zastanawiali nad jego potrzebami i wymaganiami. Z powodu zaniedbań wychowawczych lub niewłaściwego traktowania zwierzęta mogą się wtedy zachowywać w niepożądany sposób. W dobrych rękach wiele z nich stanie się wymarzonymi przyjaciółmi człowieka, wymaga to jednak kompetencji, dużego zaangażowania i zrozumienia psów.

> *Są liczne stowarzyszenia, które troszczą się o znalezienie nowego domu dla zwierząt ze schroniska.*

Rzeczywiste zaburzenia zachowania wykazuje niewiele mieszkańców schronisk. Przy wyborze psa ze schroniska ważne jest, by dowiedzieć się jak najwięcej o jego dotychczasowym życiu i doświadczeniach (strona 31). Kto chce przyjąć czworonoga „po przejściach" lub o nieznanej historii, powinien skorzystać z pomocy trenera psów.

219. **Reakcja z przeniesienia: Czym jest reakcja z przeniesienia?**

Termin ten dotyczy zachowań wykazywanych przez psa, kiedy doświadcza wewnętrznego konfliktu. Konflikt powstaje na przykład wtedy, gdy czworonóg chce coś zrobić, ale mu przeszkodzimy, albo chce zrobić na raz dwie sprzeczne rzeczy. Heinz Weidt i Dina Berlowitz nazywają to popędami nie do pogodzenia lub niemożliwymi do realizacji. Przykłady: pies chce pobiec do innego psa, ale właściciel mu zabrania. Szczenię musi odpocząć, ale chce wstać, by złapać motyla. Niecierpliwy pies ma siedzieć grzecznie, aż otrzyma pozwolenie, by podejść do miski z pokarmem. W tych sytuacjach psy czasami reagują w sposób, który pozornie nie ma związku z sytuacją. Może to być między innymi ziewanie, otrząsanie się, lizanie, drapanie, jedzenie trawy, picie, jedzenie, kopanie w ziemi, przeciąganie się, znaczenie terenu, kichanie, merdanie ogonem, przynoszenie przedmiotów i węszenie. Te konfliktowe reakcje są całkowicie normalne i stanowią element codzienności, w końcu często trzeba pokonywać wewnętrzne konflikty. Jeśli pies stale zachowuje się w ten sposób, może wskazywać to na problem, na przykład ciągły stres. Nie należy jednak analizować każdego najdrobniejszego działania psa – czasami ziewanie jest tylko ziewaniem, a pies jest po prostu zmęczony.

220. **Ruchy kopulacyjne: Mój siedmiomiesięczny west highland white terrier „spółkuje" z kanapową poduszką. Czy to normalne?**

Zdaje się, że masz bardzo pobudliwego chłopaczka. Twój pies przechodzi okres dojrzewania i odkrywa swoją seksualność. Proces ten może przebiegać tak gwałtownie, że ucierpi nawet kanapowa poduszka. Nie powinieneś pozwalać psu na takie zachowanie. Spróbuj zabronić mu tego surowym „nie!". Jeśli pies nie oderwie się od poduszki, możesz popsikać go pistoletem na wodę. Jeżeli nic nie pomaga, najlepiej ześlij atrakcyjną dla

Ruchy kopulacyjne nie zawsze zmotywowane mają podłoże seksualne, może to być także gest dominacji. Wobec ludzi niedopuszczalny!

psa poduszkę na wygnanie. Dorosłe psy nie powinny już tak się zachowywać, bo świadczy to o nadmiernym popędzie seksualnym. W lżejszych przypadkach popęd płciowy można ograniczyć środkami homeopatycznymi, przynajmniej na pewien czas. Jeśli to nie wystarczy, powinieneś spytać weterynarza o możliwość kastracji. Nadmierna potencja może prowadzić do różnych problemów, na przykład podczas kontaktów z innymi psami.

221. **Sen: Nasz bernardyn czasami przez sen porusza łapami i szczeka. Czy wtedy śni?**

Tak, psy rzeczywiście śnią. Gdy śpiący bernardyn ponownie zacznie poruszać łapami, powinniście dokładnie przyjrzeć się jego oczom. Pod powiekami gałki oczne poruszają się tam i z powrotem. Jest to faza snu, która występuje także u ludzi (faza REM). O czym śnią psy, tego oczywiście nie wiemy, jednak prawdopodobnie przetwarzają wrażenia zebrane w ciągu dnia, dokładnie tak, jak robią to ludzie. Zaobserwowałam, że moje psy po szczególnie ekscytujących przeżyciach dużo śnią. Gdy mój afgańczyk był bardzo chory i musiał spędzić noc w szpitalu, w późniejszym okresie śnił częściej i bardziej intensywnie niż zwykle, najwyraźniej musiał „przetrawić" to doświadczenie.

222. **Skojarzenia: Czy pies rozumie, co do niego mówię?**

Gdy mówisz, pies wsłuchuje się raczej w ton twojego głosu. Dzięki temu wie, czy jesteś zagniewany czy dobrze nastawiony. Ton głosu ma dla psów duże znaczenie. Czworonóg potrafi zrozumieć słowa tylko wtedy, gdy nauczyłeś go ich znaczeń i kojarzy słowa z działaniami. Gdy po raz pierwszy powiedziałeś do niego „siad", było to dla niego słowo jak wiele innych. Dopiero gdy nauczyłeś go, czego od niego oczekujesz, zyskało znaczenie. Zgodnie z obecnym stanem wiedzy, większość psów można nauczyć od 40 do 50 pojedynczych słów (Warto wiedzieć, strona 180).

Zachowanie, zmysły i mowa ciała

223. Słuch: Dlaczego psy potrafią usłyszeć sygnał niesłyszalnego dla nas gwizdka?

Te gwizdki są niesłyszalne tylko dla nas, ponieważ wydają dźwięki o wysokiej częstotliwości w paśmie ultradźwięków. Młody człowiek odbiera dźwięki o częstotliwości od 16 Hz do 20 000 Hz, im jesteśmy starsi, tym węższy jest ten zakres. Psy potrafią jednak usłyszeć dźwięki o częstotliwości od 15 Hz do 50 000 Hz. Ta umiejętność przydaje się również dziś czworonogom, które na przykład lubią łapać myszy. Na ich ślad naprowadza je nie tylko zapach, lecz także wydawane przez zwierzynę dźwięki o wysokiej częstotliwości. Lepszy niż bezgłośny jest jednak gwizdek z bawolego rogu, bo słyszymy jego sygnał, możemy więc kontrolować gwizdanie. Róg jest zimą przyjemniejszy dla ust niż metal.

224. Spotkania psów: Mój owczarek dobrze rozumie się z większością psów, gdy spuszczam go ze smyczy. Na smyczy zachowuje się jednak bardzo wrogo. Od czego to zależy?

Zwykle przyczyną nieodpowiedniego zachowania wobec innych psów jest niedostateczna socjalizacja w wieku szczenięcym. Być może, owczarek dzięki twojej bliskości czuje się wyjątkowo silny i dlatego udaje macho. Może też jednak być na smyczy bardziej lękliwy, ponieważ ze względu na ograniczenie przestrzenne nie jest w stanie odbyć typowego dla psów rytuału powitania ani uciec, jeśli poczuje się zagrożony. Czworonogi na smyczy często zachowują się wrogo, ponieważ wyczuwają niepewność człowieka, który na widok innego psa skraca smycz, staje się nerwowy i zapobiegawczo upomina swego towarzysza, by zachował spokój. Radzę, żebyś razem z trenerem psów ustalił przyczynę takiego zachowania i spróbował popracować nad problemem.

Sumienie

225. Spotkania psów: Dlaczego psy przy spotkaniach się okrążają?

To zachowanie jest najbardziej wyraźne wtedy, gdy dwa obce psy spotykają się po raz pierwszy. Podczas okrążania starają się sobie zaimponować, oceniają się nawzajem i wymieniają informacje, na przykład o sile ciała, statusie i zamiarach drugiej strony. Ważną rolę odgrywa przy tym mowa ciała. Jeśli są to dwa obyte społecznie i opanowane psy, okrążanie wkrótce się kończy i każdy czworonóg rusza własną drogą. Czasami dochodzi do szamotaniny i w rezultacie zostanie wyjaśnione, który z psów ma przewagę. Problem może powstać, gdy spotkają się dwa bardzo podobne psy, na przykład oba niepewne lub z silnym instynktem obronnym. Trudno bywa także, gdy właściciel pośpiesza, a nawet chce odciągnąć swojego psa. Najlepsza reakcja: po prostu iść dalej i nie przeszkadzać.

226. Sumienie: Czy psy mają wyrzuty sumienia, gdy coś zbroją?

Słowo „sumienie" zakłada działanie moralne, a psy takiego nie znają; nie myślą w kategoriach dobra i zła. Nawet jeśli czasami trudno w to uwierzyć, ponieważ reakcje naszych czworonogów po występku zdają się wyraźnie wskazywać na wyrzuty sumienia, zasadniczo chodzi o umiejętność wyczuwania nastrojów. Dla zwierzęcych domowników jesteśmy jak otwarta księga: nasz nastrój zdradzają gesty, mimika, postawa, ton głosu, a nawet zapachy ciała – przed psami nic nie możemy ukryć. Czworonogi wyraźnie odbierają nasz gniew lub złość i starają się nas wtedy ułagodzić (strona 162), by zapobiec naganie lub karze. Dzieje się tak na przykład wtedy, gdy z wściekłością unosimy głos.

Inne psy po prostu wyciągnęły naukę z zebranych doświadczeń, jak w następującym przykładzie: gdy właściciel po przyjściu do domu regularnie krzyczy na czworonoga za to, że cały

Zachowanie, zmysły i mowa ciała

czas szczeka, coś zepsuł lub zostawił kałużę na środku pokoju, pies wkrótce zacznie witać swego pana inaczej: nie wyjdzie nawet z koszyka albo ukryje się w kącie lub pod meblem, ponieważ oczekuje krzyków, choć nie zna ich powodu. Wie tylko, że gdy człowiek wraca do domu, jest zły. Oczywiście nie tak powinno wyglądać życie z psem. Przykłady te nie mają nic wspólnego z moralnością, chodzi raczej o wyuczone strategie zachowania pozwalające uniknąć konfliktów.

227. Sutki: U naszego szczenięcia sznaucera znaleźliśmy na brzuchu drobne „krostki". Czy również psy mają sutki?

Tak, macie rację. Dokładnie tak jak mężczyźni mają brodawki sutkowe, tak psy mają sutki. W okresie wczesnoembrionalnego rozwoju ssaków sutki pojawiają się jeszcze przed cechami płciowymi. Z tego powodu również psy mają sutki.

228. Sygnały uspokajające: Niedawno znalazłem w książce termin „sygnały uspokajające". Co to jest?

Specjaliści od kynologii wciąż dyskutują nad dokładną definicją sygnałów uspokajających oraz nad tym, które sygnały do nich należą. Wiadomo, że te sposoby zachowania wchodzą w skład normalnego psiego repertuaru. Zasadniczo służą temu, by uspokoić innego psa lub człowieka i w ten sposób załagodzić konflikt, zapobiec mu lub uzyskać przychylność drugiej strony. Nie jest jednoznaczne, czy sygnałami takimi są tylko lizanie pyska partnera, kładzenie się na boku, uległe powitanie i podawanie łapy, czy należą do nich także na przykład merdanie ogonem i oblizywanie pyska. Sygnały uspokajające mylone są często z działaniami w obliczu konfliktu, które mają jednak zupełnie inne znaczenie (strona 157). Aby właściwie odczytać sygnał, należy zawsze uwzględnić ich kontekst.

Ślepota

229. Szczekanie: Czy to prawda, że psy szczekają różnie w zależności od sytuacji?

To prawda. Są różne odmiany szczekania o odrębnym znaczeniu, na przykład ujadanie o charakterze ostrzeżenia, szczekanie wyrażające groźbę, szczekanie zachęcające do zabawy albo świadczące o radości przy powitaniu. Jest szczekanie ponaglające, na przykład gdy pies jest głodny lub musi wyjść na dwór, szczekanie przy śledzeniu (zasięg wzroku) lub tropieniu zdobyczy (wyczucie śladu) albo szczekanie kontaktowe, częste, gdy pies jest sam i przywołuje stado (strona 170). W zależności od rodzaju szczekania zmienia się wysokość i długość dźwięku, a wielu właścicieli czworonogów potrafi poznać po szczekaniu jego powód. Skłonność do szczekania jest różna u poszczególnych ras i indywidualnych psów, można ją też celowo wzmacniać (Warto wiedzieć, strona 188).

230. Ślepota: Nasz pies cierpi na chorobę oczu, od której oślepnie. Czy musimy go wtedy uśpić?

Nie, nie musicie i nie powinniście. Dla czworonogów wzrok nie ma takiego samego znaczenia jak dla ludzi. Pies tak dobrze radzi sobie dzięki świetnemu słuchowi (strona 160), nadzwyczajnemu węchowi i czuciu (strona 165), że czasami w ogóle nie zauważamy, że nie widzi. Psy nie opłakują też utraconego wzroku, lecz rekompensują jego utratę innymi umiejętnościami. To prawdziwi mistrzowie adaptacji. Możecie jednak ułatwić waszemu czworonogowi dostosowanie się do nowych okoliczności, rezygnując z przestawiania mebli. W ten sposób pies łatwiej odnajdzie się w otoczeniu, do którego przywykł. Jeśli w domu jest drugi pies, pierwszy prawdopodobnie będzie się nim bardziej kierował.

Zachowanie, zmysły i mowa ciała

231. Uległość: Czy uległy pies w konfliktowej sytuacji zachowuje się tchórzliwie?

Taki pies działa bardzo mądrze, ponieważ właściwie ocenia sytuację i nie wdaje się w ryzykowną dla niego walkę. Zrozumiał, że przeciwnik jest na przykład silniejszy i bardziej zdecydowany, więc okazując uległość, unika obrażeń. To oznaka dobrej socjalizacji, gdy pies nie chce toczyć walki za wszelką cenę, lecz uznaje przewagę przeciwnika.

232. Ustawienie ogona: Na widok obcych ludzi mój pies zawsze wsuwa ogon między tylne nogi. Dlaczego?

Chowanie ogona to oznaka lęku i niepewności. Mogę tylko przypuszczać, że pies miał złe doświadczenia w kontaktach z ludźmi lub fałszywie skojarzył sytuację (na przykład wpadł na płot elektryczny w obecności obcej osoby i teraz łączy oba te wydarzenia). Mógł też dorastać w otoczeniu, gdzie nie miał okazji zebrać pozytywnych doświadczeń z ludźmi. Radzę razem z dobrym trenerem psów opracować program szkoleniowy, by zwierzę zyskało większą pewność siebie w kontaktach z obcymi. Nie zawsze można jednak zupełnie oduczyć chowania ogona.

233. Uśmiech: Mój pies wykrzywia czasami pysk, jakby się uśmiechał. Czy psy potrafią to robić?

Tak, rzeczywiście są psy, które potrafią się uśmiechać. Prawdopodobnie nabyły tę umiejętność w procesie udomawiania.

Chowanie ogona to oznaka strachu. Nie powinieneś wtedy pocieszać psa, odwróć raczej jego uwagę.

WARTO WIEDZIEĆ

Wymiana informacji

Znaczniki zapachowe znajdują się również w stolcu. Gruczoły okołoodbytowe (strona 102) wytwarzają wydzielinę zapachową wydalaną razem ze stolcem. Osobisty zapach psa zawiera informacje między innymi o jego płci, statusie, wieku, gotowości suki do zajścia w ciążę, a nawet słabościach fizycznych.

Pokazywanie zębów uchodzi wśród psów za sygnał groźby, mimo to potrafią rozpoznać, że śmiejący się człowiek jest do nich pozytywnie nastawiony. Niektóre przejęły tę formę komunikacji i stosują ją w kontaktach z ludźmi (zazwyczaj nie wobec każdego, tylko wobec szczególnie miłych dla nich dwunogów). Jednakże nie zachowują się tak wobec innych psów.

234. Węch: Czym jest narząd Jacobsona?

Chodzi o narząd na dnie jamy nosowej, który stanowi połączenie między nosem a pyskiem i prawdopodobnie wpływa na zmysł smaku. Narząd Jacobsona zapewne umożliwia także odbieranie zapachów seksualnych (feromonów). Zakłada się, że bodźce zapachowe przesyłane są przez narząd Jacobsona bezpośrednio do właściwego obszaru w mózgu, aby wywołać odpowiednią reakcję fizyczną.

235. Węch: Dlaczego psy mają tak dobry węch?

Ze wszystkich psich zmysłów węch jest najbardziej imponujący i znacznie lepszy niż u ludzi. Powierzchnia śluzówki węchowej psa zależy od rasy i ma przeciętnie 150 cm^2, czyli czterdziestokrotnie więcej niż u ludzi, i mieści około 175 milionów komórek węchowych. Człowiek ma tylko 8 milionów komórek węchowych. W dodatku wyjątkowy jest sposób wąchania: psy dosłownie wciągają

Zachowanie, zmysły i mowa ciała

powietrze, aby jeszcze intensywniej odbierać zawarte w nim zapachy. To pozwala czworonogom wyczuć molekułę zapachu, który człowiek może wychwycić jedynie w milion razy większej dawce. Odpowiedzialna za węch część mózgu psa jest lepiej wyposażona niż u człowieka i sprawniej opracowuje bodźce węchowe. Bardzo trudno nam ukryć emocje przed czworonożnymi towarzyszami, ponieważ są oni w stanie wywęszyć zmiany hormonalne zachodzące w naszym organizmie. Potrafią nawet odpowiednio wcześnie przewidzieć atak epilepsji lub rozpoznać po zapachu raka skóry.

236. Wiek: Czy rok życia psa zawsze odpowiada siedmiu latom życia człowieka?

Nie. Ta stara zasada się nie sprawdza. Na przykład roczny pies jest już dojrzały płciowo, a siedmioletni człowiek zdecydowanie nie. Jeśli chcemy porównać wiek psa z wiekiem człowieka, trzeba uwzględnić zawsze wielkość i rasę czworonoga. I tak

1 *Wzajemne obwąchiwanie to element psiego powitania. Zapachy ciała przekazują ważne informacje.*

2 *Oprócz płci przez zapach ciała psy poznają również swoją rangę i mogą się nawzajem ocenić.*

małe psy zwykle dojrzewają wcześniej, ale także żyją dłużej. W przypadku średniej wielkości psa można założyć, że jeden rok równa się 16 ludzkim latom, trzy psie lata – 30 ludzkim, siedem psich – 50 ludzkim, a 12 psich – 70 do 75 ludzkim.

237. Wilki: Czy psy rzeczywiście zachowują się dokładnie tak jak wilki?

Może to dotyczyć części zachowań, jednak pies nie jest wilkiem. Zgodnie z aktualnym stanem wiedzy, pies pochodzi od wilka. Specjaliści wciąż dyskutują jednak o tym, kiedy nastąpiło rozdzielenie gatunków, czy przed stoma, piętnastoma czy dwunastoma tysiącami lat. Oczywiście pies ma wiele wspólnego ze swoimi dzikimi przodkami. Znaczna część obecnej wiedzy o psach opiera się na wynikach badań nad wilkami – i często sprawdza się w wychowaniu i szkoleniu naszych towarzyszy. Mimo to psy w ciągu tysięcy lat rozwijały się niezależnie i wiele ich zachowań jest wilkowi zupełnie obcych – najlepszym

Wilki wykazują złożone zachowania społeczne, stosując różnorodne środki wyrazu, i są mistrzami adaptacji.

W naszych psach tkwi jeszcze wiele cech wilczych przodków, jednak ich zachowanie nie jest identyczne.

Zachowanie, zmysły i mowa ciała

tego przykładem jest szybkie przyzwyczajanie się do człowieka. Psy żyją w zupełnie innym otoczeniu niż wilki i dlatego musiały opracować inne strategie działania, aby przetrwać. Nie istnieje też jeden wzorzec wilczych zachowań. Wilki zachowują się w różny sposób, dostosowany do warunków i sytuacji, na które wystawione są w środowisku naturalnym.

Niestety wciąż prowadzonych jest niewiele badań naukowych dotyczących podstaw psiego zachowania. Byłoby dobrze, gdybyśmy wkrótce mogli dowiedzieć się więcej o naszym najlepszym przyjacielu.

238. **Włosy czuciowe: Czy mogę obciąć mojemu psu włosy czuciowe na pysku? Wyglądałby wtedy znacznie ładniej.**

Nie, w żadnym wypadku nie powinieneś tego robić. Wyobraź sobie, że musisz stale nosić rękawiczki, a twoje czucie jest przez to ograniczone. Czy byłoby ci miło? Na pewno nie, a obcięcie włosów czuciowych jest w pewnym stopniu porównywalne z tą sytuacją. Włosy te są połączone z licznymi nerwami i stanowią ważny element zmysłu dotyku psa. Są tak wrażliwe, że odczuwają nawet bardzo lekki wiatr. Dodatkowo włosy czuciowe pełnią ważną funkcję ochronną: porastają najbardziej wrażliwe miejsca. Jeśli pies chce na przykład włożyć głowę w szczelinę lub dziurę w ziemi, włosy pewniej niż oczy informują go o tym, czy dziura jest dość duża albo czy grozi mu skaleczenie.

239. **Wzrok: Czy psy potrafią widzieć w ciemnościach?**

Nie. Gdy jest całkiem ciemno, również psy nic nie widzą. Ich oczy potrafią jednak skuteczniej wykorzystywać resztki światła o zmierzchu, więc widzą wtedy lepiej niż człowiek. Dzieje się tak z dwóch powodów: po pierwsze, na siatkówce psa znajduje się więcej wrażliwych na światło komórek (pręcików) niż u nas, po drugie za siatkówką znajduje się warstwa (*Tapetum lucidum*), która odbija światło docierające do pręcików. Czasami można zobaczyć tę warstwę, gdy robimy psu zdjęcie aparatem z lampą, bo na odbitce widać odblask oczu.

240. **Zachowanie czystości: Czy to normalne, że nasz munsterlander zawsze popuszcza kilka kropel moczu, gdy nas wita?**

U szczenięcia jest to całkowicie normalne i stanowi oznakę uległości. Jeśli występuje często u starszych psów i towarzyszą temu inne oznaki uległości, może to świadczyć o stresie i niepewności. W takim wypadku należałoby poćwiczyć z psem podstawy posłuszeństwa i wykorzystać zabawy wychowawcze, by zapewnić mu poczucie bezpieczeństwa – wszystkie ćwiczenia przeprowadzamy stanowczo, ale spokojnie. Niektóre psy mają po prostu problemy z kontrolowaniem pęcherza, pomagają wtedy środki homeopatyczne. W żadnej sytuacji nie wolno psa karać! Powinniście jedynie krótko go powitać i nie robić wielkiego zamieszania w związku z powrotem do domu, żeby dodatkowo go nie pobudzać.

241. **Znaczenie terytorium: Dlaczego mój pies znaczy terytorium w obcych mieszkaniach?**

Zwykle pies postępuje tak, gdy w lokalu mieszkają również inne psy lub pomieszczenie zostało wcześniej oznaczone. Wynika to z terytorialnego zachowania psa, który chce to nowe, ale najwyraźniej ciekawe dla niego otoczenie oznaczyć swoim zapachem. Czasami chodzi jednak o prowokację i gest dominacji wobec pozostałych czworonogów. Wyjątkowi zuchwalcy rozglądają się nawet wcześniej dookoła, jakby chcąc się upewnić, że wszyscy zauważą ich zachowanie.

Zachowanie, zmysły i mowa ciała

ZACHOWANIA KOMUNIKUJĄCE

Na mowę ciała i mimikę składa się wiele elementów. Ich ocena jest możliwa tylko po dokładnej obserwacji psa i rozpoznaniu kontekstu.

ZACHOWANIE NEUTRALNE
Stojące uszy zwrócone do góry, przy opadających uszach nasada zwykle wyciągnięta do przodu. Ogon rozluźniony, odpowiednio do rasy. Spojrzenie spokojne.

IMPONOWANIE
Uszy lekko wygięte do przodu. Unikanie kontaktu wzrokowego. Chód na sztywnych nogach. Ogon wysoko uniesiony, ewentualnie ruchy kopulacyjne lub pozycja T (ustawianie się w poprzek innych).

GROŻENIE ATAKIEM
Uszy wskazują do tyłu. Kąciki pyska skrócone i zaokrąglone. Ogon uniesiony daleko ponad linię grzbietu, sierść nastroszona.

GROŻENIE OBRONĄ
Uszy ciasno położone z tyłu głowy, wargi tworzą szczelinę aż do zębów trzonowych, zęby odsłonięte. Ogon podwinięty.

NIEPEWNOŚĆ/LĘK
Uszy położone do tyłu. Niepewne spojrzenie, unikanie kontaktu wzrokowego. Skóra na pysku napięta, głowa spuszczona. Ogon podkulony pod brzuch.

ULEGŁOŚĆ
Uszy spłaszczone lub rozłożone. Wargi cofnięte, zęby schowane. Merdanie ogonem, ugięte łapy. Oblizywanie pyska.

Zostawanie samemu

242. Znaczenie terytorium: Czy tylko psy znaczą swój rewir?

Nie, bywają także pewne siebie suki, które świadomie zostawiają sygnały zapachowe i unoszą przy tym tylną nogę. Suki te czasami celowo postępują tak w obecności innych psów, by podkreślić swoją pozycję.

243. Znaczenie terytorium: Dlaczego psy unoszą nogę, gdy się załatwiają?

Przez unoszenie nogi sygnał zapachowy jest zostawiany wyżej, dzięki czemu łatwiej dociera do innych psów, ponieważ znajduje się na wysokości nosa. Niektóre psy unoszą nogę tak wysoko, że mają problemy z utrzymaniem równowagi. Świadome zostawianie sygnałów zapachowych można zaobserwować również wtedy, gdy pies wydala stolec. Wiele wybiera w tym celu dobrze widoczne miejsca, na przykład na wzgórku lub na pniu drzewa.

244. Zostawanie samemu: Dlaczego mój pies zawsze szczeka, gdy zostaje sam?

Szczeka, ponieważ znajdujesz się poza jego zasięgiem. Dla psów jest bardzo ważne to, by przebywać razem ze swoimi członkami stada. Jeśli pies zostaje oddzielony od grupy, próbuje przez szczekanie lub wycie nawiązać kontakt z pozostałymi psami. To zatem zupełnie normalne zachowanie. Ponieważ jednak nie zawsze można dotrzymywać czworonogowi towarzystwa całą dobę, należy stopniowo przyzwyczajać go do parogodzinnych rozstań. Trening zaczynamy od tego, że wychodzimy do sąsiedniego pomieszczenia i na krótko zamykamy za sobą drzwi, np. gdy pies jest zajęty zabawką bądź gryzakiem. Po chwili ponownie wchodzimy do pokoju, w którym znajduje się pies. Tylko w ten sposób twój czworonóg może się nauczyć, że jego partnerzy społeczni nie zostawią go i wrócą.

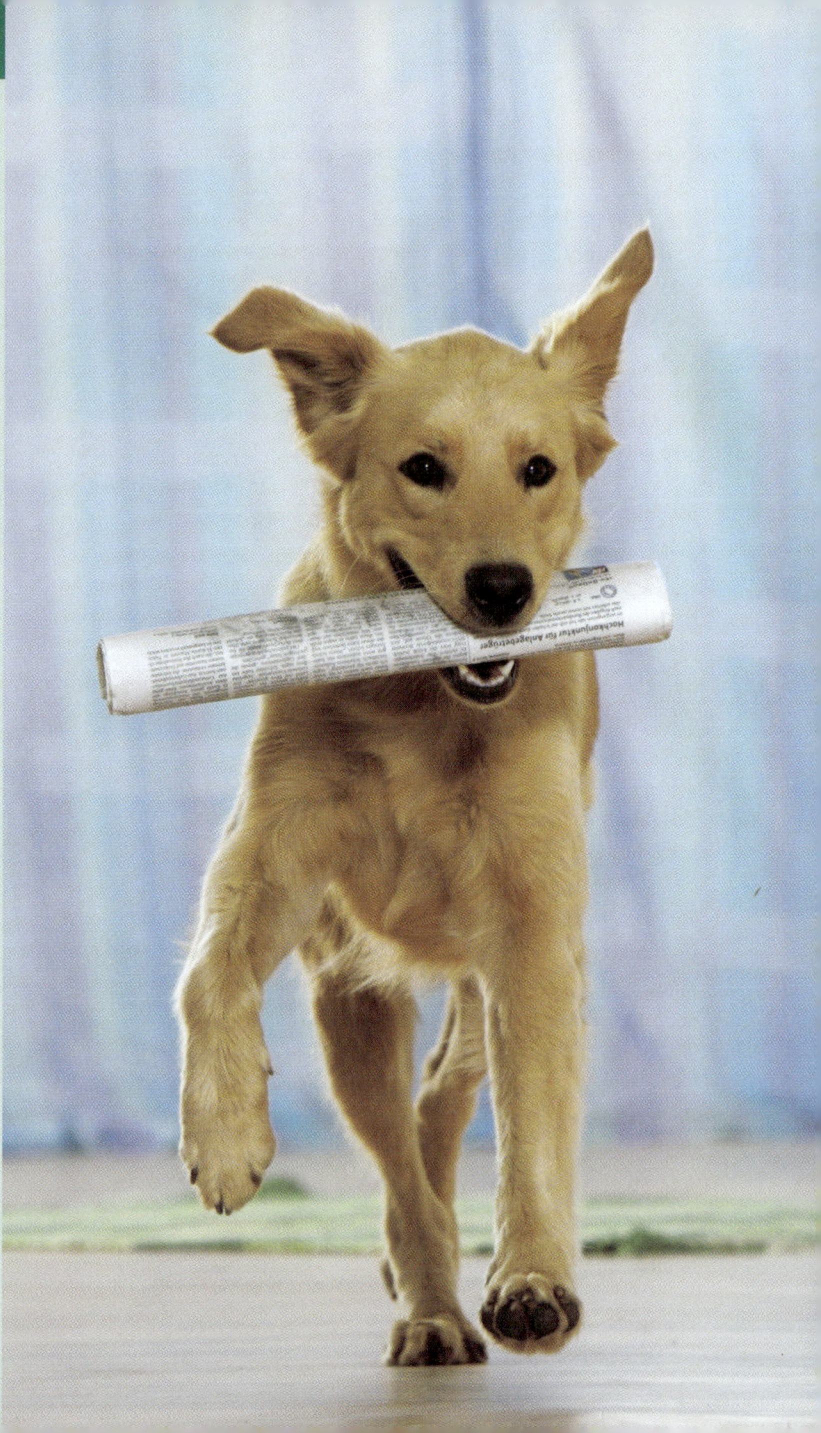

Wychowanie, zabawy i zajęcia

Psom trzeba stawiać wymagania i udzielać im wsparcia, trzeba wyznaczać im jasne granice. Na kolejnych stronach znajdziesz odpowiedzi na najczęstsze pytania o wychowanie, zabawy i zajęcia dla psów.

Wychowanie, zabawy i zajęcia

245. Agility: Czy z moim sześciomiesięcznym dobermanem mogę już brać udział w zawodach agility?

Nie, pies, by wziąć udział w zawodach agility, musi mieć przynajmniej 15 miesięcy. Wcześniej nie powinien trenować tego sportu, ponieważ zbytnio obciąża on stawy i kręgosłup, np. podczas skoków i slalomów (strona 202). Jeśli chcesz zacząć przygotowania już teraz, możesz poćwiczyć z dobermanem na przeszkodach, które nie obciążają stawów, typu tunel, kładka lub stół.

246. Biegacze: Jak odzwyczaić mojego jack russell terriera od gonienia za biegaczami?

Skorygowanie tego zachowania nie jest łatwe i często wymaga profesjonalnej pomocy (wskazówka, strona 175). Najlepiej jest, oczywiście, zaznajomić szczenię z biegaczami i przedstawić mu ich jako coś całkowicie naturalnego i bezpiecznego. Jeżeli tego zaniedbaliśmy, należy skierować psa na właściwą drogę przez obszerny program treningowy. Dodatkowo trzeba krytyczne przyjrzeć się warunkom trzymania teriera, sprawdzić, czy ma wystarczająco dużo zajęć, a jeśli nie, zadbać o to. Dopóki

> *Frisbee to świetny sport dla psa – jednak wcześniej weterynarz powinien zbadać stawy i grzbiet czworonoga.*

problem nie zostanie rozwiązany, pies nie powinien biegać swobodnie, lecz być wyprowadzany na długiej smyczy (strona 35). W ten sposób będziesz mógł go w każdej chwili kontrolować. Gdy zobaczysz biegacza, powinieneś przywołać psa do siebie i kazać mu usiąść. Jeśli wykona polecenie, musisz go pochwalić i dać mu atrakcyjny przysmak (strona 188). Ze względów bezpieczeństwa powinieneś nastąpić na smycz, żeby pies nie mógł pogonić za biegaczem. Jeśli ta łagodna metoda nie wystarczy, możesz zastosować dyski treningowe (Wskazówka, strona 201). W sytuacjach szkoleniowych poproś kogoś o odegranie roli biegacza.

247. **Chwalenie: Mój rottweiler zawsze się uchyla, gdy pochylam się, by go pochwalić. Czy robię coś źle?**

Gdy pies pochyla się nad innym, na przykład staje nad nim i kładzie głowę na jego grzbiecie, jest to oznaka dominacji. Jeżeli przeciwnik uznaje tę przewagę, reaguje uległością, którą w zależności od sytuacji wyraża w różnej formie. Jedną z nich jest „kulenie się". Twój rottweiler zachowuje się wobec ciebie ulegle albo pokornie i uspokajająco (strona 162). Ponieważ w chwaleniu nie chodzi o poniżenie psa, lecz o połączenie jego zachowania z pozytywnymi doznaniami, w przyszłości powinieneś unikać pochylania się nad zwierzęciem. Zachowaj pewien dystans, ukucnij, żeby nie doszło do nieporozumień, i pogłaszcz go po uchu lub szyi.

WARTO WIEDZIEĆ

Biegacze i inni
Przyczyn prześladowania biegaczy przez psy jest wiele: popęd łowczy, nuda, problemy z zaakceptowaniem hierarchii i wyuczone zachowanie. Niezależnie od tego, co skłania czworonoga do takiego zachowania, pogoń za biegaczem sprawia mu przyjemność, ponieważ w ten sposób może zrealizować głęboko w nim zakorzenioną potrzebę ruchu.

Wychowanie, zabawy i zajęcia

248. Chwalenie: Jak powinienem chwalić mojego mieszańca owczarka?

Chwalenie służy do tego, by czworonóg skojarzył dane działanie z czymś pozytywnym i w przyszłości chętnie je powtarzał (Wskazówka, strona 177). Działanie i pochwała powinny nastąpić niemalże w tym samym czasie. Ważny jest wysoki ton głosu, wyrażający zadowolenie. Powinieneś używać słów, które kojarzą ci się pozytywnie i które wymawiasz wyższym tonem, na przykład „Och, jak wspaniale!". Owszem, brzmi to nieco śmiesznie i w miejscu publicznym może przyciągać niepożądaną uwagę, ale powinieneś sobie poradzić. Aby słowa dotarły do psa, twoja mowa ciała musi je potwierdzać, nie możesz sprawiać groźnego lub onieśmielającego wrażenia, twoja postawa powinna wyrażać całą twoją radość. W chwaleniu ważne jest zatem, żeby być autentycznym i naprawdę się cieszyć. Pozytywne emocje przenoszą się wówczas na czworonoga. Warto poćwiczyć przed lustrem pełne zachwytu, wylewne chwalenie.

249. Drugi pies: Niedługo dostaniemy drugiego psa. Na co powinienem zwracać uwagę w jego wychowaniu?

Drugi pies również musi nawiązać z tobą więź. Osiągniesz to, indywidualnie ćwicząc z nim podstawy posłuszeństwa (strona 193) i poświęcając czas na zabawy tylko z nim. Jednocześnie pamiętaj, by nie zaniedbywać „starego" psa. Podczas wspólnych ćwiczeń nowy domownik może uczyć się od drugiego, już dobrze wychowanego czworonoga. Aby wydawać zwierzętom osobne polecenia, wcześniej wymieniaj zawsze imię danego psa, mów na przykład „Kira, siad!". Aby wydać polecenie obu jednocześnie, mów „Psy, siad!". W ten sposób każdy z twoich czworonogów będzie wiedział, że zwracasz się do niego po imieniu albo przez „psy". Zaakceptuj hierarchię, którą zwierzęta ustalą między sobą.

Dyscyplinowanie

250. **Dyscyplinowanie: Jak mam ukarać mojego sznaucera olbrzyma, nie stosując przy tym przemocy?**

Przemoc i bicie nie powinny być elementem wychowania psów. Istnieje wiele odpowiednich sposobów na to, by skorygować niepożądane zachowanie. W zależności od sytuacji można stosować różne środki. Bardzo skutecznym sposobem jest ignorowanie psa. Idealnie sprawdza się na przykład wtedy, gdy pies ciągle ujada lub żebrze. W takiej sytuacji w ogóle nie zwracamy na niego uwagi, unikamy również wszelkiego kontaktu wzrokowego. Czasami wymaga to wiele samozaparcia, ale przynosi pożądany efekt, bo zwierzę uczy się, że takie zachowanie nie prowadzi do celu. Ignorowania nie można jednak stosować jako kary, na przykład ignorowanie psa cały dzień, ponieważ pogryzł but – nie przyniesie oczekiwanych rezultatów, ponieważ zwierzę nie skojarzy swojego występku z naszym zachowaniem.

Jeśli jednak przyłapiesz psa na kradzieży lub niszczeniu przedmiotu, oczywiście nie możesz tego zignorować, ponieważ tego rodzaju zachowanie psa samo w sobie stanowi dla niego nagrodę (sprawia przyjemność) i należy je przerwać. Powiedz surowo „nie!". Gdy jesteś naprawdę zagniewany i chcesz, by pies to odczuł, powinieneś zastosować odpowiedni ton głosu: niski i groźny.

Inaczej wygląda dyscyplinowanie psa, gdy ćwiczysz wykonywanie poleceń. Jeśli pies na przykład wstaje na komendę „zostań", nic nie mówiąc, odprowadź go na miejsce i spróbuj ponownie.

WSKAZÓWKA

Warunkowanie instrumentalne

Warunkowanie instrumentalne, zwane również warunkowaniem sprawczym, to klasyczna forma nauki. Pies otrzymuje bodziec (np. komendę) i w odpowiedzi na nią wykonuje działanie, które zostaje wzmocnione (np. przez nagrodę lub karę). Jeśli wzmocnienie jest pozytywne, pies z reguły powtórzy dane zachowanie, jeśli negatywne, porzuci je. Przykład: mówisz „siad!", pies siada, otrzymuje za to przysmak – w ten sposób uczy się wykonywania tego polecenia.

Wychowanie, zabawy i zajęcia

Jeżeli twój sznaucer zna komendę „siad", ale jej nie wykonuje, możesz podkreślić żądanie przez lekkie potrącenie kolanem. Chwyt za pysk (zdjęcie, strona 154) możesz zastosować na przykład wtedy, gdy szczenię ostrymi jak noże ząbkami szczypie twoją rękę, pies gryzie smycz albo ma coś w pysku i nie chce oddać. W ten sposób wyznaczasz mu wyraźne granice. W zależności od sytuacji chwytaj psa słabiej lub mocniej. Jeśli jednak pies wyszczerza już zęby, nie powinieneś stosować tej metody. Takie czworonogi potrafią szybko złapać zębami za rękę.

Tak zwany przewrót alfa powinieneś stosować tylko w wyjątkowych sytuacjach i w obecności trenera psów. Pies zostaje bez komentarza rzucony na plecy i tak długo jest przytrzymywany na ziemi, aż przestaje stawiać opór i się poddaje. Jednak w wypadku dużych i silnych czworonogów jest to trudna metoda, ponieważ rzadko możemy się z nimi zmierzyć.

251. **Elektryczna obroża: Jak działa tak zwany teletakt?**

Urządzenie porażające prądem jest schowane w specjalnej obroży. Jeśli pies robi coś niepożądanego, można zdalnie wywołać impuls elektryczny. Przerywa on dane zachowanie i powoduje u psa skojarzenie konkretnego działania z negatywnym przeżyciem. Celem stosowania takiej obroży jest sprawienie, by pies unikał określonych zachowań. W idealnym wypadku wystarczy kilka „kopnięć" prądem, a obroża jest później noszona tylko jako atrapa. Wychowywanie psa w ten sposób jest bardzo kontrowersyjne i krytykowane przez większość weterynarzy i trenerów psów. Mimo to obroże tego typu czasami stosuje się w trudnych sytuacjach, na przykład u zdziczałych psów, u których popędu łowczego nie daje się kontrolować żadnymi innymi środkami. W tych wyjątkowych wypadkach zastosowanie teletaktu – wyłącznie przez doświadczonego i kompetentnego trenera psów – może być usprawiedliwione. Niestety, wspomniane urządzenia są powszechnie dostępne w sprzedaży, a ich niewłaściwe i stałe stosowanie jako wygodnej meto-

Grupa zabaw dla szczeniąt

dy kontroli zwykle prowadzi u psa do poważnych zaburzeń zachowania. Wykorzystywanie elektrycznej obroży lekkomyślnie lub przez niewyszkoloną osobę stanowi wręcz naruszenie *Ustawy o ochronie zwierząt*. Zanim sięgniemy po teletakt, warto spróbować skorygować zachowanie psa za pomocą obroży ze sprężonym powietrzem. Przez zdalne sterowanie z obroży wstrzykiwany jest pod głowę strumień powietrza. Również tę pomoc wychowawczą można jednak stosować tylko w porozumieniu z kompetentnym trenerem psów, o ile zawiodły pozostałe metody wychowawcze.

252. **Frisbee: Mój golden retriever ma zwyrodnienie stawów. Czy mimo to mogę z nim grać we frisbee?**

Niestety, muszę to odradzić. Gdy twój pies podczas gry we frisbee opada po skoku na ziemię lub zatrzymuje się z pełnego rozpędu, jego stawy podlegają dużym obciążeniom. Dlatego niewskazane są wszystkie zabawy, które wymagają gwałtownych ruchów, np. skakanie, chwytanie rzucanego patyka lub piłki. Mimo to należy przeprowadzić z nim zabawy ruchowe, które nie są nadmiernie obciążające, na przykład aportowanie ukrytej wcześniej zabawki typu dummy. Bardzo korzystne byłoby dla niego także regularne pływanie. Rzadko spaceruj z nim po asfalcie, a częściej po miękkim podłożu.

253. **Grupa zabaw dla szczeniąt: Po czym poznać dobrą grupę zabaw dla szczeniąt?**

W kursie dla szczeniąt mogą uczestniczyć tylko zdrowe i zaszczepione psy. Na jednego opiekuna nie powinno przypadać więcej niż osiem szczeniąt, najlepiej różnych ras. Wiek psów powinien wynosić od 9 do 16 tygodni, u niektórych ras do 18 tygodni. Psy mogą być różnego wzrostu i reprezentować odmienne temperamenty i stadia rozwoju, jeśli tylko żadne z mniej-

Wychowanie, zabawy i zajęcia

szych lub młodszych szczeniąt nie jest prześladowane. Trener powinien czujnie pilnować grupy, ale nie musi interweniować przy każdej niewinnej przepychance.

Na placu i poza nim szczenięta zapoznają się z rozmaitymi sytuacjami, dźwiękami, powierzchniami i innymi zwierzętami, ale nigdy nie są zmuszane do działania. W formie zabawy uczą się pierwszych komend, lecz mogą też swobodnie pobaraszkować. Bardzo ważne są zabawy wzmacniające więź z człowiekiem, takie jak przywoływanie, oraz ćwiczenie właściwych zachowań na smyczy, na przykład nauka, że nie jest to pora na zabawę. Oprócz prowadzenia zajęć praktycznych trener przekazuje także właścicielom teoretyczną wiedzę o zwierzętach, służy radą w razie indywidualnych problemów, chętnie i cierpliwie odpowiada na każde pytanie, również po zakończeniu szkolenia. Przed zapisaniem psa na kurs warto przeprowadzić z trenerem wstępną rozmowę (strona 204). Zaletą jest, jeśli trener zabierze czasami na plac dobrze wychowanego psa, by pokazać wam efekty ćwiczeń. Dzieci są mile widziane i mogą brać udział w niektórych ćwiczeniach, ale powinien im towarzyszyć członek rodziny.

254. **Grzebanie w ziemi: Jak mogę oduczyć mojego cairn terriera rozgrzebywania rabaty z różami?**

Zaangażowanie twojego teriera w kształtowanie ogrodu może mieć różne przyczyny. Najczęstsze to wrodzone skłonności i nu-

WARTO WIEDZIEĆ

Logiczne myślenie
Psy uczą się tak jak ludzie. Border collie Rico zna nazwy ponad 250 psich zabawek i uczy się nowych przez „szybkie przyporządkowanie", rodzaj procesu eliminacji. Do takich wniosków doszli naukowcy z Instytutu Maksa Plancka po trzech latach badań. Do tej pory to logiczne wywodzenie nazw przedmiotów uchodziło za typowo ludzką umiejętność. Teraz trzeba ustalić, czy Rico jest cudownym psem, czy wszyscy jego pobratymcy byli niedoceniani.

Hotel dla zwierząt

da. Wiele terierów chętnie i intensywnie kopie w ziemi w poszukiwaniu myszy. Czy powodem tego jest również brak innych zajęć, musisz ocenić na podstawie pozostałych zachowań psa i tego, ile poświęcasz mu uwagi. Jeśli kopanie wynika z nudy, koniecznie powinieneś zapewnić psu więcej zajęć i pozwolić mu wyładować energię. Aby nie musiał porzucać tego typowego dla terierów „hobby", możesz zainteresować go innym miejscem w ogrodzie, na przykład wypełnić starą piaskownicę mieszanką ziemi i piasku i schować tam kilka przysmaków i zabawek. Jeśli nie masz takiej możliwości, zabroń psu rozkopywania rabaty surowym „nie!", ale daj mu okazję do grzebania w ziemi podczas spacerów. Surowsze środki nie są, moim zdaniem, w tym wypadku usprawiedliwione, ponieważ kto trzyma cairn terriera, musi liczyć się z tym, że będzie on kopać w ziemi.

255. **Hotel dla zwierząt: Po czym poznam dobry hotel dla zwierząt?**

Najlepsze byłoby, oczywiście, takie miejsce, w którym pies zostałby zintegrowany z domową społecznością. Jeśli nie ma takiej możliwości, wybiegi dla psów powinny być przestronne i czyste, nie mogą nieprzyjemnie pachnieć i muszą mieć zapewniony dostęp dziennego światła. Sprawdź, czy opiekunowie często i intensywnie zajmują się psami. Oprócz spacerów w programie zajęć powinny być także sport i zabawa, w miarę możliwości z innymi psami, oraz pieszczoty.

Dobrym znakiem jest zawsze to, że opiekunowie chcą się dużo dowiedzieć o twoim psie, zaczynając od jego nawyków żywieniowych, przez ewentualne choroby i przyjmowane leki, po uspołecznienie i posłuszeństwo. Tylko dzięki temu można zyskać pewność, że pies będzie miał najlepszą opiekę.

Oczywiście do hotelu powinny być przyjmowane tylko czworonogi zaszczepione na najbardziej niebezpieczne choroby (Warto wiedzieć, strona 124) i niechorujące zakaźnie. Obejrzyj dokładnie hotel dla zwierząt, zanim zostawisz w nim psa. Dowiedz się także o opiekę weterynaryjną.

Wychowanie, zabawy i zajęcia

256. **Jedzenie odpadków:** Jak oduczyć psa jedzenia na spacerze odchodów i resztek pożywienia znalezionych na skraju drogi?

Jeżeli psy na spacerze zjadają odchody roślinożerców, jest to nieprzyjemne, ale niezbyt szkodliwe (strona 103). Problem pojawia się, gdy są to odchody innych psów. Tą drogą mogą być przenoszone na przykład pasożyty. Zjedzenie resztek pożywienia znalezionych na skraju drogi jest naturalnym zachowaniem zwierzęcia, zapewniającym przeżycie dzikim psom. Jednak posiłek taki, oprócz tego, że w naszych oczach bardzo nieapetyczny, może się skończyć śmiercią psa, na przykład gdy odpadki doprawiono trucizną, co niestety czasami się zdarza. Posłuszne psy dają się odciągnąć od znaleziska poleceniem „fuj!" (to oznacza, że pies nie powinien podnieść resztek) lub „oddaj!" (strona 192). Jeśli to nie pomaga, możesz rzucić obok psa puszkę wypełnioną kamieniami, by go przestraszyć, lub zastosować dyski treningowe (strona 223). Ostatecznym rozwiązaniem jest terapia awersyjna, polegająca na podkładaniu psu przynęt wypełnionych nieapetycznymi substancjami. Jakie substancje nadają się do tego celu, musisz ustalić z weterynarzem.

257. **Kanapa:** Czy to prawda, że psom nie wolno leżeć na kanapie?

Nie można udzielić jednoznacznej odpowiedzi na to pytanie. Leżenie na podwyższonym miejscu (na przykład kanapie lub łóżku), które służy również człowiekowi, czyli przywódcy danej grupy, jest dla psa przywilejem. Jeśli człowiek wyraźnie sprawuje rządy, a pies w pełni akceptuje jego przywódczą rolę i dobrowolnie, bez ociągania się opuszcza kanapę, gdy „szef" chce tam spocząć, z reguły nie ma przeciwwskazań, by czasami na niej leżał. Natomiast gdy mamy do czynienia ze zwierzęciem „zadziornym", które lubi sprawdzać granice i słabe punkty człowieka, miejsce na kanapie powinno pozostać dla niego niedostępne. W przeciwnym razie otrzymuje fałszywy sygnał i może zacząć postrzegać siebie jako wyższego rangą od człowieka. Rodzi to problemy zwłaszcza wtedy, gdy właściciel nie jest konsekwentny i nie umie postawić na swoim tak, jak powinien. Siadanie na kanapie musi być zabronione, jeśli pies warczy na ludzi lub wręcz gryzie! Jeżeli nie potrafisz jeszcze ocenić zachowania swojego psa, lepiej zabroń mu przebywania na kanapie. „Kwestia kanapowa" wymaga przemyślenia i podjęcia decyzji jeszcze przed przyjęciem psa do domu. Gdy siadanie na kanapie jest zakazane, należy być konsekwentnym, każdy wyjątek dezorientuje psa. Jeżeli jednak wolno mu siedzieć na kanapie, będzie to robić również po powrocie ze spaceru w deszczu, z zabłoconymi łapami – rozwiązanie trudne do przyjęcia dla pedantycznych pań i panów domu.

258. **Karanie: Dawniej potrząsało się psa za kark, by go ukarać. Dlaczego dziś już się tego nie robi?**

Stwierdzono, że potrząsanie za kark nie jest odpowiednią karą dla psów, lecz że gest ten wywodzi się z zachowań łowczych. Psy potrząsają upolowaną zwierzyną. Szczenięta, co prawda, stosują takie potrząsanie w zabawie, ale służy to do nauki techniki polowania, a nie stanowi typowego dla gatunku zachowania społecznego. Zgodnie z obecnym stanem wiedzy, odpowiednią dla psów naganą jest chwyt za pysk (zdjęcie, strona 154).

259. **Karmienie: Mój pies zawsze warczy i próbuje mnie chwycić, gdy podchodzę w pobliże jego miski. Jak mogę go tego oduczyć?**

Karma jest niezbędna do życia – stanowi dla psów ważny zasób. Nawet czworonóg, który nigdy nie głodował, może się tak zachowywać. Jeśli jego zachowanie jest skierowane przeciw

Wychowanie, zabawy i zajęcia

ludziom, zazwyczaj oznacza to problemy z hierarchią: pies nie uznaje twojego autorytetu. Właśnie dlatego ćwiczenia odbierania karmy należy rozpocząć już ze szczenięciem. Skorzystaj z pomocy trenera psów, by wzmocnić swoją pozycję w domowej wspólnocie. Pies musi się nauczyć, że ty jesteś „panem" miski. Początkowo powinien otrzymywać jedzenie z twojej ręki tylko w ramach ćwiczeń wychowawczych, bardzo praktyczna jest wtedy sucha karma. Za każde poprawnie wykonane polecenie, na przykład „siad", „leżeć" lub „zostań", pies otrzymuje kawałek karmy. Musi też pamiętać, że wolno mu wziąć kęs tylko wtedy, gdy mu na to pozwolisz, na przykład mówiąc „teraz" albo „weź". Gdy się tego nauczy, możesz kontynuować ćwiczenia, trzymając w ręku miskę. Poprawne wykonanie zadania nagradzasz dostępem do miski, a za niepożądane zachowanie karzesz tymczasowym odebraniem jej.

260. Kastracja: Mój doberman jest nieposłuszny. Czy kastracja pomoże?

Sama kastracja nie czyni psa posłusznym. W niektórych wypadkach rzeczywiście może jednak sprawić, że pies łatwiej się uczy. Nareszcie nie przeszkadzają mu hormony i związane z nimi „zakochiwanie się" i przybieranie postawy macho. Zanim rozważysz ten krok, powinieneś ustalić z dobrym trenerem i weterynarzem, czy kastracja rzeczywiście jest konieczna. W większości wypadków nieposłuszeństwo można opanować przez trening wychowawczy, podczas którego zarówno pies, jak i człowiek przechodzą intensywne szkolenie.

261. Klatka przewozowa: Jak przyzwyczaić szczenię do klatki transportowej?

Początkowo zostaw klatkę otwartą w pokoju, dla zachęty włóż do niej zabawki i kości do gryzienia i karm malca wyłącznie w klatce. Jeśli chętnie wchodzi do środka, możesz na krótko zamknąć drzwi, najlepiej, kiedy pies jest zmęczony po spacerze. Jeśli czasem zaskomli, możesz do niego podejść dopiero wtedy, gdy na chwilę się uspokoi. W przeciwnym razie nauczy się, że skomlenie przyciąga twoją uwagę. Jeżeli wszystko idzie dobrze, stopniowo wydłużaj przebywanie w klatce, aż stanie się ono dla psa oczywiste. Zamknięcia w klatce nigdy nie stosuj jako kary, miejsce to powinno kojarzyć się wyłącznie pozytywnie.

262. **Koń: Jak powinienem się zachować, gdy idąc z psem, napotkam osobę jadącą konno?**

Zawsze powinieneś dawać psu dobry przykład, by nie dopuścić do lęków i nieporozumień. W tym celu przywołaj psa do siebie i każ mu siedzieć obok, aż koń i jeździec was miną. Zdziwisz się, jak wielu jeźdźców szczerze za to dziękuje. Podobnie należy się zachować, spotykając na drodze rowerzystę, osobę jeżdżącą na deskorolce itd.

263. **Koty: Mamy w domu dwa koty. Niedawno zmarł nasz pies i chcemy wziąć ze schroniska nowego. Jak przyzwyczaić go do kotów?**

Zaletą jest to, że koty mają już doświadczenia w kontaktach z psami, a zatem prawdopodobnie spokojnie zareagują na nowego domownika. Idealnie byłoby wybrać psa, który również przebywał już z kotami. Wtedy nie powinno być żadnych problemów. Jeśli jednak nie znacie przeszłości psa ze schroniska, wchodząc z nim po raz pierwszy do mieszkania, powinniście wziąć go na długą smycz. Postarajcie się zachować spokój i unikać jakiejkolwiek nerwowości. Koty powinny mieć możliwość wycofania się na pieniek do drapania lub szafę. Pozwólcie czworonogowi na smyczy dokładnie zbadać pokój. Jeśli będzie chciał rzucić się na koty, musicie natychmiast i stanowczo go powstrzymać. Niech od początku nauczy się, że koty należą do waszej grupy społecznej i są nietykalne. Zostawcie zwierzęcych domowników pod nadzorem i ingerujcie tylko wtedy, gdy pies goni koty. W żadnym wypadku nie powinniście wymuszać bliskości i kontaktu zwierząt – do tego dojdzie w naturalny sposób, gdy wszyscy będą na to gotowi.

264. **Lęk: Czy powinienem pocieszać psa, gdy przestraszy się przejeżdżającej ciężarówki?**

To typowo ludzkie zachowanie, ale w kontaktach z psem zupełnie niewskazane. Gdy twój czworonóg się boi, a ty go pocieszasz, nie rozumie on słów, tylko słucha tonu głosu. Przyjazny ton oznacza dla psa, że zachowuje się właściwie – w ten sposób wzmacnia jego zachowanie. Gdy pocieszasz psa, ten rozumie to następująco: „Grzeczny pies, masz rację, że się boisz, to naprawdę niebezpieczna sytuacja". W rezultacie na widok następnej ciężarówki okaże jeszcze większy strach, który będzie się nasilał z każdym pocieszeniem. Znacznie bardziej pomożesz psu, jeśli będziesz dawać mu dobry przykład i zachowasz spokój. Po prostu zignoruj czworonoga i idź dalej. Jeżeli pies pozwala do siebie przemówić, możesz spróbować odwrócić jego uwagę przez proste ćwiczenie, które na pewno zrobi dobrze. Gdy wykona polecenie i zostanie za to pochwalony, ciężarówki pewnie przestaną mu się wydawać tak groźne. Nie możesz jednak okazać niecierpliwości albo krzyczeć na psa, to go tylko zdezorientuje. W wypadku poważnych problemów lękowych warto zasięgnąć rady trenera psów (strona 204).

265. **Metody wychowawcze: Istnieje tak wiele metod wychowania psów. Która jest najlepsza?**

Nie ma jednoznacznej odpowiedzi na to pytanie. Zasadniczo wychowanie psów powinno opierać się na wzmocnieniach

Motywacja

pozytywnych (Wskazówka, strona 177), ale tam, gdzie jest to konieczne, należy wyznaczać psu jasne granice. Czytając specjalistyczne książki, odwiedzając szkoły dla psów i ewentualnie uczestnicząc w seminariach, możesz poznać różne metody wychowawcze. W wielu wypadkach nie wystarczy stosowanie jednej metody, lecz dopiero połączenie elementów różnych sposobów wychowania prowadzi do osiągnięcia celu. Ważne jest, by dana metoda spodobała się i tobie, i psu i byś potrafił ją skutecznie realizować. Nawet najlepsze techniki nic nie dadzą, jeśli ze względu na swoją osobowość nie potrafisz ich odpowiednio zastosować, bo jesteś na przykład niezdecydowany lub zbyt szorstki. Jeśli nie masz pewności, powinieneś w wychowaniu psa kierować się radami dobrze przygotowanego trenera psów, który przekaże ci wiele cennych wskazówek i opinii.

266. **Motywacja:** **Mój whippet nie lubi przysmaków. Jak mogę zmotywować go do ćwiczeń?**

Tutaj potrzebna jest wyobraźnia. Być może, znajdzie się jednak kąsek, dla którego twój smakosz będzie gotów na wszystko. Wypróbuj na przykład smażoną wątróbkę, kawałki indyka, gotowany makaron itd. Niektóre psy można także motywować zabawkami. Wykorzystaj do ćwiczeń ulubione piszczące zwierzątko swojego whippeta albo pobaw się z nim lub pobiegaj w ogrodzie, gdy dobrze wykona zadanie. Zawsze bardzo ważne jest celowe stosowanie głosu (strona 176), by wzmocnić zacho-

WSKAZÓWKA

Idealne przysmaki

Przysmaki świetnie nadają się do motywowania psa. Dlatego obowiązuje zasada: im trudniejsze ćwiczenie, tym atrakcyjniejsze powinny być kąski. Ważne, by przysmaki były miękkie i nie wymagały przeżuwania, lecz by pies mógł je szybko połknąć. Odpowiednie są na przykład kawałki sera i indyka. W sklepach zoologicznych kupisz praktyczne torebki na przysmaki.

Wychowanie, zabawy i zajęcia

wanie psa, ponieważ nie każdy daje się zmotywować zabawką lub smakołykiem.

267. Nagradzanie: Czy muszę nagradzać psa za każdym razem, gdy dobrze wykona polecenie?

Nie, nie jest to konieczne. Przysmaki świetnie sprawdzają się przy ćwiczeniu nowej komendy, jednak gdy została już dobrze opanowana, psu powinna wystarczyć entuzjastyczna pochwała. Gdy czworonóg nauczy się wykonywać polecenie, możesz ograniczyć nagradzanie przysmakami. Za właściwe wykonanie ćwiczenia nagradzaj go tylko czasami, a częściej tylko chwal, aż kiedyś nie będziesz już musiał podawać przysmaku. Przy ograniczaniu nagród ważne jest, by nie przyzwyczaić się do nagradzania zwierzęcia co dwa lub trzy razy – sprytne zwierzę szybko przejrzy taki schemat i będzie cię słuchać tylko wtedy, gdy czeka je nagroda.

268. Nauka: Kiedy wychowanie psa jest zakończone?

Psy uczą się przez całe życie i równie długo trwa ich wychowywanie. Co prawda, psa można nauczyć wykonywania podstawowych poleceń w ciągu kilku dni, ale nie oznacza to wcale zakończenia szkolenia. Do procesu nauki należy także przypominanie i utrwalanie tego, co pies już umie, i przez konsekwencję

WARTO WIEDZIEĆ

Nauka
Psy uczą się stale, nawet jeśli akurat nie staramy się ich niczego nauczyć. Jeżeli na przykład głodny czworonóg dostał kiedyś karmę, ponieważ szczekał, sztuczki z ujadaniem spróbuje znowu. Dlatego ważne jest, by w wychowywaniu psa nie pozwalać sobie na żadne wyjątki i niekonsekwencję – zwierzę na pewno wyciągnie z tego wnioski i odpowiednio zareaguje.

budowanie solidnych podstaw psiego zachowania. Szczenięta uczą się szybciej, a opanowane treści głębiej w nie zapadają, jednak również dorosłe i starsze psy potrafią się wiele nauczyć i mają niewiarygodną zdolność adaptacji.

269. **Niemowlę: Za trzy miesiące urodzi nam się dziecko. Jak przyzwyczaić naszego psa do niemowlęcia?**

Moje wskazówki dotyczą tylko dobrze socjalizowanego psa. Jeśli obawiacie się problemów, powinniście zwrócić się o radę do trenera psów. Ważne jest, by pies opanował podstawowe komendy, co wam i jemu da poczucie pewności. Jeśli do tej pory nie miał kontaktu z niemowlętami i małymi dziećmi, powinniście mu umożliwić takie spotkanie i zadbać o związane z nim pozytywne doświadczenia. Już przed narodzinami pozwólcie psu poznać nowego członka rodziny, niech położy głowę na twoim brzuchu i obejrzy pokój dziecinny. Gdy dziecko przebywa jeszcze w szpitalu, ktoś z rodziny powinien dać psu pieluchę pachnącą noworodkiem, żeby poznał jego zapach. Odpowiednio wcześnie zacznijcie przyzwyczajać czworonoga do tego, że odsyłacie go na posłanie, gdzie ma spokojnie leżeć, wtedy nie będzie kojarzyć tego polecenia z dzieckiem.
Gdy wrócicie z dzieckiem do domu, zdajcie się na własne wyczucie. W żadnym wypadku nie zaniedbujcie psa i zachowajcie ustalony rytm dnia, żeby nie odebrał dziecka jako „zakłócacza spokoju". Najlepiej jest oczywiście, gdy czworonóg może obwąchać niemowlę od góry do dołu i w ten sposób je powitać. Sami zdecydujcie, czy należy go trzymać na smyczy i na odległość, czy pozwolić mu wąchać swobodnie. Pamiętajcie jednak, że dziecko będzie dla psa tym bardziej „interesujące", im bardziej będziecie trzymać go od niego z daleka. I tym krytyczniej będzie je postrzegać. Poproście również przychodzących gości, by okazywali psu tyle samo zainteresowania, co dawniej. Jeśli macie zaufanie do swego czworonoga, powinniście jak najczęściej pozwalać mu na kontakt z niemowlęciem, np. sie-

Wychowanie, zabawy i zajęcia

dzieć obok stołu do przewijania i wąchać pieluchy lub kupki malucha. Gdy tylko macie przy sobie jednocześnie psa i dziecko, radzę wam rozmawiać i bawić się z czworonogiem więcej niż podczas nieobecności dziecka, aby kojarzył te pozytywne doświadczenia z niemowlęciem. W żadnym wypadku nie wolno jednak zostawiać dziecka samego z psem.

270. Obroża uzdowa: Dlaczego obrożę uzdową tak często zaleca się jako pomoc wychowawczą?

Ta obroża, przypominająca koński kantar, jest bardzo przydatną i skuteczną pomocą w wychowaniu psów. Można ją stosować na wiele sposobów, na przykład gdy zwierzę ciągnie na smyczy albo zachowuje się „dziko" wobec innych psów. Na uprzęży, tuż pod głową psa, znajduje się pierścień. Na nim mocujemy mały karabińczyk smyczy, a duży na obroży. Jeśli pociągniemy smycz w dół, przypomina to chwyt za pysk (zdjęcie, strona 154), czyli właściwy sposób dyscyplinowania psów. W ten sposób właściciel może łatwo przerwać wpatrywanie się zwierzęcia w obiekt budzący zainteresowanie (bodziec) i ponownie skierować jego uwagę na siebie. Wiele psów łatwiej się prowadzi za pomocą obroży uzdowej. Jednak należy ją stosować w odpowiedni sposób. Zasady używania obroży uzdowej powinien ci najpierw objaśnić trener psów. Pies musi przyzwyczaić się do tego typu obroży, tak jak do wszystkich pomocy wychowawczych.

271. Plac szkoleniowy: Na placu szkoleniowym mój pointer zawsze zachowuje się wzorowo, a w domu zdaje się wszystko zapominać. Co jest tego przyczyną?

Psy są bardzo sprytne i potrafią czytać w ludziach jak w otwartej księdze. Gdy trenujesz ze swoim pointerem na placu szkoleniowym, prawdopodobnie bardzo się na nim koncentrujesz, otrzymujesz wskazówki od trenera i dzięki temu czujesz się pewniej. Znasz pozostałych właścicieli, umiesz ich ocenić, a gdy wszystko się udaje, sprawia ci to przyjemność i jesteś zrelaksowany. Również ćwicząc sytuacje, które poza placem mogą być trudne, na przykład spotkania z innymi psami, prawdopodobnie reagujesz spokojnie, ponieważ masz oparcie w trenerze. Pies szybko wyczuwa, że nie może zachowywać się buntowniczo, a jeśli to zrobi, zaraz zostaje skarcony przez ciebie lub trenera. W domu brakuje tej „siatki bezpieczeństwa". Jesteś albo niepewny, albo znajdujesz się pod presją czasu i nie potrafisz sam – bez wsparcia trenera – wymusić wykonania polecenia. Psy potrafią dokładnie rozróżniać tego rodzaju sytuacje i dostosowują swoje zachowanie do miejsca i twojego nastroju. Dlatego tak ważne jest, by ćwiczenia nie odbywały się tylko na określonym terenie, ale także w mieście, w lesie itd. Tylko w ten sposób sprawisz, że pies przestanie rozumować: „Na placu szkoleniowym wskazane jest posłuszeństwo, kiedy indziej mogę robić, co chcę".

272. **Podróż samolotem: Czy możemy zabrać ze sobą psa na dwutygodniowy urlop, jeżeli lecimy samolotem?**

Zależy to od długości lotu, celu podróży i wielkości oraz charakteru czworonoga. Nie polecam podróży z psem do gorących krajów. Szczególnie starsze i chore na serce zwierzęta nie powinny być wystawione na upały. Jeśli macie małego psa i możecie zabrać go do kabiny pasażerskiej niczym „bagaż podręczny", jest to znacznie lepsze rozwiązanie, niż kiedy musi podróżować osobno w klatce. Może to nastręczać problemy zwłaszcza podczas długich lotów, więc dobrze się zastanówcie. To wy najlepiej znacie psa i musicie ocenić, czy krótki urlop jest wart takiego stresu. Również „pies-bagaż podręczny" podczas dłuższego lotu może zacząć marudzić, powinniście to wcześniej rozważyć. W każdym razie trzeba go przed lotem przyzwyczaić do klatki transportowej. Być może, lepiej mu będzie u krewnych, przyjaciół lub w dobrym hotelu dla psów (strona 181).

Wychowanie, zabawy i zajęcia

273. **Podstawowe komendy:** Jakie komendy zaliczają się do podstawowego posłuszeństwa?

Są to wszystkie polecenia, które pozwalają kontrolować psa na co dzień, takie jak „siad", „leżeć", „zostań", „stój", „chodź", „noga", „wyjdź" i „oddaj". Oprócz tego czworonóg powinien umieć odpowiednio zachowywać się na smyczy i wobec innych psów i nie gonić drobnych zwierząt (tabela Podstawowe komendy, strona 193).

274. **Polecenie „oddaj":** Jak mogę nauczyć mojego teriera tybetańskiego, by coś oddał?

Najłatwiej osiągnąć to przez wymianę. Kiedy twój terier ma w pysku zabawkę, przytrzymaj mu przed nosem przysmak. W chwili, gdy wypuści zabawkę, mówisz „Oddaj!", nagradzasz go

Przywoływanie to pierwsza komenda, której powinien nauczyć się pies. Wabiącym, wysokim tonem wołaj „Do nogi!".

Gdy pies podchodzi, chwalisz go i dajesz mu nagrodę. Długa smycz pozwala go przyciągnąć, jeśli nie posłucha.

Podstawowe posłuszeństwo

PODSTAWOWE KOMENDY

Oto kilka wskazówek dotyczących ćwiczenia podstawowych poleceń. W treningu posłuszeństwa trzeba jednak używać indywidualnych metod, dostosowanych do charakteru psa.

„SIAD"
Przytrzymaj przysmak nad nosem psa, powinien wtedy usiąść. Gdy zacznie siadać, powiedz „siad" i pochwal go. Daj mu przysmak, gdy dotknie zadem ziemi. Sygnałem wzrokowym tej komendy jest uniesiony palec wskazujący.

„LEŻEĆ"
Przytrzymaj przysmak kciukiem pod ustawioną płasko dłonią. Powoli przesuń przysmak ku ziemi przed nosem siedzącego psa. Jeśli pies podąży za przysmakiem i położy się, powiedz „leżeć". Przysmak i pochwałę pies otrzymuje wtedy, gdy już leży.

„ZOSTAŃ"
Pies siedzi lub leży. Oddalasz się mniej więcej o metr, mówisz „zostań". Jeśli pies nie ruszy się z miejsca, wracasz, chwalisz go i nagradzasz. Jeśli wcześniej wstanie, bez słowa odprowadzasz go na miejsce i zaczynasz od nowa. Sygnałem wzrokowym tej komendy jest wnętrze dłoni skierowane w stronę psa.

„NOGA"
Za pomocą przysmaku skłoń psa, by biegł przy twoim boku. Gdy znajdzie się na wysokości nogi, powiedz „noga", nagrodź go i pochwal. Smycz musi być luźna. Jeśli pies wybiegnie naprzód lub zostanie z tyłu, ponownie go przywab.

„DO MNIE"
Przywab psa przysmakiem. Gdy ruszy do ciebie, zawołaj „Do mnie" i pochwal go. Kiedy przyjdzie, daj mu nagrodę (zdjęcie, strona 192).

Wychowanie, zabawy i zajęcia

i mocno chwalisz. Zwykle wystarcza kilka powtórzeń, by pies zrozumiał, o co chodzi. Później możesz także ćwiczyć komendę „oddaj" na dworze, np. gdy twój pupil znalazł odpadki na skraju drogi i chce je zjeść (strona 182).

275. Polowanie: Chcemy wyszkolić naszego jamnika do polowań. Czy to prawda, że gdy zwietrzy trop, zwykle odbiega?

Gdy jamniki i inne psy myśliwskie trzymane są jako zwierzęta rodzinne, nadal mają pasję do polowań. To, czy pozwolicie psu pobiec za tropem, powinno zależeć od jego posłuszeństwa. Moim zdaniem, wspaniale jest, gdy pies może robić coś, co jest zgodne z jego naturą, wtedy znajduje się w swoim żywiole i ma odpowiednie zajęcie. Szkolenie u dobrego trenera służy raczej temu, by skierować instynktowne skłonności psa na właściwe tory, a dodatkowa intensywna praca nad podstawowym posłuszeństwem sprawia, że czworonoga jeszcze łatwiej kontrolować.

276. Popisowe sztuczki: Czy ma sens uczenie psa sztuczek, które nie dają przecież żadnych korzyści?

Żaden czworonóg nie musi uczyć się popisowych sztuczek ani zostawać psem cyrkowym, żeby być szczęśliwym. Sztuczki nie są jednak zupełnie bezwartościowe. Gdy właściciel zajmuje się psem lub czegoś

Wielu trenerów psów oferuje szkolenie do polowań – odpowiednie do skłonności wielu czworonogów.

Rasy

go uczy, wzmacnia to jego więź z czworonogiem. Psu jest obojętne, czy uczy się polecenia „siad" czy „podaj łapę", ponieważ w obu sytuacjach właściciel poświęca mu uwagę, a po właściwym wykonaniu zadania chwali go i nagradza. Dodatkowo sztuczki to dobra okazja do tego, by ćwiczyć z psem w domu i w ten sposób zapewnić mu różnorodne zajęcia.

277. **Psi duet: Czy dwa psy potrzebują mniej kontaktu z człowiekiem niż jeden pies?**

Psy to zwierzęta stadne i potrzebują kontaktu z partnerami społecznymi. Przebywanie bez opiekuna lub właściciela wielu czworonogom przychodzi łatwiej, gdy mają psiego towarzysza – ale nie zawsze. Szczególnie czworonogom, które łączy bliska więź z właścicielem, inny pies nie zastąpi tego rodzaju kontaktu, ponieważ człowiek jest dla zwierzęcia ważnym partnerem społecznym. Kto trzyma kilka psów, ale mało się nimi zajmuje, wspiera ich samodzielność. Stają się wtedy niezależne i przestają postrzegać człowieka jako nadającego ton członka „stada". Te psy są trudne w prowadzeniu i nie uznają naszego autorytetu. Aby utrzymać bliską więź z kilkoma psami, trzeba zajmować się nimi przynajmniej tyle, ile jednym psem.

278. **Rasy: Chcemy kupić charta afgańskiego. Czy to prawda, że tej rasy nie da się wychować?**

To, czy pies dobrze współpracuje z człowiekiem, zależy od tego, do jakich zadań hodowana była rasa i czy zajęcia te wymagały samodzielności, czy współpracy z ludźmi. Psy pragnące zadowalać ludzi i przypodobać się im łatwiej jest wychować, ponieważ zwykle również bardzo łatwo można je zmotywować. W wypadku psów niezależnych, takich jak afgańczyk, często potrzeba nieco więcej wyobraźni, by znaleźć odpowiedni środek motywujący: zabawki niekiedy zawodzą, a nie wszystkie przysmaki odpowiadają psu. Jednak gdy już znajdziemy ów czarodziejski środek, stwierdzimy, że psy te uczą się bardzo łatwo i chętnie, tylko czasami trzeba je nieco więcej nakłaniać do tego, aby wykonały ćwiczenie. Nie buntują się jednak przeciw rozkazom. Afgańczyki potrafią nauczyć się podstawowego posłuszeństwa i wiele więcej – choć nie należy zapominać o ich silnym instynkcie myśliwskim, który nie zawsze da się kontrolować. Kto nie ma doświadczenia z afgańczykami, powinien skorzystać z pomocy trenera psów specjalizującego się w szkoleniu tej rasy. Przy zastosowaniu odpowiedniej metody nauka wzbogaca tego orientalnego czworonoga i – wbrew obiegowym opiniom – nie rani jego dumy. Powinniście przy okazji poobserwować te psy z ich właścicielami, by wyrobić sobie zdanie na temat rasy.

279. **Rower: Mój pies zawsze bardzo mnie ciągnie na rowerze. Czy pomoże założenie mu szelek zapobiegających ciągnięciu?**

Nie, takiej uprzęży w żadnym wypadku nie powinieneś stosować. Może przysporzyć psu silnego bólu i na długich wycieczkach nawet otrzeć skórę. Jeśli jazda na rowerze ci nie wychodzi, musisz jeszcze raz przećwiczyć z psem podstawowe komendy (strona 193). Niech stopniowo przyzwyczai się do roweru. Najpierw pchaj rower, a pies niech biegnie obok. Następnie jedź powoli prosto. Gdy to się uda, spróbuj zakręcać. Aby pies miał przy rowerze pewną swobodę ruchu, ale nie narażał

WSKAZÓWKA

Komenda zwalniająca

Twój pies musi pamiętać, że może zakończyć wykonywanie polecenia dopiero wtedy, gdy mu na to pozwolisz określonym słowem, na przykład „biegnij", albo nowym poleceniem. Wcześniej należy psa gorąco pochwalić. Pochwała nie powinna jednak kończyć wykonywania polecenia, w przeciwnym razie nie będziesz mógł wzmocnić zachowania czworonoga na przykład przy nauce komendy „zostań".

Ruchy kopulacyjne

cię na niebezpieczeństwo, możesz przyczepić smycz do specjalnego stelażu, jaki dostaniesz w sklepie zoologicznym. Psu załóż wtedy zwykłą wyściełaną uprząż. Jeżdżenie na rowerze nie powinno jednak zastąpić swobodnego biegania na spacerach, ponieważ czworonóg potrzebuje także pobawić się z innymi psami i powęszyć na skraju drogi.

280. **Ruch:** **Jak długo powinienem spacerować z psem?**

Zależy to od wielu czynników, między innymi od rasy, indywidualnej potrzeby ruchu, wieku, zdrowia i kondycji psa. Potrzeba ruchu nie jest jednak mniejsza u mniejszych psów. Mały terier lub jamnik ma co najmniej tyle samo energii, co jego długonodzy koledzy. Orientacyjnie można powiedzieć, że pies powinien być wyprowadzany na spacer przynajmniej na dwie godziny dziennie, do czego zalicza się spuszczanie ze smyczy, bieganie i zabawa z innymi psami. Dwie godziny ruchu u dorosłych, zdrowych psów należy rozłożyć na trzy lub cztery spacery dziennie, w tym jeden minimum godzinny (strona 201). Energiczne psy można śmiało wyprowadzać na dłużej. Zwierzęta stare lub chore powinny mniej się ruszać, za to częściej wychodzić na dwór. Dokładne wskazówki poda ci weterynarz. Należy uważać ze szczeniętami i młodymi psami: ich stawy i kondycja nie są jeszcze przystosowane do długich wędrówek. Do czwartego miesiąca życia malców należy wyprowadzać trzy lub cztery razy dziennie na dziesięć minut (oprócz krótkich wyjść „na siusiu") i z każdym miesiącem stopniowo wydłużać spacery.

281. **Ruchy kopulacyjne: Nasz pies rasy west highland white terrier ciągle rzuca się na nogę mojej żony. Jak możemy go tego oduczyć?**

Okazywanie takiego zachowania wobec twojej żony prawdopodobnie nie ma podłoża seksualnego i nie wiąże się ani z nadmiernym popędem płciowym, ani z błędnym uwarunkowaniem seksualnym psa. Zwykle chodzi o gest dominacji, który psy często stosują między sobą, nawet jeśli w pobliżu nie ma suki gotowej do zapłodnienia. Jeśli twoja żona na to pozwala, wzmacnia skłonność do takiego zachowania. Musi wyznaczyć zwierzęciu wyraźne granice i uświadomić mu, że jest niższy od niej rangą. Powinna po prostu wstać i odejść, gdy ten chce kopulować z jej nogą. Jeśli to nie wystarczy, powinna surowym „nie!" oznajmić, że sobie tego nie życzy, a w skrajnym wypadku nawet chwycić psa za pysk (zdjęcie, strona 154). Dodatkowo bardzo ważne jest, żeby przeprowadziła z psem ćwiczenia uległości (strona 192) i wymogła na nim posłuszeństwo. Jeśli nie jest pewna siebie lub zwierzę nagle pokaże zęby, zalecam zwrócenie się o pomoc do trenera psów.

282. **Samochód: Jak przyzwyczaić psa do jazdy samochodem?**

Zacznij powoli, od krótkich, mniej więcej pięciominutowych przejażdżek i codziennie zwiększaj odległość. Po dojechaniu na miejsce pies powinien doświadczyć czegoś pozytywnego, np. pobawić się z innym czworonogiem lub pójść na spacer. Zwykle codziennie nadarza się jakaś okazja do tego, by zabrać psa do samochodu. Powinieneś z nich korzystać, żeby jazda stała się dla niego czymś oczywistym. W żadnym wypadku nie należy zwierzęcia uspokajać lub pocieszać, gdy się boi, lepiej je wtedy zignorować (strona 186). Lękliwe psy można przyzwyczajać do samochodu stopniowo: początkowo karm swojego pupila w pobliżu auta, następnie coraz bardziej zmniejszaj dystans, aż wreszcie podaj mu karmę w otwartym bagażniku kombi lub klatce (strona 184) ustawionej na tylnym siedzeniu, a w kolejnych dniach coraz bardziej zamykaj drzwi. W ten sposób samochód zazwyczaj szybko przestaje być dla psa straszny. Lekka choroba lokomocyjna na ogół zanika dzięki treningowi, przy poważnych mdłościach powinieneś poprosić weterynarza o ziołowy lek.

Samochód S

BEZPIECZEŃSTWO W SAMOCHODZIE

Podczas podróży samochodem najważniejsze jest bezpieczeństwo – człowieka i psa. Poniżej wymieniono, o czym powinieneś pamiętać, podróżując z czworonogiem.

POSŁUSZEŃSTWO
Naucz swego czworonoga wskakiwać i wyskakiwać z samochodu na komendę. Może to uratować życie jego i innych uczestników ruchu!

KLATKA PRZEWOZOWA
W niej pies jest najbezpieczniejszy. Klatkę ustaw na tylnym siedzeniu lub w bagażniku kombi poprzecznie do kierunku jazdy i dobrze przymocuj!

KRATKI I SIATKI
Kratki i siatki bagażowe służą bardziej do ochrony ludzi niż czworonożnych pasażerów. Najstabilniejsze są kratki mocno przykręcone, dopasowane do typu auta.

PAS BEZPIECZEŃSTWA
Nie zawsze w pełni ochroni czworonoga w razie wypadku, ale zapobiega jego kręceniu się po samochodzie w czasie jazdy, co jest zabronione.

ROZSUWANA KRATKA
Elastyczna kratka z tworzywa sztucznego, która gwarantuje dopływ świeżego powietrza w zaparkowanym samochodzie. Mimo to w porze upałów nigdy nie zostawiaj psa samego w aucie!

WODA
Musi być stale dostępna dla czworonoga. W sklepach zoologicznych znajdziesz praktyczne miski podróżne, z których nie wylewa się woda.

Wychowanie, zabawy i zajęcia

W czasie dłuższych podróży pies zawsze powinien mieć dostęp do wody. Co dwie godziny należy dać mu możliwość załatwienia się. Na postojach trzeba brać go na smycz. Latem nie wolno zostawiać czworonoga w zaparkowanym aucie, a w samochodzie bez klimatyzacji nie należy w czasie jazdy otwierać okien (przeciąg). Trzeba je zasłonić, a psa przykryć wilgotnym ręcznikiem.

283. **Służba ratunkowa:** Czy ma sens szkolenie naszego wyżła na psa ratownika?

Oczywiście najlepiej byłoby, gdyby mógł pracować jako pies myśliwski, czyli w swoim pierwotnym „zawodzie", ale tak trudne zadanie, jak służba ratunkowa, to bardzo dobre zajęcie dla psa użytkowego. Szkolenie obejmuje wiele elementów, w których wyżeł mógłby wykorzystać swój instynkt łowiecki. I tak jeden z etapów kursu polega na tym, że pies musi odszukać ukryty przedmiot i w określony sposób zasygnalizować, że go znalazł. Częste treningi dostarczają psu odpowiedniego zajęcia i wzmacniają jego więź z człowiekiem.

284. **Spacer:** Gdy spaceruję z moim munsterlanderem, spotykam zawsze pewną kobietę z owczarkiem, która zatacza wokół nas duży łuk. Moim zdaniem, to szkoda, że psy nie mogą się pobawić. Czy powinienem po prostu spuścić swojego ze smyczy?

Odradzam to rozwiązanie. Kobieta może unikać spotkań z wielu powodów, na przykład nie zna i nie potrafi ocenić twojego psa. Możliwe także, że twój pies nie jest odpowiednio wychowany i w przeszłości doszło już do poważnych konfliktów z innymi psami. W każdym razie powód na pewno jest. Jeśli spotkasz kiedyś tę kobietę bez psa, spróbuj poruszyć ten temat.

Spacer

285. Spacer: Gdy moja suka ma cieczkę, każdy spacer staje się stresujący, ponieważ inni właściciele psów mimo moich próśb nie biorą zwierząt na smycz. Psy narzucają się mojej suce. Co mogę zrobić?

Niestety, mogę tylko radzić, żeby w miarę możliwości unikać spotkań z psami, jeśli nie chcesz wykastrować swojej suki (strona 105–106). Powinieneś być elastyczny, obierać jak najmniej uczęszczane ścieżki i w miarę możliwości wychodzić o innej porze niż pozostali właściciele czworonogów. Aby twoja suka mimo wszystko miała przyjemność ze spacerów, możesz wziąć ją na długą smycz (strona 35). W ten sposób zapewnisz jej większe pole ruchu. Wielu właścicieli psów cieszyłoby się lepszą opinią, gdyby częściej mieli wzgląd na innych. Powinno być oczywiste to, że bierzemy psa na smycz, gdy nas o to poproszą.

286. Spacer: Codziennie z moimi dwoma psami rasy beagle chodzę tą samą trasą. Jak mogę urozmaicić im spacery?

Wspólne spacery nie powinny służyć tylko temu, by pies opróżnił pęcherz, i odbywać się według schematu: pies węszy na skraju drogi, a człowiek bez słowa idzie za nim. Wykorzystaj ten czas, by przeżyć coś ciekawego ze swoimi psami. Oczywiście możesz w tym celu pojechać gdzieś samochodem albo poznawać z psim duetem nowe ścieżki. Często jednak warto

WSKAZÓWKA

Dyski treningowe

Składają się z kilku metalowych płytek. Rzuca się nimi wtedy, gdy przyłapie się psa na niepożądanym zachowaniu. Dźwięk, który wydają, zostaje skojarzony przez zwierzę z wykonywaniem określonej czynności. Gdy pies (sprawdza się to u większości czworonogów) usłyszy dźwięk dysków – często wystarcza już ciche brzęczenie – przerywa działanie. Zawsze trener powinien decydować, czy ta pomoc wychowawcza nadaje się dla danego psa.

Wychowanie, zabawy i zajęcia

dokładniej przyjrzeć się znanej trasie. Czy przy drodze leżą gałęzie, stoją ławki parkowe lub duże pniaki? Wiele rzeczy na skraju drogi można wykorzystać do ekscytujących zabaw. Psy mogą balansować na konarach drzew lub je przeskakiwać, mogą czołgać się pod ławkami, a pniaki o odpowiednio dużej średnicy stanowią świetne podesty do wskakiwania i siadania. W połączeniu z zabawami szkoleniowymi, w których przy okazji sprawdza się reagowanie na podstawowe komendy (strona 193), wszystkie te elementy mogą zmienić zwykły spacer w wielkie wydarzenie. Twoje psy z pewnością ogromnie by się ucieszyły, gdybyś co jakiś czas ułożył im trop, na przykład z kawałków sera lub suchej karmy, kazał im szukać zabawek i aportować, ćwiczył elementy tańca z psem (strona 204) lub od czasu do czasu bawił się z nimi w chowanego.

> *Na spacerze można zająć psa na różne sposoby – miej oczy otwarte.*

287. **Sport: O czym muszę pamiętać, jeśli chcę z moim psem uprawiać sport?**

Twój czworonóg powinien być już dorosły, żeby jego stawy nie zostały przeciążone i mogły sprostać wymaganiom. Zanim rozpoczniesz trening, najlepiej skonsultuj się z weterynarzem, ponieważ tylko zdrowe psy mogą osiągać sukcesy w sporcie. Nie wszystkie sporty nadają się dla każdej rasy, na przykład psy o długich grzbietach nie powinny dużo skakać (strona 120). Jeśli weterynarz dał „błogosławieństwo", możesz ostrożnie zacząć uprawiać sport i stopniowo stawiać psu większe wymagania.

Sygnały wzrokowe

Wysiłek fizyczny w upale jest jednak zabroniony, dlatego latem powinieneś trenować tylko rano i wieczorem w umiarkowanej temperaturze. Pies musi mieć zawsze dostęp do wody pitnej (w sklepach zoologicznych są praktyczne torebki na pasek, które mają także przegródkę na butelkę wody). Pamiętaj o regularnych przerwach, żeby pies mógł też po prostu powęszyć na skraju drogi. Należy również zrobić przerwę, gdy mocno dyszy lub z trudem dotrzymuje ci kroku. Najważniejsze w sporcie jest to, by sprawił przyjemność i człowiekowi, i psu.

288. **Spotkania psów: Na spacerach często podbiega do nas obcy pies, a właściciel woła „On nic nie zrobi" albo „On chce się tylko bawić". Czy mogę ufać takim zapewnieniom?**

Stwierdziłam, że takie zapewnienia słyszymy często dopiero wtedy, gdy właściciel wielokrotnie próbował przywołać do siebie psa. Najczęściej psy się poznają, a potem zaczynają bawić. Problem może się pojawić na przykład wtedy, gdy z jakiegoś powodu nie możesz w danej chwili spuścić psa ze smyczy (strona 160). Nie ufałabym tego rodzaju obietnicom. Zawsze lepiej jest porozumieć się wcześniej, a w pewnych okolicznościach nawet ruszyć w inną stronę.

289. **Sygnały wzrokowe: Psy bardzo dobrze słyszą. Dlaczego powinienem stosować również sygnały wzrokowe?**

Poza zapachami w psiej komunikacji najważniejsza jest mimika i mowa ciała, dźwięki mniej się liczą. Sygnały wzrokowe umożliwiają ci bezpośrednią komunikację z twoim czworonogiem. Dzięki nim będzie obserwował cię uważniej i bardziej się tobą kierował. Gdy pies opanuje sygnały wzrokowe, możesz porozumiewać się z nim bezgłośnie. Ta metoda uczy jedno-

Wychowanie, zabawy i zajęcia

cześnie ludzi większego zwracania uwagi na mowę ciała i świadome stosowanie jej w kontaktach z psem.

290. Taniec z psem: Czy z każdym czworonogiem można uprawiać taniec?

Każdy pies może nauczyć się tańczyć ze swoim panem lub panią, ale nie każdy osiągnie poziom turniejowy. Nie to jest jednak celem tej dyscypliny, lecz czerpanie radości z ćwiczeń. Kroki, które na pokazie wydają się takie proste, stanowią rezultat długiego i intensywnego treningu. Kto nie chce studiować całego zestawu ćwiczeń, może po prostu wybrać kilka elementów. Taniec to świetne zajęcie dla czworonogów, zarówno w mieszkaniu, jak i na dworze. Wzmacnia więź między człowiekiem a jego podopiecznym, co pozytywnie wpływa na ich relacje. Przedstawiciele ras, które tradycyjnie blisko współpracują z człowiekiem, np. stróżujące psy pasterskie, najprawdopodobniej szybciej opanują poszczególne kroki niż zwierzęta samodzielne i niezależne. Mimo to również rasy uchodzące za trudne wychowawczo (strona 195) mogą się wiele nauczyć, a taniec daje wszystkim zaangażowanym wiele radości. Poszczególne ćwiczenia powinny być dostosowane do danego czworonoga. Psy ze schorzeniami stawów i kręgosłupa nie powinny skakać, a psy o długim grzbiecie, na przykład jamniki, nie mogą stawać wyprostowane na tylnych łapach.

291. Trener psów: Po czym poznać dobrego trenera psów?

Aby trening przynosił efekty, musi zostać spełnionych wiele warunków. Przede wszystkim trener powinien być kompetentny i dobrze przygotowany. Ponieważ nie ma opracowanego odgórnie programu edukacyjnego dla trenerów, musi wykazywać się inicjatywą w rozwijaniu umiejętności zawodowych.

Trener psów

Oprócz obszernej wiedzy teoretycznej, którą przyswoił na przykład na różnych seminariach i warsztatach, powinien mieć również bogate doświadczenie praktyczne, zebrane we współpracy z kolegami po fachu. Niech pokaże ci stosowne potwierdzenia. Powinien przeprowadzać nie tylko treningi na placu szkoleniowym, ale także ćwiczyć codzienne sytuacje na przykład u ciebie w domu, w mieście, w lesie, przygotowywać psa do kontaktów z innymi zwierzętami i umożliwiać mu poznanie różnych dźwięków. Ważne jest także, by nie stosował jednej metody wychowawczej, lecz wybrał taką, jaka będzie pasować do twojego psa, ewentualnie wykorzystał elementy z kilku metod.

Dobry trener w obszernej rozmowie wstępnej powie ci, jak ocenia twojego psa, jak wyobraża sobie trening i jakie cele mają przyświecać nauce. W idealnym wypadku przedstawi broszurę ze swoją „filozofią" i praktycznymi informacjami, abyś mógł o wszystkim spokojnie poczytać w domu.

W pracy trener musi udzielać ci wskazówek na temat właściwego obchodzenia się z psem. Nie może przejmować od ciebie obowiązku jego wychowania. Podstawowym warunkiem udanej współpracy jest to, żebyś lubił trenera i akceptował krytykę z jego strony, a nie odbierał ją jako „nadepnięcia na odcisk". Poza tym powinieneś identyfikować się z danymi metodami wychowawczymi i umieć je stosować. Trener musi dać ci poczucie, że jesteś jego najważniejszym klientem, na przykład zaproponować, żebyś zwracał się do niego z wszelkimi pytaniami również poza godzinami ćwiczeń. Zanim wykupisz pakiet zajęć albo podpiszesz umowę, weź udział w lekcji próbnej –

Agility to świetne zajęcie dla sprawnych fizycznie, zdrowych psów, bardzo wzmacniające więź z człowiekiem.

Wychowanie, zabawy i zajęcia

zwykle darmowej. Tylko w ten sposób będziesz mógł dokładnie ocenić trenera i stwierdzić, jak obchodzi się z twoim czworonogiem. Bo najważniejszy jest właśnie twój pupil – szkolenie musi sprawiać mu przyjemność i powinien cieszyć się, że widzi trenera. Istotny warunek: musisz czuć, że trener naprawdę kocha psy.

292. Trening z klikerem: Na czym właściwie polega trening z klikerem?

Gdy chcesz nauczyć czegoś psa, należy nagrodzić go dokładnie wtedy, gdy wykona pożądane działanie. Brzmi to prosto, ale w praktyce nie zawsze jest takie łatwe. Często zdarza się, że nagroda przyjdzie o trzy sekundy za późno i pies skojarzy z nią coś innego, np. wstawanie zamiast siedzenia. Dzięki właściwie stosowanemu klikerowi możesz w odpowiednim momencie powiedzieć psu: „Świetnie, zaraz dostaniesz przysmak!". Pies wie wtedy, że zrobił coś dobrze, i cieszy się na nagrodę. Aby klikanie zyskało odpowiednie znaczenie, początkowo, jeszcze przed przystąpieniem do nauki, po każdym kliknięciu podawaj czworonogowi przysmak. W ten sposób pies zrozumie, że kliknięcie oznacza smakołyk. W zasadzie zamiast kliknięcia wystarczyłoby określone słowo, które pies kojarzyłby z przysmakiem. Jednak kliker wydaje słyszalny z daleka, charakterystyczny dźwięk, pozbawiony emocji takich jak strach, niepewność czy niecierpliwość.

293. Urlop: Latem dostaniemy szczenię. Czy możemy wyjechać z nim na trzy tygodnie?

Odradzam. Na waszym miejscu zrezygnowałabym z podróży i wykorzystała wolny czas, by zapoznać szczenię z nowym otoczeniem, z różnymi bodźcami i sytuacjami i ukończyć z nim kurs dla szczeniąt. Teraz bowiem najłatwiej jest wychować psa.

Urlop

Jeśli maluch tuż po przeprowadzce do nowego domu doświadczy ponownej zmiany środowiska, w najgorszym wypadku może to wywołać u niego lęk przed rozstaniem, który bardzo trudno wyleczyć. Zaczekajcie ze wspólnym wyjazdem przynajmniej pół roku (z wyjazdem bez psa około roku) i pamiętajcie, że w tym czasie budujecie podstawy relacji z psem na kolejne 10 lub 15 lat.

294. **Urlop: Co powinniśmy zrobić z psem, jeśli nie możemy zabrać go ze sobą na urlop?**

Dla psa byłoby najlepiej, gdyby zaopiekowali się nim wasi znajomi lub krewni, których już dobrze zna. Jeśli nie jest to możliwe, dobrym rozwiązaniem jest pobyt u innego właściciela psa w ramach wzajemnej przysługi. Ewentualnie możecie zatrudnić kogoś do nadzorowania domu łącznie z opieką nad zwierzęciem. Opiekun powinien jednak zapoznać się z psem przed waszym wyjazdem oraz mieć odpowiednią wiedzę i doświadczenie z czworonogami. Jeżeli te możliwości odpadają, pozostaje dobry hotel dla psów (strona 181).

295. **Urlop: O czym powinniśmy pamiętać, gdy zabieramy ze sobą psa na urlop?**

Odpowiednio wcześnie zapoznajcie się z przepisami obowiązującymi przy wjeździe do danego kraju (Warto wiedzieć, strona 30). Wjazd psa do niektórych państw wymaga długich przygotowań, w innych wiąże się nawet z kwarantanną. Jeśli podróżujecie koleją lub samolotem, sprawdźcie warunki transportu zwierząt. Jeżeli jedziecie samochodem, musicie zaplanować odpowiednio częste postoje (strona 198). Ważnym czynnikiem jest klimat: w wypadku psów starszych i chorych na serce powinien być raczej umiarkowany, nadmierny upał nie służy żadnemu czworonogowi. Zajęcia sportowe, takie jak wędrówki

Wychowanie, zabawy i zajęcia

WSKAZÓWKA

Bagaż podróżny dla psa
Do psiej walizki trafiają: europejski paszport dla zwierząt (strona 29), dokumenty ubezpieczeniowe, dwie miski, łyżka, karma, przysmaki, obroża z zawieszką z wypisanym adresem urlopowym i domowym, klatka przewozowa lub koszyk, koce i ręczniki, zabawki, kości do gryzienia, szczotki itp., torebki na odchody, środki ochrony przed słońcem, psia apteczka (strona 100–101) oraz ewentualnie lek na chorobę lokomocyjną i profilaktyczne środki na pasożyty, szczotka i pasta

po górach lub długie wycieczki rowerowe, nie są wskazane dla psów z chorymi stawami. Lepiej, by te zwierzęta zostały w hotelu, jeśli zachowują się spokojnie. Spytajcie także weterynarza, czy potrzebne będą szczególne środki profilaktyczne (strona 128). Przy wyborze (przed rezerwacją) kwaterunku upewnijcie się, że czworonożni goście są mile widziani, choć zwykle ich pobyt wiąże się z dodatkową opłatą. Ustalcie, czy na miejscu można kupić odpowiednią karmę i przysmaki, w przeciwnym razie zabierzcie ze sobą wystarczający zapas.

296. **Wychowanie antyautorytarne: Wszyscy odradzają mi wychowywanie mojego szczenięcia rasy kromfohrländer bez surowości i swobodnie. Dlaczego nie powinienem traktować go jak pełnoprawnego partnera?**

Psy, które żyją w stadzie, nie stanowią grupy równoprawnych jednostek, lecz podlegają hierarchii. Każdy czworonóg ma określoną rangę i związane z nią zadania. Dopóki przywódca stada suwerennie pełni swoją funkcję, jego pozycja nie jest kwestionowana, a pozostali członkowie grupy dobrowolnie za nim podążają. Jeśli zaczniesz traktować szczenię jak równoprawnego partnera, to go tylko zdezorientuje i może stać się przyczyną poważnych problemów w waszych relacjach. Dla dobra psa po-

Wychowanie dużych psów

winieneś przejąć funkcję przywódcy swojej społeczności. Wtedy w ramach jasno ustalonych reguł możesz pozwolić mu na wiele swobód, których warunkiem jest całkowite posłuszeństwo, np. spuszczać go ze smyczy. „Bycie szefem" nie ma nic wspólnego z przemocą i surowością, lecz polega na stanowczości i konsekwencji. Właściwe postępowanie z czworonogiem świadczy o szacunku dla niego.

297. **Wychowanie dużych psów: Czy duże psy trzeba wychowywać surowiej niż małe?**

Każdego psa trzeba starannie wychować, żeby potrafił się odpowiednio zachować w kontaktach z ludźmi i innymi psami i żeby radził sobie w różnych codziennych sytuacjach. Wielu właścicieli mniejszych czworonogów nie traktuje jednak tego zadania bardzo poważnie, a próby dominacji ze strony psa uważają wręcz za zabawne. Ugryzienie przez małego psa z reguły nie powoduje tak poważnego zranienia, jak w wypadku dużego. Mimo to należy kłaść nacisk na podstawowe posłuszeństwo również małych psów. Tylko w ten sposób umożliwimy każdemu czworonogowi uczestniczenie w życiu najbliższych mu ludzi i korzystanie ze swobód, takich jak bieganie bez smyczy na spacerze. Niewychowany pies może spowodować poważne szkody, na przykład gdy wybiegnie przed samochód lub ugryzie człowieka w twarz. Ponadto dobre

Również dla przedstawicieli mniejszych ras bardzo ważne jest dobre wychowanie i umiejętność współżycia z innymi psami.

Wychowanie, zabawy i zajęcia

wychowanie i socjalizacja chronią malucha, który powinien wiedzieć, że gdy zaczepia dużego psa, to ryzykuje.

298. Wycieczki rowerowe: Czy na długich wycieczkach mogę kazać mojemu małemu yorkowi biec obok roweru?

Co prawda yorkshire terrier to wulkan energii, jednak nie powinien aktywnie towarzyszyć ci na wyprawach rowerowych. Aby móc odbywać z psem przyjemne wycieczki, zaopatrz się w specjalny koszyk rowerowy z kratką (dostępne w sklepach zoologicznych). Usadź w nim swojego yorka i możesz ruszać. Pies będzie cieszyć się widokiem i wiatrem w uszach, ale się nie przemęczy. Jeśli ma skłonność do zapalenia spojówek, w porozumieniu z weterynarzem zakładaj mu specjalne okulary. Na dłuższych postojach możecie udawać się na spacery i wspólnie poznawać okolicę.

299. Wystawa: Na co powinniśmy zwrócić uwagę, gdy chcemy zaprezentować naszego jamnika na wystawie?

Jamnik musi mieć rodowód wystawiony przez Związek Kynologiczny oraz książeczkę szczepień lub europejski paszport dla zwierząt (strona 29), w którym wpisano informację o aktualnym szczepieniu przeciw wściekliźnie. Szansę na dobrą ocenę mają tylko psy stosunkowo bliskie wzorca (strona 52), które nie mają wykluczających z hodowli wad, np. jąder, uzębienia lub ogona (węzły albo zagięcia na ogonie). Nie ocenia się również psów wykastrowanych lub wysterylizowanych, ponieważ nie nadają się do hodowli.

Na wystawę należy zgłosić psa kilka tygodni wcześniej za pośrednictwem oddziału ZKwP lub Internetu. Zanim po raz pierwszy zaprezentujecie psa na wystawie, najlepiej zaobserwujcie na

Zabawa **Z**

1. W ten sposób twój czworonóg nauczy się wykonywania polecenia „wstań": przytrzymaj przysmak bezpośrednio przed jego nosem.

2. Powoli unieś przysmak, większość psów wtedy wstaje.

3. Możesz skłonić psa do wstania, dotykając jego brzucha.

pokazie, jak psy są oceniane i co muszą umieć. Oprócz chodzenia na smyczy ważne jest także, by pies pozwolił się dotknąć i zbadać sędziemu. Hodowcy i szkoły dla psów prowadzą czasami specjalne treningi przygotowujące do wystawy.

300. **Zabawa: Czy to prawda, że pies nigdy nie powinien wygrać, gdy bawię się z nim w przeciąganie liny lub zapasy?**

Ta zasada dotyczy psów, które często są krnąbrne. W tym wypadku skreśliłabym tego rodzaju zabawy z planu zajęć, ponieważ niewinna przepychanka szybko może się przerodzić w poważną konfrontację. Dla takich psów lepiej nadają się zabawy szkoleniowe, tropienie i aportowanie. Jeśli jednak twój czworonóg akceptuje fakt, że ty rządzisz, od czasu do czasu możesz

Wychowanie, zabawy i zajęcia

pozwolić mu wygrać w przeciąganiu liny, a w zapasach „przewrócić cię na łopatki". Gdy psy bawią się ze sobą, często zamieniają się rolami, goniący staje się gonionym, raz jest uległy, chwilę później ma przewagę. Podczas zabawy z czworonogiem ważne jest jednak, żebyś to ty ustalał zasady – to ty określasz początek i koniec igraszek. Pies musi bez oporu oddać zabawkę na twoje żądanie. Gdy zbytnio się rozzuchwali, natychmiast przerwij zabawę. Dopóki przestrzegane są te reguły, nic nie przemawia przeciwko swobodnym zapasom z czworonogiem.

301. **Zabawki: Musimy naszemu puli ciągle kupować nowe zabawki, ponieważ szybko traci zainteresowanie starymi. Czy to normalne?**

Nowe zabawki są bardzo ekscytujące, a stare dość szybko tracą urok, jeśli wasz puli musi się nimi bawić sam. Spróbujcie częściej bawić się z waszym czworonogiem i pobudzać również jego szare komórki (strona 217). W prosty sposób możecie sami zrobić zabawki dla psa, na przykład z piłki tenisowej włożonej do starej bawełnianej skarpetki. Nie nadwyręży to waszego portfela. Możecie również ponownie zaciekawić psa starszymi zabawkami, dając mu na zmianę tylko jedną lub dwie rzeczy, a pozostałe chować i wyjmować dopiero po pewnym czasie.

> *Aby zabawki nie przestały być dla psa ciekawe, powinny regularnie znikać na jakiś czas w skrzyni z zabawkami.*

Zabawy dla szczeniąt

302. **Zabawy dla szczeniąt: Za dwa tygodnie dostaniemy szczenię. Czy koniecznie musimy uczęszczać z nim do szkoły dla szczeniąt?**

To naprawdę godne polecenia. Na dobrym kursie wasz maluch nauczy się zasad kontaktu z innymi psami, zwierzętami i ludźmi i reagowania na bodźce otoczenia. Co prawda, szczenię nauczyło się już dużo od matki i rodzeństwa, jednak okres od 8. do 16. bądź 18. tygodnia życia jest najlepszy na zapoznanie go z nowym środowiskiem i zasadami zachowania. To, co wtedy pozna, nie

Szczenięta poznają otoczenie, aby umieć się w nim odnaleźć. W szkole dla szczeniąt otrzymują odpowiednie instrukcje.

Bardzo ważne są kontakty z innymi psami. Podczas zabawy malcy uczą się najważniejszych zasad zachowania.

Różnorodne zabawki nie tylko zapewniają psim dzieciom zajęcie, ale także stanowią doznania dla zmysłów.

Wychowanie, zabawy i zajęcia

ZABAWKI

Wybór zabawek dla psów jest ogromny. Od skłonności i upodobań twojego czworonoga zależy to, która będzie dla niego najlepsza. Przy zakupie zawsze zwracaj uwagę

PISZCZĄCE KÓŁKO
Sprawia wiele radości zwłaszcza większym psom, które bawi piszczenie zabawki. Można ją łatwo przenosić i daleko rzucać.

LINA DO GRYZIENIA
Uchroni nasze meble i buty przed zębami psa. Włókna liny czyszczą zęby czworonoga. Zabawki z materiału należy regularnie prać.

PISZCZĄCE ZWIERZĄTKO
Sprawdź, czy piszczałka jest dobrze zamocowana. Na próbę wysłuchaj dźwięku w sklepie.

PIŁKA
W przeciwieństwie do piłeczki tenisowej nie uszkadza zębów. Wybierz trwały model, który wytrzyma gryzienie.

LINY DO ZABAWY
Dobre do rzucania. Przymocowana u góry gumowa zabawka odbija się w nieprzewidywalnym kierunku, co uatrakcyjnia zabawę.

ZABAWKI DO PRZECIĄGANIA
Niewskazane dla zadziornych psów, które chcą awansować w hierarchii. Służą do zabawy tylko z dobrze wychowanymi psami!

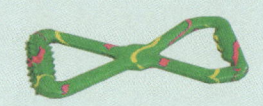

214

na jakość – jest to opłacalne i pozwala chronić zdrowie psa. Zabawka musi być również dostosowana do wielkości czworonoga.

PIŁKA DO KARMIENIA
Turlanie zabawki powoduje, że z piłki wypadają kawałki karmy. Pies musi wykazać się talentem futbolowym, żeby zdobyć smaczne kąski.

KÓŁKO DO GRYZIENIA
Dobre do rzucania, łatwo je psu odebrać. Noszenie kółka sprawia niekiedy trudność mniejszym czworonogom.

ZABAWKI DUMMY
Pierwotnie przeznaczone dla retrieverów, idealnie nadają się do ćwiczenia aportowania. Dostępne w wielu rozmiarach.

KOŁO DO RZUCANIA
Połączenie frisbee i kółka do gryzienia, które nadaje się zarówno do aportowania, jak i zabaw w przeciąganie.

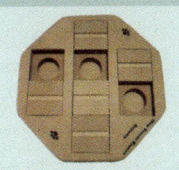

TEST NA INTELIGENCJĘ
Wyzwanie nawet dla bystrzaków. Pies musi przesunąć łapą wieko, żeby dostać się do przysmaku.

HANTEL
Dostosowany do wielkości psa świetnie nadaje się do aportowania. Piszczący sprawia podwójną przyjemność.

będzie go później przerażać. Dodatkowo na kursie otrzymacie wiele cennych wskazówek na temat obchodzenia się z nowym członkiem rodziny i jego wychowywania, a na placach ćwiczeń często nawiązują się przyjaźnie, które trwają całe życie psa.

303. **Zachowanie czystości: Zawsze, gdy sądzę, że mój pięciomiesięczny bobtail wreszcie nauczył się zachowywania czystości, znowu zdarza mu się nabrudzić. Z czego to może wynikać?**

Wielu właścicieli szczeniąt ma podobne doświadczenia. Podejrzewam, że za dużo oczekujesz od swojego malucha. Celem nauki zachowania czystości jest, po pierwsze, to, by pies zgłaszał swoje potrzeby, a po drugie, by dłużej wytrzymywał. Jednak są to dwie różne kwestie. Nawet pięciomiesięczny piesek musi wychodzić na dwór częściej niż trzy razy dziennie – ma jeszcze mały pęcherz. Wielu właścicieli nie poświęca młodemu psu tyle uwagi, co szczenięciu, nie dostrzega sygnałów alarmowych, na przykład gdy zwierzę biega do drzwi lub przerywa zabawę (Wskazówka, strona 217), i rzadko wyprowadza psa. Do „wypadków" często dochodzi w weekendy, gdy przebieg dnia jest inny niż w dzień powszedni. A przecież młode psy potrzebują rutyny, by zachowywać czystość. Powinieneś dokładnie obserwować swojego bobtaila i mocno go chwalić za załatwienie każdej potrzeby na dworze. Wiele szczeniąt i młodych psów podczas zabawy zapomina o wszystkim, dlatego warto czasami

Jeśli szczenię nagle przerwie zabawę, musisz szybko wyprowadzić je na dwór, żeby mogło się załatwić.

przerwać igraszki i zaprowadzić malucha w miejsce, gdzie może się załatwić. Niektóre czworonogi potrzebują po prostu nieco więcej czasu, by nauczyć się zachowania czystości. W żadnym razie nie możesz wpychać psiego nosa do kałuży!

304. Zajęcia: Czym mogę zająć mojego airdale terriera w domu?

Ruch jest, co prawda, ważny dla psów, ale rzadko całkowicie im wystarcza. Odpowiednio dobrane zajęcia pozwalają zapobiec nudzie. Istnieje wiele sposobów na rozwijanie twojego czworonoga – także umysłowe. Przeprowadzaj z psem zabawy wychowawcze i ćwicz z nim wyuczone komendy. Niech się położy, zanim dostanie zabawkę, a przed karmieniem wykona ćwiczenia, takie jak „siad" i „noga". Ustaw przed nim zabawkę – może wstać i ją wziąć, gdy mu pozwolisz itd. Również zabawa w chowanego to dobre zajęcie dla psa. Możesz sam się schować i przywołać psa albo ukryć przysmaki bądź zabawki, które terier musi znaleźć. Z kawałków suchej karmy można ułożyć ciekawe tropy. Przydzielaj psu „zadania" do wykonania w domu, ucz go na przykład uprzątać gazety do kosza na papiery lub zabawki do skrzyni. Gry związane z karmą wymagają koncentracji. Włóż suchą karmę do specjalnej piłki ze sklepu zoologicznego. Pies musi przetoczyć zabawkę, by kawałki smakołyków wypadły z otworu. Zapakuj karmę lub zabawki w papiery, rolki tektury,

> **WSKAZÓWKA**
>
> **Zachowanie czystości**
> Szczenię musi wychodzić na dwór po jedzeniu, zabawie, śnie, gdy jest pobudzone, węszy przy ziemi i biega w kółko lub do drzwi. Za każde siusiu lub kupkę zrobione we właściwym miejscu należy się wielka pochwała, początkowo także nagroda. Załatwienie się w złym miejscu należy natychmiast zganić surowym „nie!". Jeśli występek zostanie odkryty później, posprzątaj, nie patrząc na szczenię i mamrocząc pod nosem. Nie możesz jednak ukarać za to psa!

Wychowanie, zabawy i zajęcia

kartony i stare ręczniki, niech pies je wypakuje. Z krzeseł, wiader, szczotek, kartonów itd. możesz zbudować domowy tor agility.

305. Zasady szkolenia: Czy są ogólne zasady, których powinienem przestrzegać przy szkoleniu psa?

Szkolenie psa może być skuteczne tylko wtedy, gdy nie opiera się na stresie i strachu przed karą. Pozytywne otoczenie i przyjemna atmosfera pracy ułatwiają naukę i pomagają utrwalić to, co pies już opanował. Dzięki temu trening sprawia przyjemność obu stronom. Jeszcze lepsze efekty uzyskasz, jeśli zwrócisz uwagę na następujące kwestie:

➤ Nie trenuj z psem, gdy jest chory, na przykład ma biegunkę. Jeśli pies cierpi na dolegliwości sercowe, zwyrodnienie stawów lub inne przewlekłe schorzenie, możesz z nim trenować, ale dostosuj ćwiczenia do jego możliwości.

➤ Ćwicz tylko wtedy, gdy masz dobry nastrój i nigdzie się nie śpieszysz. Stres i zniecierpliwienie negatywnie wpływają na psa.

➤ Lepiej trenować codziennie od 5 do 15 minut niż raz na tydzień przez godzinę.

➤ Koniecznie pozwalaj psu między ćwiczeniami i po ich zakończeniu wytracić w zabawie nadmiar energii.

➤ Celowo i świadomie operuj głosem (strona 176). Nie szczędź pochwał i nagród. Dyscyplinuj psa jak najrzadziej (strona 177). Zawsze od razu chwal lub gań dane działanie.

➤ Ćwicz nowe komendy najpierw bez czynników odwracających uwagę (na przykład gdy w pobliżu nie ma innych psów).

➤ Cel osiąga się, ćwicząc etapami.

➤ Utrwalaj to, czego pies się nauczył, przez częste powtórki.

➤ Nie irytuj się, gdy pies nie zrozumie ćwiczenia. Zacznij wtedy jeszcze raz od łatwiejszego poziomu i zachowaj spokój. Podczas treningu wyjątkowo ważna jest cierpliwość.

➤ Poproś wszystkich członków rodziny, by stosowali te same komendy i nie pozwalali psu na żadne wyjątki od obowiązujących reguł. Również ty sam musisz być konsekwentny.

Zasady szkolenia

POMOCE WYCHOWAWCZE

Liczne pomoce wychowawcze mogą ci ułatwić szkolenie psa. Wzmocnienia negatywne należy jednak stosować jak najrzadziej.

OBROŻA UZDOWA
Sprawia, że łatwiej jest kontrolować psa i kierować jego uwagą. Nie można stosować jej w połączeniu z długą linką lub smyczą automatyczną!

METALOWY ŁAŃCUCH
Łańcuch rzuca się tak, by upadł blisko czworonoga, gdy zachowa się on w niepożądany sposób. To ma go przestraszyć – nie należy celować bezpośrednio w psa.

KLIKER
Odgłos wydawany przez kliker zapowiada nagrodę. Wcześniej pies musi nauczyć się kojarzyć klikanie z przysmakiem.

DYSKI TRENINGOWE
Negatywny bodziec, który można zastosować u większości psów. Należy to jednak robić tylko z doświadczonym trenerem (strona 201)!

GWIZDEK Z BAWOLEGO ROGU
Idealny do przywoływania. Pies musi wcześniej nauczyć się, co oznacza dźwięk gwizdka.

OBROŻA ZE SPRĘŻONYM POWIETRZEM
Przez naciśnięcie pilota uwalniasz z obroży bezzapachowy strumień powietrza. Stosować tylko z doświadczonym trenerem psów!

Wychowanie, zabawy i zajęcia

305. Znaczenie terenu: **Jak odzwyczaić psa od znaczenia terenu w obcych domach?**

Oczywiście możesz zostawić psa na smyczy, ale to nie usunie przyczyny problemu. Lepiej będzie, jeśli razem z czworonogiem poddasz mieszkanie „inspekcji", a potem dopilnujesz, by został w pobliżu ciebie, a zarazem pod twoją kontrolą. Wymaga to od psa podstawowego posłuszeństwa. Jeśli w jakimś miejscu węszy wyjątkowo intensywnie, możesz odwrócić jego uwagę poleceniem „zostaw!" i ostrzeżeniem. Jeżeli mimo to uniesie nogę, powinieneś go przestraszyć, na przykład głośnym dźwiękiem.

306. Żebranie: **Jak mogę oduczyć psa żebrania przy stole?**

Problem powstał prawdopodobnie dlatego, że niektórzy członkowie rodziny od czasu do czasu „częstowali" psa, gdy ten spoglądał na nich żałośnie, dotykał nosem bądź łapą. Pies

Wiele czworonogów zostawia oznaczenia zapachowe w punktach ważnych „strategicznie", na przykład możliwie wysoko na drzewie.

Potem psy często rozgrzebują ziemię, by zostawić dla innych wyraźny sygnał zapachowy na jak największej powierzchni.

Żebranie

nauczył się żebrać, ponieważ zyskiwał w ten sposób nagrodę i uwagę, które utwierdzały go w tym zachowaniu. Zwierzę można oduczyć żebrania tylko wtedy, gdy wszyscy członkowie rodziny przestaną na niego zwracać uwagę przy stole i upuszczać na ziemię choćby okruszki, a pies również poza posiłkami nie będzie dostawać na żądanie przysmaków ani karmy. Żebranie nie może mu zapewnić smacznych kąsków ani uwagi ludzi. Wymaga to konsekwencji i wytrwałości, co nie zawsze jest łatwe. Podczas jedzenia można również odesłać psa na posłanie, a jeśli nie posłucha, przywiązać go na smyczy. Lepiej jednak pokazać mu, że żebranie nie przynosi efektów.

1. *Ogromna przyjemność dla małych tropicieli: ukryj przysmak lub kawałek suchej karmy w skrzynce wypełnionej papierem.*

2. *Dzięki specjalnej piłce jedzenie staje się wyzwaniem: kiedy pies toczy piłkę, wypadają kawałki karmy.*

3. *Domowy tor do agility można skonstruować w łatwy sposób: na stacjonatę wystarczą dwa kartony i szczotka.*

Dodatek

Terminy od A do Z

➤ **Agility**
Psi sport. Zwierzę pod kierownictwem człowieka musi pokonać tor przeszkód.

➤ **Agresja**
Agresja należy do naturalnego repertuaru zachowań psa i może mieć różne przyczyny. Problemy pojawiają się, gdy jest skierowana przeciw ludziom i zwierzętom i stosowana w sposób niewłaściwy lub nieuzasadniony w danej sytuacji.

➤ **Anemia**
Brak czerwonych krwinek. Osłabia sprawność psa.

➤ **Aportowanie**
Przynoszenie przedmiotów przez psa, zwykle na komendę. Pierwotnie i nadal wykorzystywane podczas polowań do przynoszenia ustrzelonej zwierzyny.

➤ **Automatyczna smycz**
Kilkumetrowa smycz, która rozwija się, gdy pies ją ciągnie.

➤ **Borelioza**
Schorzenie bakteryjne przenoszone przez kleszcze. Może prowadzić do poważnych uszkodzeń stawów, centralnego układu nerwowego i serca. Szczepienia zaleca się w zależności od stopnia zagrożenia.

➤ **BSE**
Gąbczasta encefalopatia bydła, choroba szalonych krów. Zakaźna, śmiertelna choroba neurologiczna.

➤ **CAC**
Skrót od Certificat d'Aptitude au Championat. Kandydat do narodowego czempionatu.

➤ **CACIB**
Skrót od Certificat d'Aptitude au Championat International de Beauté. Kandydat do międzynarodowego czempionatu piękności.

➤ **CACIT**
Skrót od Certificat d'Aptitude au Championat International au Travail. Kadydat do międzynarodowego czempionatu pracy (dla psów użytkowych, np. myśliwskich).

Słowniczek

➤ Choroba Aujeszkiego
Choroba wirusowa, zwana również wścieklizną rzekomą. Do zakażenia dochodzi głównie wskutek jedzenia surowej wieprzowiny.

➤ Choroba Rubartha
Zapalenie wątroby u psa. Choroba zakaźna przenoszona przez wirusy. Zaleca się regularne szczepienia.

➤ Choroby dziedziczne
Przekazywany potomstwu defekt genetyczny. Czasami choroba występuje wtedy, gdy oboje rodziców ma uszkodzony gen, a czasami wystarcza, by miał go tylko jeden rodzic.
W wypadku niektórych ras pewne schorzenia są bardziej rozpowszechnione.

➤ Chwyt za pysk
Odpowiednia dla psów metoda dyscyplinowania, ale nie w każdej sytuacji wskazana.

➤ Ciąża urojona
Stan hormonalny suki, która nie zaszła w ciążę po cieczce.

➤ Cieczka
Okres rui u suki, w tym czasie jest ona gotowa do zapłodnienia. Większość suk ma cieczkę dwa razy w roku.

➤ Coursing
Terenowe wyścigi chartów wykorzystujące ich instynkt myśliwski. Dwa charty startują razem i muszą dogonić sztucznego zająca ciągniętego po ziemi. Ocenia się nie tylko szybkość psów, ale także ich zachowanie, zdolność reakcji i pracę zespołową.

➤ Czempionat
Zwycięski tytuł przyznawany psu, który uzyskał określoną liczbę zwycięstw lub miejsc na wystawach lub egzaminach.

➤ Czystość rasowa
Psy czystej rasy przekazują potomkom swoje cechy fizyczne i rysy osobowości w możliwie niezmienionej postaci.

➤ Demencja
Znaczne obniżenie się sprawności umysłowej, spowodowane uszkodzeniem mózgu.

➤ Długa smycz
Wielometrowa smycz, która daje psu swobodę ruchu, a właścicielowi pozwala zachować kontrolę nad zwierzęciem.

➤ Dyski treningowe
Przedmiot wytwarzający dźwięk, który stanowi negatywny bodziec. Służy do korekty zachowania psa.

Dodatek

➤ Dyskopatia
Choroba zwyrodnieniowa w obrębie kręgosłupa. Dotyka nie tylko jamniki.

➤ Dysplazja stawów biodrowych (HD)
Dziedziczna degeneracja stawu biodrowego występująca bardzo często u psów dużych ras.

➤ Egzamin posłuszeństwa (PT)
Oferowany przez kluby i stowarzyszenia, sprawdza posłuszeństwo i zachowanie psa w codziennych sytuacjach. Warunek dopuszczenia do wielu egzaminów sportowych dla psów.

➤ Faza snu REM
REM = Rapid Eye Movement. W tej fazie snu oczy szybko się poruszają, a pies prawdopodobnie śni.

➤ FCI
Fédération Cynologique Internationale. Międzynarodowa Federacja Kynologiczna licząca 80 państw członkowskich i partnerskich.

➤ Flyball
Sport dla psów, w którym ścigają się dwie drużyny złożone z czterech zwierząt. Muszą pokonać tor przeszkód, następnie uderzeniem łapy w pedał uwolnić piłkę, złapać ją i wrócić przez przeszkody.

➤ Gruczoły okołoodbytowe
Gruczoły w śluzówce odbytu, które wydzielają substancję zapachową odgrywającą ważną rolę w komunikacji między psami.

➤ Hierarchia
Porządek w obrębie stada, każde zwierzę ma ustaloną rangę. Określenie stosowane często w odniesieniu do relacji między psami a ludźmi.

➤ Imię rodowodowe
Może się różnić od imienia, którym woła się na psa. Psy czystej rasy z rodowodem mają oprócz przydomka hodowlanego imię. Imiona szczeniąt z danego miotu zaczynają się tą samą literą.

➤ Karma kompleksowa
Inaczej karma kompletna. Zrównoważona karma dostarczająca psu odpowiednich substancji odżywczych.

➤ Karma mokra
Zawiera średnio 75% wody.

➤ Karma półmokra
Zawiera od 15 do 30% wody.

> **Karma sucha**
Zawiera od 7 do 10% wody, maksymalnie 14%.

> **Karma typu light**
Karma o ograniczonej zawartości kalorii.

> **Karma uzupełniająca**
Karma, którą miesza się z innymi, by uzyskać zrównoważony posiłek, lub którą podaje się psu dodatkowo.

> **Kastracja**
Operacja polegająca na usunięciu jąder u psów albo jajników i zazwyczaj macicy u suk, w celu uczynienia zwierzęcia bezpłodnym.

> **Kaszel kenelowy**
Infekcja bakteryjno-wirusowa, która prowadzi do schorzeń dróg oddechowych. Szczepienie zalecane w zależności od stopnia zagrożenia.

> **Kłąb**
Miejsce między łopatkami, do którego mierzy się wysokość psa.

> **Komenda**
Ustalone słowo stanowiące dla psa sygnał do zachowania się w określony sposób.

> **Kompletna karma**
Patrz *karma kompleksowa*.

> **Komunikacja olfaktoryczna**
Porozumiewanie się przez zapachy.

> **Kopiowanie**
Operacyjne skrócenie muszli usznej lub ogona. Zgodnie z *Ustawą o ochronie zwierząt* zabronione, poza nielicznymi wyjątkowymi sytuacjami.

> **Księga hodowlana**
Spis wszystkich psów hodowanych w obrębie danej organizacji kynologicznej np. ZKwP.

> **Kynologia**
Nauka o psach, od greckiego *kýōn* – pies i *lógos* – nauka.

> **Leptospiroza**
Inaczej krętkowica. Schorzenie przenoszone przez jednokomórkowce, występuje również u ludzi. Zalecane regularne szczepienia.

> **Lęk przed rozstaniem (lęk separacyjny)**
Powodem lęku jest nieprzyzwyczajenie psa do przebywania samemu lub traumatyczne doświadczenia, np. porzucenie. Lęk wiąże się u psa z dużym stresem.

Dodatek

➤ **Mieszaniec**
Pies, który pochodzi przynajmniej od dwóch różnych ras bądź nie można go przypisać do żadnej rasy.

➤ **Mikroczip**
Czip z transponderem wszczepiany psu pod skórę. Numer identyfikacyjny można odczytać za pomocą specjalnego urządzenia.

➤ **Mimika**
Wyraz pyska psa. Mimika odgrywa ważną rolę w komunikacji między psami.

➤ **Mobility**
Zabawowy wariant agility.

➤ **Mowa ciała**
Sygnały służące do komunikacji między psami, na przykład ustawienie uszu lub ogona, postawa ciała, kontakt wzrokowy. Stosowana także wobec ludzi.

➤ **Nadzór hodowlany**
Obejmuje kontrolę hodowli, stanu szczeniąt i wybiegów dla psów.

➤ **Nietrzymanie moczu**
Brak kontroli nad wydalaniem moczu.

➤ **Niewydolność serca**
Stan, w którym nieprawidłowa struktura lub funkcjonowanie serca upośledza przepływ krwi; często z powodu wady zastawek.

➤ **Nieżyt**
Zapalenie błony śluzowej nosa.

➤ **Nosówka**
Choroba wirusowa, która w zaawansowanym stadium może prowadzić do zapalenia opon mózgowych. Zalecane regularne szczepienia.

➤ **Nowotwór**
Inaczej guz. Powstaje w wyniku nieprawidłowego rozrostu komórek. Może być niezłośliwy lub złośliwy.

➤ **Obedience**
Sport dla psów, w którym muszą wykazać się posłuszeństwem.

➤ **Obroża uzdowa**
Uprząż imitująca chwyt za pysk i kierująca uwagę psa na właściciela.

➤ **Opryszczka**
Schorzenie wirusowe, które u szczeniąt może prowadzić do śmierci. Szczepienia zalecane w zależności od stopnia zagrożenia.

➤ **Optymalna ilość pokarmu**
Taka ilość pokarmu, która sprawia, że przy stałej aktywności pies nie zmienia masy ciała.

➤ **Parwowiroza**
Schorzenie żołądkowo-jelitowe przenoszone przez wirusy. Wyjątkowo niebezpieczne dla szczeniąt. Zalecane regularne szczepienia.

➤ **Pies alfa**
Przywódca psiego stada.

➤ **Podszerstek**
Wełniste, delikatne włosy psa znajdujące się pod warstwą okrywową, służące głównie do ochrony przed zimnem.

➤ **Preparaty miejscowe**
Preparaty, które nakrapia się psom na kark, zwykle zapobiegające pasożytom.

➤ **Proces degeneracyjny**
Proces powodujący trwałe uszkodzenie części organizmu (np. stawów lub narządów wewnętrznych), wywołujący pogorszenie sprawności zwierzęcia.

➤ **Przeciwutleniacze**
Substancje zapobiegające jełczeniu tłuszczu.

➤ **Przydomek hodowlany**
Hodowcy zrzeszeni w organizacji kynologicznej, takiej jak np. Związek Kynologiczny w Polsce, mogą zarejestrować przydomek dla swojej hodowli. Jest on nadawany wszystkim urodzonym w niej szczeniętom, wymienia się go przed imieniem lub po nim.

➤ **Rasa**
Rasowe psy w wyniku doboru hodowlanego mają podobne cechy zewnętrzne, skłonności (np. instynkt myśliwski lub obronny) i osobowość (są np. zrównoważone), określone we wzorcu rasy. Psy danej rasy mogą różnić się np. kolorem sierści.

➤ **Rasy agresywne**
Zwykle określa się tak przedstawicieli ras ujętych w spisie ras agresywnych, chociaż nie dowiedziono, że wszystkie należące do nich osobniki są niebezpieczne.

➤ **Rodowód**
Drzewo genealogiczne psa. Dokument wystawiany przez Związek Kynologiczny w Polsce.

➤ **Ropomacicze**
Groźne dla życia zapalenie macicy. Objawy choroby to wzmożone

pragnienie, brak apetytu, ospałość i ewentualnie wypływ wydzieliny.

➤ Przewrót alfa
Pies zostaje rzucony na ziemię i przytrzymany, dopóki nie przestanie się opierać. Gest ten ma wymusić uległość – powinien być stosowany tylko w wyjątkowych wypadkach.

➤ Skrzywienie ogona
Uwarunkowane dziedzicznie lub będące wynikiem urazu zagięcie albo stwardnienie na kręgach ogonowych. Psy rasowe ze skrzywionym ogonem nie są dopuszczane do hodowli.

➤ Snood
Specjalna czapka chroniąca długie zwisające uszy np. podczas karmienia.

➤ Spondyloza
Zwyrodnienie i w rezultacie zwykle zesztywnienie kręgosłupa.

➤ Srom
Zewnętrzna część układu płciowego suki.

➤ Stado
Grupa zwierząt jednego gatunku.

➤ Sterylizacja
Operacyjne podwiązanie nasieniowodów u psów lub zamknięcie jajowodów u suk powodujące bezpłodność.

➤ Stwardnienie soczewek
Zmniejszenie elastyczności soczewek, występuje zwykle u starszych psów.

➤ Sygnały wzrokowe
Wizualne sygnały skłaniające psa do określonego zachowania.

➤ Szok (wstrząs)
Groźny dla życia zespół objawów będący reakcją organizmu na ciężkie zatrucie, uraz, oparzenie, uczulenie. Objawy: bladość śluzówki, zaburzenia czynności serca, oddychania.

➤ Trening z klikerem
Metoda nauki za pomocą pozytywnego wzmocnienia. Dźwięk klikera pies kojarzy z nagrodą.

➤ Trymowanie
Usuwanie obumarłych włosów specjalnym przyrządem.

➤ Warstwa włosa okrywowego
Włosy chroniące przed śniegiem i wodą znajdujące się nad podszerstkiem.

> **Wielkość psa**
Wysokość psa mierzona w kłębie.

> **Wilczy pazur**
Piąty palec znajdujący się na wewnętrznej powierzchni łapy, zazwyczaj zanikły.

> **Wnętrostwo**
Wada rozwojowa polegająca na tym, że jedno lub oba jądra nie zeszły do moszny i znajdują się w jamie brzusznej lub pachwinie. Zwiększa prawdopodobieństwo raka jąder.

> **Wstrząs anafilaktyczny**
Groźna dla życia reakcja alergiczna.

> **Wścieklizna**
Śmiertelna choroba przenoszona przez wirusy. Występuje w dwóch odmianach. Jej główne objawy to: wodowstręt, zmiana zachowania i trybu życia (np. z dziennego na nocny lub odwrotnie), pobudzenie, agresja, ślinotok, drgawki, porażenie mięśni. W Polsce coroczne szczepienie psów przeciwko wściekliźnie jest obowiązkowe.

> **Wzorzec rasy**
Opis ideału psa danej rasy pod względem wyglądu i charakteru. Podstawa oceny psów na wystawach. Wzorzec opracowuje m.in. FCI.

> **Zachowanie społeczne**
Zachowanie psa wobec ludzi i innych psów.

> **Zapotrzebowanie na energię**
Ilość energii potrzebna psu do tego, by podtrzymywać funkcje życiowe organizmu i zachować sprawność.

> **ZKwP**
Związek Kynologiczny w Polsce. Organizacja zrzeszająca hodowców i miłośników psów (patrz adresy strona 230).

Adresy

Związek Kynologiczny w Polsce
Zarząd Główny
ul. Nowy Świat 35, 00-029
Warszawa
tel. (0 22) 826 05 74
www.zkwp.pl
Adresy ras lokalnych oddziałów ZKwP znajdziesz na stronie internetowej ZKwP.

Główny Inspektorat Weterynarii
ul. Wspólna 30, 00-930 Warszawa
tel. (0 22) 623 20 89

Krajowa Izba Lekarsko-Weterynaryjna
Al. Przyjaciół 1, 00-565 Warszawa
tel. (0 22) 628 93 35

Psy w Internecie
Wiele informacji o czworonogach, w tym na temat zdrowia, odżywiania, wyjazdów na urlop, ras i szkół dla psów, znajdziesz na następujących stronach internetowych:
www.psy.pl
www.psyimy.pl
www.szarik.pl
www.psy.info.pl
psy24.pl
www.dogomania.pl

Znakowanie psów
oznakujpsa.pl

Książki

Jim Evans, *Co jeśli mój pies...*, Wydawnictwo RM 2008
Graham Meadows, Elsa Flint, *Poradnik opiekuna. Pies*, Wydawnictwo RM 2004
Susie Green, *Co mówi mój pies, czyli jak zrozumieć język psa*, Wydawnictwo RM 2008
Jan Fennel, *Zapomniany język psów. Jak zrozumieć najlepszego przyjaciela człowieka*, Galaktyka 2001

Czasopisma

„Pies" – dwumiesięcznik, Związek Kynologiczny w Polsce
„Mój pies" – miesięcznik, Agencja Wprost Dog&Sport
„Przyjaciel Pies" – miesięcznik, Edipress
„Kynologia" – kwartalnik, Polski Klub Psa Rasowego

Rozwiązanie testu:

11 x tak: Twój pies musi być szczęśliwym czworonogiem, bo dobrze go znasz i umiesz dokładnie ocenić.
11-8 x tak: Wiesz już bardzo dużo o swoim towarzyszu.
7-4 x tak: Masz już podstawową wiedzę o psach, ale powinieneś ją rozbudować – pracuj nad tym.
3-0 x tak: Razem ze swoim czworonogiem wybierz się do szkoły dla psów, a wspólne spędzanie czasu stanie się znacznie prostsze i będzie sprawiać wam więcej radości.

TEST

JAK DOBRZE ZNASZ SWOJEGO PSA?

Zrozumienie czworonożnego towarzysza to klucz do psiej duszy. Jeśli potrafisz odczytać jego spojrzenie i najdrobniejsze gesty, jesteście sobie bardzo bliscy i porozumienie nie wymaga wielkich słów. Sprawdź, jak dobrze znasz swojego towarzysza.

		TAK	NIE
1.	Czy znasz ulubione zabawy swojego psa?	○	○
2.	Czy woli bawić się z tobą niż swoimi zabawkami?	○	○
3.	Czy wiesz, jakim przysmakiem go zmotywować?	○	○
4.	Czy poznajesz, kiedy czuje się niepewnie lub jest zestresowany?	○	○
5.	Czy wiesz, jaka waga jest dla niego optymalna?	○	○
6.	Czy sprawia mu przyjemność trenowanie razem z tobą?	○	○
7.	Czy poznajesz, kiedy pies się nudzi?	○	○
8.	Czy potrafisz ocenić zachowanie swojego czworonoga podczas spotkań z innymi psami?	○	○
9.	Czy pogoniłby natychmiast za umykającym królikiem?	○	○
10.	Czy spokojnie pozostaje przy twojej nodze, gdy za wami rozlega się dzwonek roweru?	○	○
11.	Czy twój pies toleruje w domu inne psy?	○	○

Rozwiązanie testu na stronie 230.

Dodatek

Wykaz zdjęć

Zastosowane skróty: g. = u góry, p. = po prawej, l. = po lewej, śr. = pośrodku, d. = u dołu
BilderPur/Hermeline/Cogis: 20 g.p.;
Cogis/Lanceau: 152 g.;
Cogis/Nicaise: 152 śr.;
Giel: 9, 27, 48, 58, 104, 115, 146, 147, 164, 167 g., 172, 199, 212 ,219, 221;
Juniors/Steimer: 75, 138;
Juniors/Wegler: 15, 22, 57, 93, 220;
Kuhn: 130 d., 215 p.g., 222, 224, 226;
Loewy: 113 d.;
M4GMBH/more4dogs: 34 l.g., 20 śr. i d.;
Schanz: 8, 34 p.g., l.śr., p.śr., p.d.; 35 l.g., p.d., 40, 20 g.l., 21 g., śr., 70, 92, 100 śr., 101 g., 116, 117 g., 214 l.g., p.g., l.śr., p.śr., p.d., 215 l.g., p.d.;
Schmidt-Röger: 121, 194, 215 l.d.;
Steimer: 3, 7, 17, 34 l.d., 35 l.śr., 60, 100 g., d., 101 śr., d., 117 śr., 130 g., śr., 137, 154, 157, 166, 173, 174, 192, 193, 205, 211, 216, 239;
Uhlmann: 134;
Wegler: 5, 6, 35 p.g., p.śr., l.d., 38, 21 d., 56, 81, 89, 107, 121, 113 g., 117 g., 125, 158, 149, 152 d., 167 g., 209, 214 l.d., 215 l.śr., p.śr., 217, 225;

Podziękowania

Autorka i wydawnictwo dziękują firmie Dog Travel Expert, Bünde (drewniane zabawki Knepig strona 215) oraz M4GMBH/more4dogs, Neu-Ulm (obroża Gelotec strona 34, kanapa i materac relaksacyjny dla psów strona 20).
Dziękują również adwokatowi Reinhardowi Hahnowi za konsultacje prawnicze.
Autorka składa osobiste podziękowania lekarzom weterynarii Stefanie Hallack i Katji Hinderink, trenerce psów Gaby Zimmer oraz Susanne Blank, Ines Diehl i Nicole Schmidt-Biermann za wsparcie podczas przygotowywania książki.

Indeks

A
Agility 174, 205, 222
Agresja 136, 222
Alergia 58, 101, 229
Anemia 222
Apatia 127, 133
Aportowanie 179, 211, 215, 222
Atak 137, 151
Automatyczna smycz 10, 222

B
Babeszjoza 128
Banan 78
Basen 107
Beagle 11, 14, 95-96, 201
Biegacz 174-175
Biegunka 54,
  74, 90-91, 94, 127, 132-133
Bokser 11, 37, 65
Border collie 11, 143, 180
Borelioza 95, 107-108, 124, 222
Briard 11, 144
Brodawki 95, 162
Brzuch 54, 64-65, 162
BSE 59, 222
Buty 100, 125

C
CAC 222
CACIB 31, 222
CACIT 222
Cairn terrier 11, 180-181
Charakter 42
Chart afgański 11, 143, 195, 223
Chemikalia 55
Choroba
  Aujeszkiego 86, 223
  dziedziczna 99, 223
  serca 71-72, 95, 127
  Rubartha 223
  wątroby 59
Chwalenie 175-176
Chwyt za pysk 178, 183, 190, 223, 226
Ciąża 96-97, 122
Cieczka 17, 33, 97-98, 105, 123, 133, 140, 201, 223
Cmentarz dla zwierząt 36
Cocker-spaniel 10-11, 17, 103-104, 106
Coursing 223
Czekolada 60
Czempionat 222-223
Czkawka 138-139
Czystość rasowa 223
Czyszczenie zębów 118

D
Dalmatyńczyk 11, 48, 126
Demencja 98-99, 223
Dirofilarioza 128
Dojrzałość płciowa 140
Dokumenty 12, 29-30, 38-39
Domowa apteczka 100-101
Dopuszczenie do hodowli 12
Drzewo genealogiczne 227
Dwa psy 28-29, 51, 145-146, 195
Dyscyplinowanie 177, 190, 223
Dyski treningowe 175, 182, 201, 219, 223
Dyskopatia 224

Indeks

Dysplazja stawu biodrowego (HD) 19, 39, 99, 102, 224
Dyszenie 141

E
Egzamin posłuszeństwa 224
Ehrlichioza 128

F
Faza
  REM 159
  uspołeczniania 142
  ustalania hierarchii 139
  wpajania skojarzeń 141
FCI 39, 52, 224, 229
Filcak 117
Flyball 224
Fosfor 61
Frisbee 174, 179, 215

G
Gardie 87, 94
Głód 62
Golden retriever 11, 14, 40, 106, 152, 179
Gotowość do zajścia w ciążę 165
Grożenie
  atakiem 170
  obroną 170
Gruczoły okołoodbytowe 102, 118, 165
Gryzienie 110, 142
Grzebanie w ziemi 180-181
Grzebień 34-35, 116-117
Gwizdek 219

H
Hierarchia 139-140, 145-146, 155, 176, 224
Hodowcy 14-15

Hormony 105-106, 111, 133, 143
Hotel dla zwierząt 181, 191, 207
Hovawart 11

I
Imię rodowe 224
Imponowanie 170
Inteligencja 142-143, 215

J
Jack russel terrier 11, 119, 151, 174
Jajeczkowanie 98, 122
Jajka 64
Jajniki 123, 225
Jamnik 11, 66, 120, 149, 194, 197, 210
  długowłosy 106
  krótkowłosy 116
  szorstkowłosy 126
Jazda samochodem 72, 198
Jądra 103
Jedzenie
  kamieni 65
  odchodów 103
  odpadków 182
  trawy 65, 158

K
Kaganiec 101
Kamień nazębny 103-104
Kanapa 182-183
Karanie 183
Karma
  dietetyczna 71
  dla kotów 66
  dla seniorów 66, 81
  dla szczeniąt 66-67, 71, 81
  gotowa 60, 64
  kompleksowa 72, 79, 224

Indeks

mokra 82, 224
niskokaloryczna 75
opakowanie 77
półmokra 224
przechowywanie 79
składniki 83
sucha 65, 76, 80, 85, 225
typu light 225
typu premium 67-68
uzupełniająca 225
w kawałkach 68
zepsuta 89
Karmienie
  częstotliwość 69
  dwóch psów 68
  miejsce 73
  przez dziecko 61
  osieroconych szczeniąt 63
  szczeniąt 70-71
Kastracja 16, 105-106, 119, 123, 133, 143-145, 184, 225

Kaszel 96, 106, 124, 127, 225
Katarakta 113
Kąpiele 106-107
Klatka transportowa 17, 34, 184, 191, 199
Kleszcze 35, 95, 101, 107-108, 128, 222
Kliker 206, 219, 228
Kłamanie 145
Komendy podstawowe 192-194, 196, 225
Komunikacja olfaktoryczna 225
Koń 185
Kontakt
  bez smyczy 147
  fizyczny 146
  wzrokowy 170, 177
  z dziećmi 14
  z innymi psami 16, 119, 144, 153, 213
  z kotami 185
  z ludźmi 141, 164-165
  z niemowlętami 189
Kopiowanie 225
Koszty
  bieżące 19
  pochówku 36
  wizyt u weterynarza 32-33
Koszyk wiklinowy 49
Kość
  biodrowa 99
  do obgryzania 73
Koty 147, 185-186
Kratki 199
Kupno psa 18
Kynologia 225, 229

Indeks

L
Labrador 11, 14, 22, 38, 73, 95, 110
Legowisko 18, 20
Leptospiroza 124, 225
Lęk 186
Listonosz 148
Lizanie
  łapy 109
  penisa 148
  po twarzy 149
  rany 108
  uszu 146

Ł
Łańcuch 219

M
Marchew 62, 73, 76, 81
Merdanie ogonem 149, 162, 170
Metestrus 133
Metody wychowawcze 186-187
Mierzenie temperatury 100
Mieszaniec 18-19, 129, 226
Mieszkanie własnościowe 22
Mikroczip 23, 39, 109-110, 226
Mimika 170, 203, 226
Mleko 63, 74, 97
Mobility 226
Moskity 128
Motywacja 187
Mowa ciała 150
Myślenie logiczne 180

N
Nadanie imienia 23-24
Nadpobudliwość seksualna 16, 119, 159
Nadwaga 74-75
Nadzór hodowlany 226
Nagradzanie 188

Narząd Jacobsona 165
Nauka 188, 225
Nawyki żywieniowe 76
Niecierpliwość 76
Niedobory żywieniowe 64, 83, 86, 88, 90, 103
Niedoczynność tarczycy 75, 127
Niepewność 170
Nietrzymanie moczu 111, 226
Niewydolność serca 95-96, 106, 226
Nos 111
Nosówka 124, 131, 226
Nowofundland 11, 152-153
Nowotwór 226
  gruczołów okołoodbytowych 102
  sutka 105, 112
Nożyczki 100, 117

O
Obcinanie pazurów 112, 118
Obedience 226
Objawy
  alergii 58
  chorób 127, 227
  ciąży 97
  szoku 228
  wścieklizny 229
  zatrucia 133
Obroża
  elektryczna 178
  owadobójcza 113
  uzdowa 219
  zaciskowa 25
  ze sprężonym powietrzem 219
  z zawieszką adresową 34, 208
Obwąchiwanie 150, 166
Ochrona szczeniąt 25, 151

Indeks

Oczy 113
Odchody 54, 103, 182
Oddzielenie od matki 66
Opatrunek na łapę 114
Odpowiedzialność 26
  cywilna 47
Oestrus 122
Olej 65, 73, 84, 107
Opłata
  dla schroniska 27
  za posiadanie psa 28
Opryszczka 226
Otoczenie 78
Otterhound 152
Owczarek niemiecki 11
Owoce 78

Parowanie 87, 141
Parwowiroza 124, 131, 227
Parzenie 151
Pas bezpieczeństwa 199
Paszport 12, 29-30, 208, 210
Pchły 35, 114
Pielęgnacja 116-118, 129
Pies
  i niemowlę 189
  i senior 41-42
  przewodnik 28
  ratownik 29, 51, 152, 200
  myśliwy 51
  ze schroniska 28, 31, 156-157, 185
Piłka tenisowa 32
Plac szkoleniowy 190
Plastikowe torby 55
Płeć 32
Pływanie 152

Pocenie się 153
Pochówek 36
Podawanie leków 115
Podróż
  samochodem 199
  samolotem 191
Podstawowe posłuszeństwo 193
Podszerstek 48, 117-118, 227
Polowanie 194
Pomoce wychowawcze 219
Porozumienie 147, 153
Post 62
Potas 78
Potomstwo 119
Potrząsanie głową 127
Powieka 154
Prawo 26
  do gwarancji 36
Preparaty miejscowe 108, 227
Proces degeneracyjny 227
Proestrus 122
Prostata 105
Przeciwutleniacze 80, 227
Przewrót alfa 178, 228
Przycinanie 37
Przysmaki 79-80, 82-83, 187-188
Przywódca stada 155-156, 227
Pudel miniaturowy 11

Rasa 11, 227
Reakcja z przeniesienia 157
Resztki jedzenia 81
Robaki 120
Rodowód 38-39, 227
Ropomacicze 97, 105, 127, 227
Rośliny 55, 120

237

Indeks

Rotawirus 132
Rottweiler 175
Rozpieszczanie 82
Rozwód 40
Ruch 41, 197
Ruchliwość 11
Ruchy kopulacyjne 158, 170

Schody 25, 55, 120
Sen 159
Sierść 83
Skręt
  jelit 132
  żołądka 122
Słuch 160
Smycz 10, 34-35, 42, 44, 147, 222-223
Snood 228
Spacer 197, 201, 203
Spadek 43
Sport 202, 222, 224, 226
Spotkania psów 160-161
Spuszczanie ze smyczy 44
Srom 122, 228
Sterylizacja 123, 228
Strzyżenie 123
Stwardnienie soczewki 114, 228
Substancje zapachowe 224
Sumienie 161
Surowe mięso 86
Sutki 162
Sygnały
  uspokajające 162
  wzrokowe 203
Szczekanie 44-45, 142, 163, 171
Szczepienie 118, 124, 126, 131-132
Szczotka 34-35, 116-117

Szampon 106-107
Szelki 46
Szpic 11

Ślepota 163
Środki czystości 55

Taniec 204
Tasiemiec 120
Temperatura ciała 112
Trener psów 204-206
Trening z klikerem 206
Trymowanie 118, 125-126, 228
Trzymanie na łańcuchu 46

Ubezpieczenie
  od odpowiedzialności cywilnej 47
  zdrowotne 126
Ubranka 48
Udar 123
Ukąszenia owadów 100, 128
Uległość 164, 170
Umowa najmu 48
Urlop 128, 191, 206-207
Ustawa o ochronie zwierząt 16
Ustawienie ogona 164
Usypianie 129
Uszy 26, 129, 170
Uśmiech 164
Uzębienie 32, 110, 210

Waga 11, 88, 240
Wapń 71
Warczenie 183
Warunkowanie instrumentalne 177
Wegetarianizm 86

West highland white terrier 11, 24, 51, 145, 158, 197
Węch 165-166
Whippet 11, 187
Wiek 166
Wilczy pazur 131, 229
Wilki 167-168
Włosy czuciowe 168
Wnętrostwo 103, 229
Wstrząs anafilaktyczny 128, 229
Wścieklizna 131
Wychowanie 188, 208, 209
Wycieczki rowerowe 210
Wymioty 127, 132
Wynajęte mieszkanie 51
Wyposażenie 34
Wystawa 210
Wyżeł weimarski 51
Wzdęcia 74, 132
Wzorzec rasy 52, 229
Wzrok 168

Zabawa 211
Zabawki 35, 52-53, 97, 132-133, 212-215, 217
Zaburzenie zachowania 156-157
Zachowania komunikujące 170
Zachowanie czystości 169, 216-217
Zajęcia w domu 217
Zakup 53
Zapalenie macicy 87, 227
Zapobieganie ciąży 133
Zapotrzebowanie na energię 89, 229
Zatrucie 133
Zatwardzenie 127
Zdrowie 53
Zęby mleczne 110
Zgrzebło 116
Znaczenie terenu 171, 220
Zwyrodnienie stawów 91, 179, 218

Żebranie 220

Pies. 300 najważniejszych pytań i odpowiedzi, wydanie drugie

Heike Schmidt-Röger
Tłumaczenie: Magdalena Jatowska

Published originally under the title: *300 Fragen zum Hund*
© 2007 by GRÄFE UND UNZER VERLAG GmbH, München
All rights reserved

G|U

Polish translation copyright © 2019 by Wydawnictwo RM
Wydawnictwo RM, 03-808 Warszawa, ul. Mińska 25
rm@rm,com.pl, www.rm.com.pl

Żadna część tej pracy nie może być powielana i rozpowszechniana, w jakiejkolwiek formie i w jakikolwiek sposób (elektroniczny, mechaniczny) włącznie z fotokopiowaniem, nagrywaniem na taśmy lub przy użyciu innych systemów, bez pisemnej zgody wydawcy.

Wszystkie nazwy handlowe i towarów występujące w niniejszej publikacji są znakami towarowymi zastrzeżonymi lub nazwami zastrzeżonymi odpowiednich firm odnośnych właścicieli.

Wydawnictwo RM dołożyło wszelkich starań, aby zapewnić najwyższą jakość tej książce, jednakże nikomu nie udziela żadnej rękojmi ani gwarancji. Wydawnictwo RM nie jest w żadnym przypadku odpowiedzialne za jakąkolwiek szkodę będącą następstwem korzystania z informacji zawartych w niniejszej publikacji, nawet jeśli Wydawnictwo RM zostało zawiadomione o możliwości wystąpienia szkód.

ISBN 978-83-7773-144-4

Redaktor prowadzący: Longina Rutkowska
Redakcja merytoryczna: Olga Maniewska
Redakcja: Joanna Cierkońska
Korekta: Justyna Mrowiec
Indeks: Marcin Wasilewski
Projekt okładki wg oryginału: Studio GRAW
Redaktor techniczny: Beata Donner-Soska
Skład: Marcin Fabijański
Druk i oprawa: Oficyna Wydawnicza READ ME
– Drukarnia w Łodzi, Olechowska 83, (42) 649-33-91,
druk@readme.pl, http://druk.readme.pl